国際金融論の
エッセンス

高浜光信・高屋定美 編著

文眞堂

はじめに

国際金融の世界

おそらく今，本書を手にされた方は，国際的な金融取引である国際金融に何らかの興味を持っておられると思います。たとえば，なぜ毎日，為替相場が変動するのか，なぜおカネが世界を駆け巡っているのか，あるいはなぜアメリカドルが国際決済の中心的な通貨の地位にあるのか，なぜ共通通貨ユーロを導入した欧州経済が危機を経験したのかなど，様々な興味をお持ちではないかと思います。

国際金融取引が行われる世界では，おカネによって世界中の諸国が結びつき国際貿易や証券売買などに必要な資金が国際的に移動しています。それにともなって為替相場の変動や国際資金フローの問題が起きたりもします。グローバリゼーションが進展した経済の中でもスピード感を持ち，またもっとも世界各国を緊密に結びつけている経済活動が国際金融です。そのため，様々な国際金融に関する事象（課題）を理解することは，現在も進展しているグローバル経済を理解することにもつながり，現代の経済やビジネスを理解する上でも必須のことだと考えています。

国際金融を理解するためには，まず国際的な決済がどのような仕組みなっているのかを知ることが大切です。国際決済の基盤があった上で，様々な国際金融取引ができるからです。またその仕組を知ることで，国際的になぜドルが中心となってきたのか，そして今後，中国人民元がどの地位に迫ることができるのかといったことも理解できるでしょう。

国際金融において常に注目される問題は，為替相場の動向でしょう。為替相場の変動によって，わが国の企業業績や景気に影響を与えるからです。為替相場がなぜ変動するのかは，国際金融論での長年の研究テーマでもありました。本書を通じて，それらの内容を理解することにより，今後の為替相場の動きを理解できるでしょう。

　さらには，おカネの国際的な移動である国際資本移動の理解も大切です。1990年代より国際資本移動は各国で自由化されていますが，その資本移動がはたす役割を理解することも重要です。国際資本移動を通じて各国の金融市場は一体化されており，海外からの影響をわが国の金融市場も受けやすくなっています。そのため国際資本移動を適切に学ぶことで，資本移動が与える効果や影響も理解できるでしょう。

本書の特徴と構成

　国際金融に関する解説書は既に実務家や大学教員によって何冊も出版されています。その中で，本書を出版する意義は，国際金融に関する様々な状況をできるだけ平易に，かつ論理的に1冊の本の中で説明することにあります。国際金融論が説明すべき範囲は，国際マクロ経済学が説明するマクロ経済現象だけでなく，国際決済の仕組みから始まる基軸通貨のあり方や国際通貨制度の歴史，そして通貨・金融危機の原因の説明と対応策など多岐にわたります。さらには，近年の欧州の通貨統合や中国人民元の国際化なども，国際金融の世界で起きていることであり，国際金融論で説明すべき内容になります。これらのことを最新の理論の助けをえて包括的に説明することが，本書の特徴となっています。

　そのため，本書では国際金融の基礎理論にあたる章と，近年の国際金融の現実を解説している章を応用編として分けて構成しています。基礎理論編では，国際取引の種類とその記録としての国際収支表の説明，国際決済の仕組みと基軸通貨の成立，そして国際マクロ経済学を用いて為替相場が変動するメカニズムや国際資本移動が発生する要因などを説明しています。また，応用編として，国際金融の現実の世界を解説することを主眼に置いて，基軸通貨ドルと人民元の国際化の行方，そして共通通貨ユーロの導入の背景と問題点などに章を割いています。

本書の使い方

　本書は国際金融論をこれから学ぼうとする初学者向けの解説書・テキストです。本書が対象とする読者は，大学で国際金融論を受講しようとする大学2，

3年生から，金融機関や貿易に携わる企業に入社したばかりの社会人1年生，さらには国際金融論をあらためて学び直そうという意欲をお持ちのビジネスマンを想定しています。また，すでに国際金融論を学んだ方も知識の補完として利用していただけるかもしれません。

　本書はできる限り数学を用いずに平易に解説して，理解を深めてもらうことを念頭において書かれています。各章では読者への推薦図書を紹介しており，より詳しい内容に触れたい方はそこで紹介された書籍を読んでみてください。また，各章末には練習問題をつけていますので，それらを解いて各章の内容の理解を定着させてください。

むすびにかえて

　最後に，出版までの経緯を述べたいと思います。本書の執筆者は全員，藤田誠一神戸大学大学院経済学研究科教授の薫陶を大学院で受けた金融論・国際金融論を専門とする大学教員です。藤田教授は国際通貨制度論をご専門とされ，特に基軸通貨ドルと共通通貨ユーロを研究されておられます。各執筆者は必ずしも国際通貨制度論を専門とする研究者だけではなく，より幅広く国際マクロ経済学の理論的および実証的研究を専門とする研究者もいます。藤田教授の学識の深さと幅広さを表すものといえます。

　藤田誠一教授は2021年3月，神戸大学をご退官され，それを記念し今回の出版となりました。出版事情が大変厳しい中，本書の出版をお引き受けくださった文眞堂社長の前野隆氏および編集部の前野弘太氏には感謝申し上げます。

　本書を通じて読者の方々が国際金融に関する知識と関心を深めていただければ執筆者一同，望外のよろこびです。

2021年3月

編者を代表して

関西大学　高屋定美

目　次

略語一覧

ABF：Asian Bond Fund　→アジア債券基金
ABMI：Asian Bond Market Initiative　→アジア債券市場イニシアティブ
ACU：Asian Currency Unit　→アジア通貨単位
AMRO：ASEAN＋3 Macroeconomic Research Office　→ ASEAN＋3 マクロ経済リサーチオフィス
AMU：Asian Monetary Unit　→アジア通貨単位
AIIB：Asian Infrastructure Investment Bank　→アジアインフラ投資銀行
ASA：ASEAN Swap Arrangement　→ ASEAN スワップ協定
ASEAN：Association of South-East Asian Nations　→東南アジア諸国連合
BIBF：Bangkok International Banking Facility　→バンコク・オフショア市場
BIS：Bank of International Settlements　→国際決済銀行
CBO：Collateralized Bond Obligation　→債務担保証券
CFETS：China Foreign Exchange Trade System　→（中国）外貨交易センター
CGIF：Credit Guarantee and Investment Facility　→信用保証・投資ファシリティ
CIPS：RMB Cross-Border Interbank Payment System　→クロスボーダー人民元決済システム
CME：Chicago Mercantile Exchange　→シカゴ・マーカンタイル取引所
CMI：Chiang Mai Initiative　→チェンマイ・イニシアティブ
CMIM：Chiang Mai Initiative Multilateralization　→チェンマイ・イニシアティブ・マルチ化（契約）
GDP：Gross Domestic Product　→国内総生産
GNDI：Gross National Disposal Income　→国民総可処分所得
GNI：Gross National Income　→国民総所得
GPIF：Government Pension Investment Fund　→年金積立金管理運用独立行政法人
EBA：European Banking Authority　→欧州銀行監督局
EC：European Community　→欧州共同体
ECB：European Central Bank　→欧州中央銀行
ECSC：European Coal and Steel Community　→欧州石炭鉄鋼共同体
ECU：European Currency Unit　→欧州通貨単位
EEC：European Economic Community　→欧州経済共同体
EFSF：European Financial Stability Facility　→欧州金融安定ファシリティ
EFSM：European Financial Stability Mechanism　→欧州金融安定メカニズム
EIOPA：European Insurance and Occupational Pensions Authority　→欧州保険・企

業年金監督局
EMCF：European Monetary Cooperation Fund　→欧州通貨協力基金
EMU：Economic Monetary Union　→経済通貨同盟
EMS：European Monetary System　→欧州通貨制度
EPA：Economic Partnership Agreement　→経済連携協定
ERM：Exchange Rate Mechanism　→為替相場メカニズム
ESFS：European System of Financial Supervision　→欧州金融監督制度
ESM：European Stability Mechanism　→欧州安定メカニズム
ESMA：European Securities and Market Authority　→欧州証券市場監督局
ESRB：European Systemic Risk Board　→欧州システミック・リスク理事会
EU：European Union　→欧州連合
FB：Financial Bills　→政府短期証券
FDI：Foreign Direct Investment　→直接投資
FRB：Federal Reserve Board　→連邦準備理事会
FTA：Free Trade Area/Agreement　→自由貿易地域（協定）
FX 取引：Forex/Foreign Exchange 取引　→外国為替証拠金取引
HFT：High-Frequency Trading　→高頻度取引
IBRD：International Bank for Reconstruction and Development　→国際復興開発銀行
IMF：International Monetary Fund　→国際通貨基金
IMM：International Monetary Market
L/C：Letter of Credit　→信用状
LIBOR：London Interbank Offered Rate　→ロンドン市場における銀行間取引金利
LTRO：Longer-Term Refinancing Operation　→超長期貸出
NDF：Non-Deliverable Forward　→ノンデリバラブル・フォワード
OMT：Outright Monetary Transaction
PTFs：Proprietary Trading Firms
RMU：Regional Monetary Unit　→地域通貨単位
RQF Ⅱ：Renminbi Qualified Foreign Institutional Investor　→人民元適格海外機関投資家
RQD Ⅱ：Renminbi Qualified Domestic Institutional Investor　→人民元適格国内機関投資家
SDR：Special Drawing Rights　→特別引き出し権
SWIFT：Society for Worldwide Interbank Financial Telecommunication
T.T.B.：Telegraphic Transfer Buying　→電信買相場
T.T.S.：Telegraphic Transfer Selling　→電信売相場

基礎理論編

第1章

国民所得会計と国際収支

本章では，国際金融で最も基本的な2つの経済統計に焦点を当てる。1つは開放経済下の国民所得会計であり，もう1つは国際収支表である。まず，これらの経済統計がどのように作成されるかをみたのち，経常収支不均衡の意味について考える。次に，国民所得会計の恒等式を用いて貯蓄・投資バランスと純輸出の関係をみる。最後に，応用例として，国際収支発展段階説を紹介する。

第1節　開放経済下の国民所得会計

外国と貿易を行っていない国の経済を**閉鎖経済**，これに対して外国と貿易を行っている国の経済を**開放経済**という。閉鎖経済は開放経済と比べて国際取引がない分，分析が簡単であるため最初に取り上げられることが多い。しかし，現実には，ほとんどの国が外国と貿易や金融取引を行っている開放経済である。

1国の所得と生産に貢献したすべての支出を記録するものを**国民所得会計**という。また，閉鎖経済下の所得会計に外国との取引を加えたものを，開放経済下の所得会計という。外国部門を加えると，閉鎖経済下の所得会計はどのように修正されるのだろうか。

1国の経済活動水準を測る尺度として，しばしば**国内総生産（GDP）**が用いられる。国内総生産とは，一定の期間内に国内で生産されたすべての最終財・

サービスの市場価値の合計である。

　閉鎖経済下の国民所得会計では，国内で生産された最終財・サービスの支出は，消費，投資，そして政府購入のいずれかに分類される。これに対して，開放経済下の国民所得会計では，支出は次の4つの項目のいずれかに分類される（以下の添え字 D は domestic の意味）。

1.　消費（C^D）：家計が購入した国内生産物。
2.　投資（I^D）：企業が購入した国内生産物。投資には設備投資や在庫投資などがある。また，家計が購入する新しい住宅も投資に含まれる。
3.　政府購入（G^D）：国や地方公共団体が購入した国内生産物。ただし，社会保障給付金や年金などのような移転支払は，財・サービスの購入の代価として支払われるわけではないので，政府購入には含まれない。
4.　輸出（X）：海外によって購入される国内生産物。

　開放経済における生産物はすべて消費されるか，投資されるか，政府によって購入されるか，輸出されるので，GDP を Y とすると

$$Y = C^D + I^D + G^D + X$$

と表すことができる。この式は常に成立するため，恒等式とよばれる。

　次に，この恒等式を，ある国の支出は国産品に対する支出と輸入品に対する支出の合計であることを用いて書き換える。まず，ある国の消費のうち輸入品に対する支出を C^F，投資のうち輸入品に対する支出を I^F，政府購入のうち輸入品に対する支出を G^F とする（添え字 F は foreign の意味）。すると

$$C = C^D + C^F$$
$$I = I^D + I^F$$
$$G = G^D + G^F$$

となる。たとえば，最初の式は，ある国の消費支出 C が国産品に対する消費支出 C^D と輸入品に対する消費支出 C^F の和になることを表している。これら3本の式を上の恒等式に代入すると

$$Y = (C - C^F) + (I - I^F) + (G - G^F) + X$$
$$= C + I + G + X - (C^F + I^F + G^F)$$

となる。ここで，$(C^F + I^F + G^F)$ は輸入品に対する支出であり，これを輸入 M で表すと

$$Y = C + I + G + X - M$$

と書ける。この式の右辺で輸入 M が引かれているのは $(C + I + G)$ の中に輸入品に対する支出が含まれているからである。輸出から輸入を引いたものは純輸出（$NX = X - M$）と呼ばれ，これを用いると

$$Y = C + I + G + NX$$

となる。

　図表 1 - 1 に，2018 年度の日本で，GDP がどのように支出されたかを示して

図表 1 - 1　日本の GDP の構成項目（2018 年度）

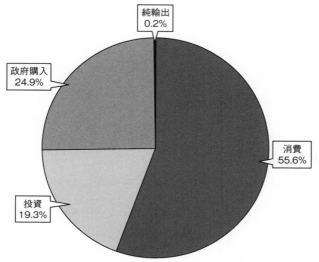

（出所）内閣府経済社会総合研究所「平成 30 年度国民経済計算年次推計」より作成。

いる。この年，GDPは6割弱が消費（55.6％），およそ2割が投資（19.3％），4分の1が政府購入（24.9％）として支出された。純輸出は，輸出と輸入がほとんど同額であったため，ほぼゼロ（0.2％）であった。

　この国民所得会計の恒等式は

$$NX = Y - (C + I + G)$$

と書くことができ，純輸出は国内生産額から国内支出額 $(C+I+G)$ を引いたものとなる。閉鎖経済下では，純輸出はゼロであり，国内生産額と国内支出額は等しくなる。このとき，自国で生産した以上に支出することはできない。しかし，開放経済下では，国内生産額と国内支出額は必ずしも等しくならない。たとえば，自国で生産した以上に支出すると，差額分だけ輸入が輸出を上回り，純輸出はマイナスになる。逆に，国内生産額よりも国内支出額が小さくなると，差額分だけ輸出が輸入を上回り，純輸出はプラスになる。

第2節　国際収支表の仕組み

1. 国際収支統計

(1) 国際収支統計とは
　国際収支統計は，一定期間における1国のあらゆる対外経済取引を体系的に記録した統計である。居住者と非居住者との間で行われた取引の内容に応じ，(1) 財貨・サービス・所得の取引や経常移転を記録する経常収支，(2) 対外金融資産・負債の増減に関する取引を記録する金融収支，(3) 生産資産（財貨，サービス）・金融資産以外の資産の取引や資本移転を記録する資本移転等収支，に計上する。

(2) 国際収支統計の計上方法
●計上原則
　わが国の国際収支統計は，国際通貨基金（IMF）が2008年に公表した「国

際収支マニュアル第6版」に準拠して作成されており，2014年1月から第6
版に基づいて計上した統計が発表されている。なお，この国際収支マニュアル
第6版については，日本銀行のホームページで詳しく説明されている。

●居住性

　居住性の概念は，国籍や法的な判断基準ではなく，取引当事者の「主たる経
済利益の中心」を基礎としている。IMFの国際収支マニュアルでは，「1年以
上所在しまたは所在する意思があること」を運用上の基準としている。

●複式計上

　国際収支統計においては，複式計上の原理に基づいて各取引を貸方，借方そ
れぞれに同額計上している。原則として，貸方の項目の合計と借方の項目の合
計が一致する。

　財貨・サービスの輸出，所得の受取，資産の減少，負債の増加は貸方に計上
し，財貨・サービスの輸入，所得の支払，資産の増加，負債の減少は借方に計
上する。たとえば，非居住者に財貨を現金と引換えに売却した場合，図表1-
2のように，輸出を貸方に，現金（金融資産）の増加を借方に計上する。

●換算方法

　わが国の国際収支統計は，円建てで作成，公表されている。外貨建ての取引
は，原則として市場実勢レートで円に換算されている。

図表1-2　国際収支統計における貸方・借方の項目

貸方（受取）	借方（支払）
財貨・サービスの輸出	財貨・サービスの輸入
所得の受取	所得の支払
資産の減少	資産の増加
負債の増加	負債の減少

取引事例：非居住者に財貨を現金と引換えに売却した

貸方	借方
財貨の輸出	現金（金融資産）の増加

2.　国際収支表：わが国の国際収支構成項目

　国際収支に関する用語を解説したものが図表1-3である。

図表1-3　国際収支表

Ⅰ．経常収支
[1] 貿易・サービス収支, [2] 第一次所得収支, [3] 第二次所得収支の合計。
金融収支に計上される取引以外の, 居住者・非居住者間で債権・債務の移動を伴う全ての取引の収支状況を示す。

[1] 貿易・サービス収支　(a) 貿易収支及び (b) サービス収支の合計。実体取引に伴う収支状況を示す。
　(a) 貿易収支　財貨 (物) の輸出入の収支を示す。
　国内居住者と外国人 (非居住者) との間のモノ (財貨) の取引 (輸出入) を計上する。

　(b) サービス収支　サービス取引の収支を示す。
　(サービス収支の主な項目)
　輸送：国際貨物, 旅客運賃の受取・支払
　旅行：訪日外国人旅行者・日本人海外旅行者の宿泊費, 飲食費等の受取・支払
　金融：証券売買等に係る手数料等の受取・支払
　知的財産権等使用料：特許権, 著作権等の使用料の受取・支払

[2] 第一次所得収支　対外金融債権・債務から生じる利子・配当金等の収支状況を示す。
　(第一次所得収支の主な項目)
　直接投資収益：親会社と子会社との間の配当金・利子等の受取・支払
　証券投資収益：株式配当金及び債券利子の受取・支払
　その他投資収益：貸付・借入, 預金等に係る利子の受取・支払

[3] 第二次所得収支　居住者と非居住者との間の対価を伴わない資産の提供に係る収支状況を示す。
　官民の無償資金協力, 寄付, 贈与の受払等を計上する。

Ⅱ．資本移転等収支
対価の受領を伴わない固定資産の提供, 債務免除のほか, 非生産・非金融資産の取得処分等の収支状況を示す。

Ⅲ．金融収支
直接投資, 証券投資, 金融派生商品, その他投資及び外貨準備の合計。
金融資産にかかる居住者と非居住者間の債権・債務の移動を伴う取引の収支状況を示す。
　(出所) 財務省 HP, 国際収支状況, 用語の解説。

Ⅰ．経常収支

　経常収支は，貿易・サービス収支，第一次所得収支，第二次所得収支の合計である。金融収支に計上される取引以外の，居住者・非居住者間で債権・債務の移動を伴うすべての取引の収支状況を示している。

[1] 貿易・サービス収支

　貿易・サービス収支は，貿易収支およびサービス収支の合計である。実体取引に伴う収支状況を示している。

（a）貿易収支

　貿易収支は，財貨（物）の輸出入の収支を示す。国内居住者と外国人（非居住者）との間のモノ（財貨）の取引（輸出入）を計上する。

（b）サービス収支

　サービス収支は，サービス取引の収支を示す。サービス収支の主な項目として，輸送（国際貨物，旅客運賃の受取・支払），旅行（訪日外国人旅行者・日本人海外旅行者の宿泊費，飲食費等の受取・支払），金融（証券売買等に係る手数料等の受取・支払），および知的財産権等使用料（特許権，著作権等の使用料の受取・支払）がある。

[2] 第一次所得収支

　第一次所得収支の主な項目として，雇用者報酬（居住者と非居住者との間の賃金・給与等の受取・支払），直接投資収益（親会社と子会社との間の配当金・利子等の受取・支払），証券投資収益（株式配当金および債券利子の受取・支払），およびその他投資収益（貸付・借入，預金等に係る利子の受取・支払）がある。第一次所得収支のほとんどは，対外金融債権・債務から生じる利子・配当金等の投資収益である。

[3] 第二次所得収支

　第二次所得収支は，居住者と非居住者との間の対価を伴わない資産の提供に係る収支状況を示す。官民の無償資金協力，寄付，贈与の受払等を計上する。

　2019年度の日本の国際収支が，図表1-4に示されている。2019年度において，貿易収支が6665億円の黒字，サービス収支が4777億円の赤字であったため，貿易・サービス収支は1887億円の黒字であった。また，貿易収支6665億円の黒字は，輸出74兆9430億円と輸入74兆2765億円から得られる。経常収

図表 1-4　2019 年度　日本の国際収支

項　目	金　額
貿易・サービス収支	1,887 億円
貿易収支	6,665 億円
輸出	74 兆 9,430 億円
輸入	74 兆 2,765 億円
サービス収支	▲ 4,777 億円
第一次所得収支	20 兆 9,897 億円
第二次所得収支	▲ 1 兆 4,692 億円
経常収支	19 兆 7,092 億円
資本移転等収支	▲ 4,374 億円
直接投資	18 兆 6,499 億円
証券投資	22 兆 3,893 億円
金融派生商品	▲ 2,569 億円
その他投資	▲ 20 兆 7,324 億円
外貨準備	2 兆 772 億円
金融収支	22 兆 1,271 億円
誤差脱漏	2 兆 8,553 億円

（出所）財務省 HP より作成。

支は，貿易・サービス収支，第一次所得収支，および第二次所得収支の合計である。よって，貿易・サービス収支 1887 億円の黒字，第一次所得収支 20 兆 9897 億円の黒字，および第二次所得収支 1 兆 4692 億円の赤字より，経常収支は 19 兆 7092 億円の黒字となる。

Ⅱ．資本移転等収支

　資本移転等収支は，対価の受領を伴わない固定資産の提供，債務免除のほか，非生産・非金融資産の取得処分等の収支状況を示す。2019 年度の資本移転等収支は，4374 億円の赤字であった。

　なお，資本移転等収支も第二次所得収支も対価の受領を伴わない収支である。両者の違いは，資本移転等収支が資本財（たとえば道路や橋，港，ダムなど）の援助であるのに対して，第二次所得収支は消費財（たとえば国際機関へ

の拠出，食料や医薬品など）の援助であるという点である。

Ⅲ．金融収支

　金融収支は，直接投資，証券投資，金融派生商品，その他投資及び外貨準備の合計である。金融収支でもって，金融資産にかかる居住者と非居住者間の債権・債務の移動を伴う取引の収支状況を示す。2019年度の金融収支は22兆1271億円の黒字であり，純金融資産が同額増加したことになる。

●外貨準備

　金融収支の項目で特に重要なものとして，外貨準備がある。**外貨準備**とは，通貨当局の管理下にあり，予備的動機を満たすためや第3章で解説される為替介入のために需要される対外資産である。予備的動機に基づく外貨準備需要とは，たとえば突然の世界経済危機により外貨が全く稼げなくなるような不測の事態に備えるため，外貨準備を蓄積しておくことである。

　図表1-4の外貨準備は，財務省（外国為替資金特別会計）と日本銀行が保有する資産で，外貨準備として保有されるものの増減を表している。外貨準備は2019年度2兆772億円の黒字（増加）であった。

　固定為替相場制のとき外貨準備は国際収支の不均衡を測る重要な尺度の役割を果たしてきた。今日でも，多くの発展途上国にとって，外貨準備の減少は経済危機を予告するものとして注目されている。

3．経常収支と金融収支の関係

　国際収支統計の複式計上の原理より

$$経常収支＋資本移転等収支＝金融収支$$

が常に成立する（誤差脱漏は省略する）。

　たとえば，日本の自動車メーカーが200万円の乗用車1台をアメリカに輸出し，その代金をドルで受け取ったとする。このとき，日本の経常収支は200万円プラスとなり，また同時に，日本の金融収支は200万円プラスとなる。次に，自動車メーカーが受け取ったドルで米国債投資を行ったとする。この取引

図表1-5　国際収支統計の恒等式

取引事例①：日本の自動車メーカーが乗用車をアメリカに輸出し，その代金をドルで受け取った

	貸方	借方
乗用車の輸出（経常収支：財貨の輸出）	200万円	
ドルの受取（金融収支：資産の増加）		200万円

経常収支＝プラス200万円＝金融収支

取引事例②：自動車メーカーが受け取ったドルで米国債を購入した
経常収支，金融収支，ともに変化なし。

取引事例③：自動車メーカーがアメリカ製パソコンを購入し，ドルで支払った

	貸方	借方
パソコンの輸入（経常収支：財貨の輸入）		100万円
ドルの支払（金融収支：資産の減少）	100万円	

経常収支＝マイナス100万円＝金融収支

取引事例④：自動車メーカーが邦銀でドルを円に交換し，邦銀がドルをそのまま保有した
経常収支，金融収支，ともに変化なし。

では，経常収支は変化なく，金融収支も変化しない。さらに，自動車メーカーが米国債のうち100万円分をドルに換えアメリカ製パソコンを購入したとする。このとき，日本の経常収支は100万円のマイナス，日本の金融収支は100万円のマイナスとなる。最後に，自動車メーカーが残りの米国債100万円分を邦銀で円に交換したとする。邦銀は，米国債100万円分をそのまま保有したとする。この取引では，経常収支も金融収支も変化しない。図表1-5のように，上式は常に成立する恒等式である。一連の取引により，経常収支はプラス100万円，金融収支も対外資産保有が100万円分増加したのでプラス100万円になる。また，この恒等式は，金額の小さい資本移転等収支を省略すると

　　　経常収支＝金融収支

となる。

　実際には，統計作成の過程において生じる技術的な計数のずれを調整する項目である誤差脱漏が追加される。なお2019年度の誤差脱漏は，2兆8553億円

であった。

第3節　　経常収支不均衡の意味

　日本の経常収支が黒字であるとき，経常的な受け取りが支払いを上回っているわけであるが，これは財・サービスの輸出が財・サービスの輸入を上回っていると考えることができる。日本の居住者は自らが生産したほど支出しなかったため，その差額が**金融収支の黒字**として表れている。そして，この金融収支の黒字は，日本の**対外純資産がその分だけ増加**していることを意味する。いいかえれば，経常収支の黒字は，日本が財・サービスの輸入以上に輸出することによって生じ，それによって獲得した資金によって対外純資産の保有額を増加させることになる。つまり，1国の経常収支はその国の対外純資産の変化に等しくなる。

　たとえば，図表1-4によれば，2019年度の日本の経常収支は19兆7092億円の黒字であり，その資金を用いて対外純資産保有を22兆1271億円増加させ

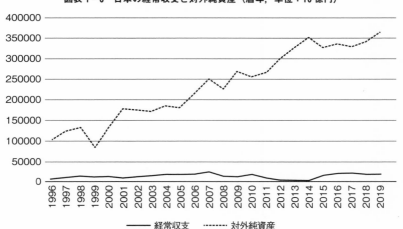

図表1-6　日本の経常収支と対外純資産（暦年，単位：10億円）

（出所）財務省 HP，日本銀行：時系列統計データより作成。

たことになる。

　図表1-6は，1996年から2019年までの日本の経常収支と対外純資産の変化を示したものである。この間，経常収支は常に黒字であり，また，対外純資産も増加を続けている。対外純資産は1996年末に約103兆円であったが2019年末には約365兆円へと262兆円ほど増加した。

第4節　貯蓄・投資バランス

　これまでの議論により，経常収支と対外純資産の変化が等しくなることがわかった。次に，国民所得会計の恒等式

$$Y=C+I+G+NX$$

を用いて，貯蓄，国内投資，および経常収支の関係をみる。

1.　貿易・サービス収支と経常収支が等しい場合

　まず，貿易・サービス収支と経常収支が等しい特別な場合を考える。

経常収支＝貿易・サービス収支＋第一次所得収支＋第二次所得収支

という関係から，この場合は第一次所得収支と第二次所得収支の合計がゼロであるということもできる。

　国民所得会計の恒等式は

$$Y-C-G=I+NX$$

と書き直すことができる。ここで，左辺の $Y-C-G$ は，国民貯蓄もしくは単に貯蓄と呼ばれる。さらに

$$S=Y-C-G=(Y-T-C)+(T-G)$$

と書き表すことができる。ここで，$(Y-T-C)$ は可処分所得 $Y-T$（T は租

税）から消費を引いたもので，民間貯蓄と呼ばれる。$(T-G)$は財政収支であり，公的貯蓄と呼ばれる。たとえば，財政赤字の時，公的貯蓄はマイナスになる。よって，国民貯蓄は民間貯蓄と公的貯蓄の合計である。

　国民所得会計の式に戻り，貯蓄Sを用いて表すと

$$S=I+NX$$

となり，さらに

$$S-I=NX$$

となる。なお$S-I$を貯蓄・投資バランスとよぶ。よって，国民所得会計の恒等式より，貯蓄と投資の差がつねに純輸出に等しくなることがわかる。左辺$S-I$は国内貯蓄から国内投資を引いたものである。貯蓄が国内投資を上回っているとき，超過分を外国に貸し付けていることになり，対外純資産は増加する。逆に，国内投資が貯蓄を上回るとき，投資の超過分を海外からの借り入れで賄うことになり，対外純資産は減少する。恒等式の左辺は対外純資産の変化を表しており，また対外純投資とよばれることもある。

　右辺の純輸出は貿易・サービス収支とも呼ばれるが，ここでは貿易・サービス収支と経常収支が等しいとしているので，右辺のNXは経常収支となる。

　国民所得会計の恒等式は，対外純資産の変化と経常収支がつねに等しいことを示している。すなわち

$$対外純資産の変化＝経常収支$$
$$S-I=NX$$

である。以上をまとめたものが図表1-7である。

図表1-7　貯蓄・投資バランス：まとめ

経常収支黒字	経常収支均衡	経常収支赤字
純輸出>0	純輸出＝0	純輸出<0
貯蓄>国内投資	貯蓄＝国内投資	貯蓄<国内投資
対外純資産増加	対外純資産変化なし	対外純資産減少

2. 貿易・サービス収支と経常収支が等しくない場合

　次に，貿易・サービス収支と経常収支が等しくない一般的な場合を考える。この場合は，第一次所得収支と第二次所得収支の合計がゼロでない。

　まず GDP を表す Y と，貿易・サービス収支を表す NX のそれぞれに第一次所得収支と第二次所得収支を加える。そうして得られた新しい Y と NX を

$$Y' = Y + (\text{第一次所得収支} + \text{第二次所得収支})$$

$$NX' = NX + (\text{第一次所得収支} + \text{第二次所得収支})$$

とする。Y' は GDP に第一次所得収支と第二次所得収支を加えたものである。

　なお，GDP に第一次所得収支をプラスすると**国民総所得（GNI）**，さらに第二次所得収支をプラスすると**国民総可処分所得（GNDI）**になる。一般に，国民の厚生水準を議論する際，日本の場合は GDP より GNI，途上国の場合は，さらに GNDI 概念の方が重要であるといわれている。また NX' は，貿易・サービス収支と第一次所得収支と第二次所得収支の合計であるので，経常収支である。

　Y' と NX' を用いると，国民所得会計の恒等式より

$$Y' = C + I + G + NX'$$

が成り立つ。同様にして

$$S' - I = NX'$$

を得る。ここで，国民貯蓄 S' は，Y' から求められるもので

$$S' \equiv Y' - C - G$$

である。したがって

$$\text{対外純資産の変化} = \text{経常収支}$$
$$S' - I = NX'$$

となる。

第5節　国際収支の発展段階

1. 国際収支発展段階説

　本節では，国際収支構造の長期的なパターン変化を説明する仮説として**国際収支段階説**を取り上げる。

　この段階説は，1国経済における国内貯蓄と国内投資のバランスが経済の発展段階に応じて変化していくことに着目する。国際収支発展段階説は，国内貯蓄と国内投資のバランスが経常収支を決定するという視点に立って，経常収支不均衡を対外純資産の蓄積過程として理解しようとするものである。

　この段階説の提唱者に英エコノミスト誌元編集長のクローサー（G. Crowther）がいる。クローサーによれば，図表1-8に示されているとおり，1国経済はその経済の発展に応じて，**未成熟の債務国，成熟した債務国，債務返済国，未成熟の債権国，成熟した債権国，**そして**債権取崩し国**と6つの発展段階を経験したのち，再び「未成熟の債務国」に戻るとされている。図表1-8は，この6つの発展段階とそれに対応する「貿易・サービス収支」，「第一次所得収支」，「経常収支」および「金融収支」の動きを示している。

図表1-8　国際収支の発展段階

	貿易・サービス収支	第一次所得収支	経常収支	金融収支	日本 戦前	日本 戦後
Ⅰ．未成熟の債務国	－	－	－	－	1868~1880	
Ⅱ．成熟した債務国	＋	－　－	－	－	1881~1914	1955~1964
Ⅲ．債務返済国	＋　＋	－	＋	＋	1914~1920	1965~1969
Ⅳ．未成熟の債権国	＋	＋	＋　＋	＋　＋		1970~現在
Ⅴ．成熟した債権国	－	＋　＋	＋	＋		
Ⅵ．債権取崩し国	－	＋	－	－		

　（出所）昭和59年度経済白書より作成。「＋」は黒字，「－」は赤字，「＋＋」，「－－」は大幅な黒字および赤字を表す。

(1) 未成熟の債務国

　国際収支段階説で，経済の発展段階の第1段階においては，まず資本輸入国として登場する。それは経済発展の初期には国内投資に対して国内貯蓄が不十分で開発に必要な資本を外資に頼らざるを得ないからである。資本輸入国の金融収支はこの時赤字となるが，それに対応して経常収支も赤字となる。すなわち，単年度の経常収支が赤字というフローだけでなく，ストック（経常収支の累積和としての対外純資産）でも債務国であるため，投資収益が支払い超過で第一次所得収支が赤字となるほか貿易・サービス収支も輸出産業の未発達から赤字となる。以上が，**未成熟の債務国**の段階である。

(2) 成熟した債務国

　経済の発展とともに貿易・サービス収支がやがて黒字に転ずると，**成熟した債務国**の段階に入る。この段階では，まだ貿易・サービス収支の黒字は第一次所得収支の赤字を下回っており，経常収支は赤字である。

(3) 債務返済国

　やがて，貿易・サービス収支の黒字が第一次所得収支の赤字を上回る段階に達すると，この国の経常収支は黒字に転じ，それに対応して金融収支は黒字となり，純資本流出に転ずる。これは**債務返済国**の段階で，この国はストックにおいてはなお債務国であるが，フローとしては債務を返済している状態である。

(4) 未成熟の債権国

　次に債務がすべて返済され，その後も経常収支の黒字すなわち金融収支の黒字（純資本流出）が続くとこの国は債権国の段階に入る。対外純資産がプラスに転じ，その結果第一次所得収支が赤字から黒字に転ずる。いいかえると債務国と債権国とを分かつのは，第一次所得収支の正負である。債権国の初期は貿易・サービス収支が黒字であると考えられ，これを**未成熟の債権国**の段階であるという。

(5) 成熟した債権国

　やがて財・サービス産業の国際競争力が衰えて貿易・サービス収支が赤字に転じる。貿易・サービス収支の赤字が第一次所得収支の黒字を下回って，経常収支黒字を維持している状態を，**成熟した債権国**の段階にあるという。

(6) 債権取崩し国

　さらに，貿易・サービス収支の赤字が第一次所得収支の黒字を上回るようになると，経常収支は赤字に，すなわち金融収支は赤字に転ずるが，これはこの国がそれまで蓄積した対外純資産を減少させていることになる。これは債権を回収する段階に入ったこと，すなわち**債権取崩し国**の段階に入ったことを意味する。

　クローサーは国際収支発展段階説を，シェイクスピアの「お気に召すまま」に記述された人生の7段階との類似性において説明している。また，経済白書（昭和59年度）は，この段階説が，若い世代においては借金をして教育・住宅のための投資を行うが，中年世代においては子弟のための教育や老後に備えて貯蓄を行い，老年世代においては蓄積した資産の収益および取り崩しによって生活するといった家計の貯蓄行動（ライフ・サイクル仮説）に類似していると指摘している。

2. 日本の国際収支構造の変化

　こうした国際収支構造の長期的な変化は，図表1-8の右列にあるとおり日本の場合にも観察される。

　まず戦前については，明治維新（1868年）から1880年代にかけて貿易・サービス収支は赤字であり，「未成熟の債務国」の段階にあった。その後，貿易・サービス収支は黒字になったが，1914年の第一次大戦開戦までは第一次所得収支，経常収支はともに赤字であった。よって，1881年から1914年までの期間は，「成熟した債務国」の段階にあったといえる。第一次大戦開戦後は経常収支が黒字化し，「債務返済国」の段階に移ることになる。

　戦後においては，戦後復興期に貿易・サービス収支は赤字であり，それが黒字化するのは1955年以降である。さらに第一次所得収支は赤字でありながらも，経常収支は1960年代半ば以降黒字化している。この後，第一次所得収支も1970年以降黒字化している。こうした推移をみると，戦後日本は「成熟した債務国」から出発し，1960年代半ばには「債務返済国」へ，また1970年代には「未成熟の債権国」の段階に達したとみられる。その後，1970年代に2回にわたる石油危機があり，経常収支，第一次所得収支は一時赤字化したものの，危機後には経常収支，第一次所得収支とも再び黒字基調を維持している。

　最近20年余りの日本の経常収支の推移を示したものが図表1-9である。まず，貿易・サービス収支であるが，その中の貿易収支は，2008年リーマンショック以降の世界金融危機までは大きな黒字であり経常収支黒字のかなりの部分を占めていた。しかし，世界金融危機からの回復後は，貿易収支はほぼ均衡した状態が続いている。また，90年代半ばには大きな赤字であったサービス収支は，訪日外国人数の伸びを追い風に旅行収支が改善した結果，赤字幅が縮小し，現在はほぼ均衡状態にある。以上から，貿易・サービス収支は，この

図表1-9　経常収支の推移（年度，単位：兆円）

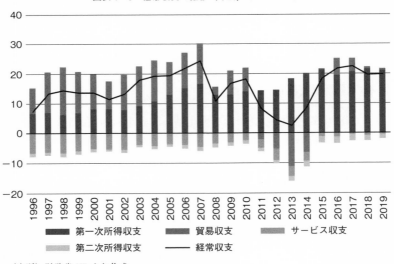

（出所）財務省HPより作成。

図表 1 - 10　第一次所得収支（年度，単位：兆円）

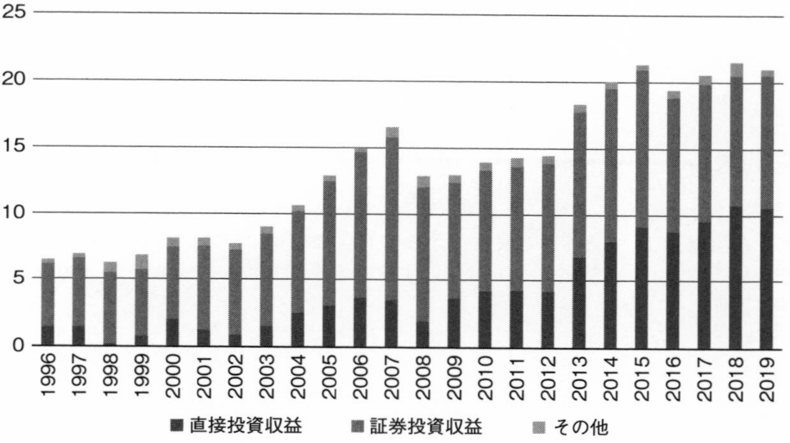

■ 直接投資収益　　■ 証券投資収益　　■ その他

（出所）財務省 HP より作成。

期間，黒字基調から黒字幅縮小へと推移してきたといえる。

　一方で，投資収益を計上する第一次所得収支は，この期間年々増加している。第一次所得収支は 1996 年度には約 7 兆円の黒字だったものが 2019 年度には約 21 兆円の黒字と 3 倍以上になっている。この期間の第一次所得収支の内訳の推移を示したものが図表 1 - 10 である。直接投資収益の黒字，証券投資収益の黒字ともに増加傾向にある。特に直接投資収益黒字の伸びは顕著で，2019 年度には第一次所得収支の黒字のほぼ半分が直接投資収益の黒字によってもたらされている。

　経常収支は貿易・サービス収支，第一次所得収支，および第二次所得収支の合計であり，図表 1 - 9 の折れ線グラフで示されているとおり，黒字基調が維持されている。しかしながら，経常収支の内訳には変化があったようにみえる。1996 年度の経常収支黒字は，貿易収支の黒字と第一次所得収支の黒字が主な理由であった。それが，2019 年度には，経常収支黒字のほぼすべてが第一次所得収支の黒字で説明される状況である。

　現在の日本は国際収支段階説のどの段階に位置するであろうか。貿易・サービス収支はその黒字幅を縮小させている。一方で，第一次所得収支は，年々そ

の黒字幅を拡大させている。現在の日本は貿易・サービス収支が黒字から赤字に変わる局面，すなわち段階説でいえば，第Ⅳ段階の未成熟の債権国から第Ⅴ段階の成熟した債権国に移る局面にあるといえるかもしれない。

練習問題

1. 開放経済を考えます。ある国の GDP が 100 であるとし，また，消費 75，投資 25，政府購入 10 であるとします。すなわち，この国は一時的に自国で生産（100）した以上に支出（75＋25＋10＝110）することを考えています。それが可能かどうか，説明して下さい。

2. 国民所得会計の恒等式より，

$$S-I=NX$$

が成立しました。ここで，左辺 $S-I$ は国内貯蓄から国内投資を引いたもので，純資本流出と呼ばれます。純資本流出がプラスのとき，国内貯蓄は国内投資を上回っており，その超過分が外国に貸し付けられます。逆に，純資本流出がマイナスのとき，外国から資本流入が生じていて，外国からの借り入れが外国への貸し付けを上回っています。

(a) 純資本流出がプラスのとき，純輸出はプラス，0，マイナスのいずれになるでしょうか。
(b) 純資本流出がマイナスのとき，国内貯蓄と国内投資の大小関係はどうなるでしょうか。

3. 「ある新興国は，積極的に外国からの直接投資を受け入れているため，金融収支は赤字である。一方で，堅調な輸出に支えられて経常収支は黒字になっている」。この文章は，正しいか，誤りか，どちらともいえないでしょうか。この国の資本移転等収支は無視できるほど小さいと仮定して，説明して下さい。

推薦図書

Krugman,P.R., M.Obstfeld and M.J.Melitz（2018）*International Economics：Theory and Policy*, 11th Edition., Pearson Education.（山形浩生・守岡桜訳『クルーグマン国際経済学 理論と政策〔原著第10版〕下；金融編』，丸善出版，2017年）
　　国際経済学に関するアメリカで標準的な学部中級レベルのテキストです。

棚瀬順哉（2019）『国際収支の基礎・理論・諸問題：政策へのインプリケーションお
　　よび為替レートとの関係』，財経詳報社。
　　国際収支統計に関する詳細な説明だけでなく，外国為替に関する説明も豊富です。

参考文献

Mankiw, N.G.（2010），*Macroeconomics*, 7th Edition, NY：Worth Publishers.（足立英
　　之・地主敏樹・中谷武・柳川隆訳『マンキュー　マクロ経済学（第3版）Ⅰ　入
　　門編』，東洋経済新報社，2011年）の第5章を参照。

第2章

国際決済と国際通貨, 基軸通貨

　本章では, 海外との経済取引をする上で必ず必要となる国際決済を行う仕組みを解説する。国内では中央銀行を中心とした決済の仕組みがあるものの, 世界的な中央銀行がないもとで, どのような決済が行われるのかをみてゆく。さらに, 国際的な決済手段として利用される国際通貨がなぜ必要とされるのか, そしてその機能についても解説する。

第1節　国際決済の必要性と仕組み

1. 貨幣と国内決済の仕組み

　財・サービスの経済取引を行うとき, 企業が財・サービスを生産する一方で, 消費者はそれらを購入する。いいかえると, 経済取引とは財・サービスの提供を受ける代わりに, その対価として貨幣で支払いを行うことである。ここでの貨幣による支払いは, 財・サービスの提供を受けた対価を支払う義務を清算する意味がある。これを**決済**とよぶ。また経済取引には, 資金の貸借もある。資金の余剰主体が資金不足の主体に資金を貸し付け, 返済期限には借り入れた資金とそれに応じた利子を付与して返済する。その返済時にも通常, 貨幣が用いられる。この返済をするための貨幣の支払いも返済義務である債務を清算するという意味で, 決済となる。

　財・サービス取引でも貸借でも，最終的な支払い義務を清算することが経済取引では必要となる。1国内で流通し，決済に用いられている貨幣を**通貨**とよんでいるが，当該国での（法律によって定められた）法定通貨が国内の**中央銀行**によって発行されるケースが多い。したがって，国内の経済取引は中央銀行によって発行された**法定通貨**が決済手段として用いられる。ここで通貨の具体的な形態は，現金と預金（通貨）である。前者は紙幣と硬貨との形態で中央銀行ないしは政府によって発行される。後者は，銀行に預金者が口座を開設する段階で創出され，その預金口座が様々な経済取引の決済手段として用いられる。たとえば個人がクレジットカードを利用して商品の支払いを行うとすると，その支払いの最終決済はそのカード使用者の預金口座からの商品代金の引き落としで行われる。また，企業間の支払いで用いられる手形や小切手による取引の場合，**手形**（ここでの手形は主として手形の発行者である振出人とその手形の金額を支払う支払人が同一である約束手形を指す）・**小切手**を振り出した企業の預金口座が，為替取引の決済に用いられる。

　ここで手形（**約束手形**）とは，手形の振出人が将来の決まった期日に表面に記載された金額を手形の受取人に支払うことを約束する有価証券であり，支払人（企業）の預金口座から受取人（企業）への預金口座への預金振替を指示するための指図証券でもある。また小切手は手形とほぼ同じ機能を持つが，預金振替の期日が定められておらず，受取人が銀行に持ち込めば預金振替が実行される。国内取引では，通貨や預金口座による決済（以下，預金決済）の双方が利用できるが，現代社会では預金口座が用いられる頻度が高い。ただし，預金決済を円滑に行うために，国内では法定通貨として定められた通貨単位が利用され，また国内銀行の預金口座をオンラインで結んだ中央銀行を中心とした決済システムが利用されている。

　手形取引には約束手形と為替手形を用いたものがあるが，国内で一般的に利用されている約束手形の仕組みを，図表2-1を用いて説明しよう。東京にある企業aが大阪にある企業bに送金しようとする。その時，現金を送る代わりに送金小切手を用いることとする。まずa企業は送金小切手を発行してもらうため，取引先のA銀行に小切手発行を依頼する。その際，代金分の円を銀行に支払う（①）。A銀行はa企業に送金小切手を発行し（②），その小切手

図表2-1　国内の約束手形の仕組み

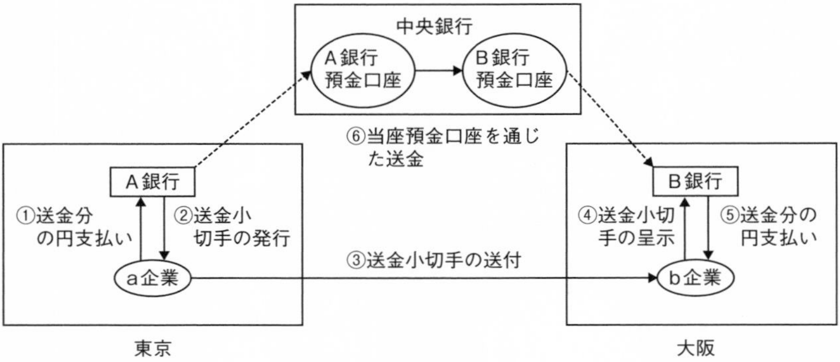

をB企業に郵送する（③）。送金小切手を受け取ったb企業は，自分の取引先の銀行Bに持ち込み（④），小切手の額面分をB銀行はb企業に支払う（⑤）。

　ここまでで，a企業からb企業への支払いは完了するが，B銀行がb企業に支払った分をB銀行は回収していない。そのため，B銀行はA銀行から，この取引での決済を求めるが，この決済は中央銀行に置かれたA，B各銀行の預金口座間での預金振替によって行われる（⑥）。中央銀行制度を持つ国は，法律により民間銀行は中央銀行に当座預金口座を開設し，一定額の預金をおかねばならない。これを**準備預金制度**と呼ぶ。この制度で開設された当座預金口座間で先ほどのA銀行からB銀行への決済が行われる。

　したがって，国内の手形は最終的に中央銀行に置かれた民間銀行の保有する預金口座間で最終決済が行われる。また，約束手形に類似した為替手形がある。**為替手形**とは，振出人が，第三者である支払人に支払いを委託し，受取人に対して一定の金額を支払ってもらう有価証券であり，遠隔地間の決済手段に利用されてきた。ただし為替手形は現在，国内ではほとんど利用されていない。ただ，為替手形は海外との取引でいまでも利用されている。そこで，次に国際取引の仕組みについて説明しよう。

　国際取引でも国内取引同様，無論，決済が必要であるが，遠隔地取引であることから，従来，為替手形によって国際決済が行われている。国内取引との相違は，国際取引では統一された世界的な中央銀行がないことである。そのため

図表2-2　並為替（送金小切手）の仕組み

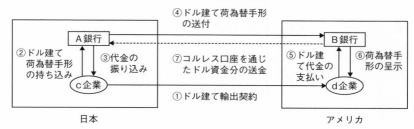

図表2-3-1　荷為替の仕組み

図表2-3-2　信用状

通貨を発行する統一された主体が存在せず，世界通貨がないために，国内取引のような現金決済ができない。そのため現金決済に代わる手段を用いて国際決済を行わねばならないという問題に古くから直面してきた。それを解決する方法が，外国との支払いにも為替手形を用い，預金口座を通じた国際的な**預金決済**である。この支払いに用いられる外貨建て為替手形を外国為替とよんでいる。

　ただし，世界的な中央銀行がないもとで国際的な預金決済を行うには，民間銀行による国際的なネットワークを自ら形成する必要がある。それを具体化するための取り組みが**コルレス契約**（correspondence agreement）である。コ

ルレス契約とは預金決済や，海外の提携先の銀行との間で相互に為替手形の買取を委託するもので，そのために相互に資金をやりとりするための預金口座をお互い開設することが必要となる。その口座を**コルレス口座**とよぶ。各国間の個人や企業が行う国際取引で発生する債権・債務をいったん銀行（外国為替を取り扱う銀行を外国為替銀行とよぶ）の債権・債務に転換する。その銀行はあらかじめ契約されたコルレス口座を通じて，資金を振り込んだり引き落としたりすることによって，その債権・債務を決済する。

2.　並・逆為替と信用状付き輸出為替

　代表的な外国為替取引には，送金小切手（あるいは並為替）と荷為替手形取引がある。まず図表2-2を用いて送金小切手の仕組みを説明しよう。

　ここで東京の企業aとニューヨークの企業bとの間で国際取引があり，aからbにドル資金1万ドルを送金すること想定する。また，為替相場が1ドル＝120円であるとしよう。まず企業aは自身の取引先銀行Xに送金額1万ドル相当の120万円を口座に入金することで支払う。それと同時に銀行Xから送金小切手とも呼ばれる為替手形を発行してもらう。その送金小切手をaはbに送付し，bは取引先銀行Yに送金小切手を呈示して支払いを求める。銀行Yは送金小切手の額面に標記された1万ドルをbに支払うが，この時，bが銀行Yに保有する自身の銀行口座に1万ドルを振り込まれ，bは送金分を受け取ることができ，aとbの取引は完了する。一方，銀行XとYの間の取引が残っている。Xは1万ドル分の円を受け取っているが，Yはbに支払いをしたままである。そのためXはYに1万ドルの送金を行わねばならない。この時，XがYに保有するコルレス口座から1万ドル分が引き落とされる。

　このようにして，現金を使わず送金小切手とコルレス口座での資金移動によって国際送金が実行できる。ちなみに並為替という名称の由来は，aからbへの資金の移動と送金小切手の方向が同じであることからである。

　また，次に，代表的な為替取引の1つである**荷為替取引**あるいは**逆為替**と呼ばれる為替手形の仕組みを説明しよう。これは輸出企業が代金取立のために利用される為替取引である。いま，東京にある企業cがニューヨークの企業d

に輸出するというドル建て輸出契約 10 万ドルを結んだとしよう。c が輸出のための船積みを終えると，**船積書類**とよばれる船荷に関する書類とともに，10万ドルを額面とする荷為替手形とよばれる為替手形を取引先銀行 X に持ち込む。船積書類に含まれるのは，船荷の所有権を証明する船荷証券，船荷の中身を示す送り状，そして船荷の事故に備えるためにかけられる海上保険証である。特に輸入企業が船荷を受け取る際には船荷証券が必要となる。

　荷為替手形を呈示された X 銀行は，船積書類を検査した後に荷為替手形と引き換えに 10 万ドル相当の円を c に支払う。そして，X 銀行はコルレス契約先である Y 銀行にこの荷為替手形を送付する。Y 銀行は輸入企業 d にこの荷為替手形を呈示し，B が代金である 10 万ドルを Y に支払った後に船積書類一式を渡すことになる。船積書類一式を受け取った B は保税倉庫で自分が輸入した荷物を船荷証券と引き換えに受け取ることができる。

　一方，Y 銀行は d が支払った代金 10 万ドルを X 銀行にコルレス口座を通じて送金する。すなわち，Y 銀行に保有する X 銀行の口座に 10 万ドルを入金する。これによってこの荷為替手形による決済は完了する。ここでも現金は登場せず，コルレス口座を通じて資金が国際的に移動することで国際決済が行われる。

　ここで荷為替手形に加えて**信用状（L/C）**という輸入企業の支払いに対して信用を補完する手段が用いられることもある。上の例で信用状が用いられるとしよう。信用状はその発行銀行 Y による輸出代金の支払い確約であり，輸出企業 c にとっては，輸入企業 d が代金を支払うかどうかの信用リスクが，信用状発行銀行 Y の信用リスクに転換されることになる。Y の国際的な信用度が十分に高ければ，c が想定する信用リスクは軽減されることとなり，輸出代金の回収を期待できる c は輸出を円滑に行うことができる。信用状は貿易契約を初めて結ぶ相手同士の場合などに利用されるものの，費用が高いことから貿易契約を何度も締結してゆけば，信用状が利用されなくなる。さらに，荷為替手形は Y 銀行の取立業務が加わるため，送金小切手に比べて手数料が高くなる。そのため，お互いの信頼関係が醸成されれば送金小切手の利用に切り替えることもある。

　以上，2 つの外国為替取引を紹介したが，いずれも現金を使わずとも，銀行

の国際的なコルレス契約が基礎となって国際決済が完了することがわかる。

第2節　国際通貨および基軸通貨の理論的な必要性

　第1節では，自国と外国の2国での国際取引を説明した。しかし，実際の国際経済では2国間のみの対外取引にはとどまらず，190に及ぶ国々との経済取引が行われ，それらの決済が必要となる。基本的には，多国間の国際決済でも第1節で説明したコルレス口座を用いた為替手形の仕組みが用いられるが，多国間での決済の仕組みは，より複雑になる。

　そのため，国際取引をある特定国の国民通貨を国際的に利用することで国際決済されている。この特定国通貨を**国際通貨**とよび，具体的な形態は特定国通貨建てのコルレス口座である。さらに，国際通貨の中でも後述するすべての国際通貨の機能を持ち，結果として国際決済での通貨シェアが一番高い国際通貨を**基軸通貨**（key currency）とよぶ。

　国際通貨・基軸通貨が存在する理由を，次のような例を使って考えよう。まず，図表2-4で示されるように，日本，タイ，ドイツの3カ国間での国際取引を考えよう。ただし，いずれの国の企業も第1節で説明した自国通貨建て為替手形（ここでは送金小切手）で支払いができるものとする。

　日本ではY企業がB銀行に円建て為替手形を作成し，タイのZ企業に送る。ZはD銀行に支払いを求め，バーツで代金を受け取る。そして，B銀行はコルレス契約先のD銀行にコルレス預金の振替を通じて支払いを行う。同様に，ドイツとタイの取引ではタイのZ企業がX企業にバーツ建ての為替を送り，D銀行はC銀行にバーツを，コルレス口座を通じて決済する。ドイツと日本との取引でも，ドイツのX企業がY企業にユーロ建て手形を送付し，C銀行はB銀行に対してコルレス口座を通じて，資金を送ることになる。この仕組みをN国の世界に広げようと思えば，1つの銀行当たりN−1個のコルレス契約を締結し，コルレス口座を管理せねばならず，そのコストも高くなる。そのため，より効率的な仕組みが求められる。

　その1つの解決策が，コルレス契約を1つの国に集中させ，コルレス口座も

1つの国の銀行に集中して管理することである。たとえば図表2-5で示されるように，アメリカのA銀行との間で各国銀行がコルレス契約を結び，A銀行の内部にBからDの銀行が振替のための決済口座を保有する。そうすると，各銀行が発行した為替手形（送金小切手）の最終決済を各銀行ごとで行うことなく，A銀行に保有する各銀行の預金口座間での振替決済で行うことができる。こちらの方が手続きは簡単で手数料も低くすむ。このように，2カ国間の決済から3カ国間の決済へと取引相手国が増加しただけでも複雑な決済網が必要となるので，それを単純化するためには国際通貨というどの国との決済が可能なシステムがあれば，決済ネットワークを単純にすることができる。実際，190カ国以上の対外取引を円滑に決済できるようにするには，決済を1カ所ないしはいくつかに限定する方が効率的である。国際通貨あるいは基軸通貨が存在することで，対外決済の効率性が高まり手数料も安くなる。それが国際通貨，基軸通貨を必要とされる根拠となる。

　ただし，集中決済する国の通貨と銀行をどのように国際決済を行う主体が選別するのかは重要な問題である。すなわち，国内で一般に利用される国民通貨が国際通貨になりうる条件である。これには，**国際通貨への国際的な信頼**と，その**利便性**（あるいは**国際的な流動性**）が，他の国民通貨と比べて十分であるかが条件となる。

　国際通貨への信頼には，①通貨価値が安定していることと，②その国の銀行システムが安全であることが必要である。①の理由として，対外的な通貨価値である為替相場の大きな変動があると取引契約を結ぶ時の不確実性が高くなり，その通貨を国際的に利用する動機が薄れるであろう。また②の理由として，コルレス口座を保有する銀行の経営に不安があれば，決済口座としてその銀行とコルレス契約を維持するのをためらうであろう。したがって，銀行経営に不安がない程度に金融市場が安定し，また為替相場も安定していることが必要となる。

　また，③その通貨を利用するために利便性が高いことも必要である。通貨を利用する際に，規制があれば使いたくても使えない。したがって貿易決済や投資を行う際に政府による規制がないことが利便性を高める。さらに，規制がないもとでは金融市場を利用する時，すなわち預金や証券投資を行ったり，企業

図表2-4　3カ国間の決済，国際通貨を使わない例

AはC，Dとコルレス契約を締結
CはB，Dとコルレス契約を締結 ────────▶ 1行当たり，2つのコルレス口座を維持する必要
DはB，Cとコルレス契約を締結

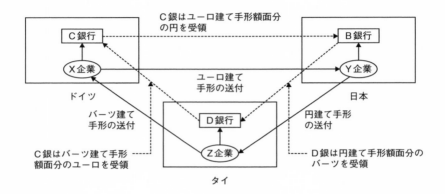

図表2-5　3カ国間の決済，国際通貨を使う例

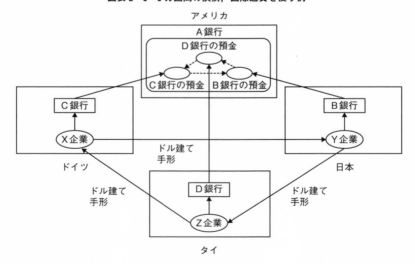

図表2-6　国際通貨の機能

	計算単位	取引媒介手段	価値貯蔵機能
民間利用	契約通貨	取引通貨 為替媒介通貨	資産通貨 資金調達通貨
公的利用	公的契約通貨 平価表示通貨	公的取引通貨 為替介入通貨	準備通貨

（出所）Cohen, B.（1971）*Future of Sterling as an International Currency*, Macmillan より。必要に応じて改訂し作成。

が資金調達を行ったりするときに，金融商品が豊富にあることも利便性を高めることになる。金融商品が豊富であるということは，それを開発する人材が揃っていることでもある。

　さらに④，金融取引を行う時の情報通信技術や言語などのコミュニケーション手段が便利であることも必要である。これらの条件が世界的に優位な通貨発行国が国際通貨国に選ばれ，条件が最も優位な通貨が基軸通貨となる。また，複数の国際通貨が競争して並立しているよりも，基軸通貨に国際取引が集約される方が効率的になる。そのため，同じ取引シェアを持つ複数の国際通貨が並立するよりも，圧倒的な取引シェアをもつ基軸通貨が利用される。

　では，具体的に国際通貨・基軸通貨はどのような機能を持っているのであろうか。通常，それは貨幣の3つの機能の応用により説明される。まず貨幣は3つの機能として，**計算単位**，**取引の媒介機能**，**価値貯蔵機能**がある。最初は経済取引を行う際の単位を与える機能をさす。2番目は経済取引を行うとき，売り手と買い手を媒介する機能である。3番目は，経済価値を蓄積する機能である。国際通貨の機能ではまず，使用主体を**民間部門**と**公的部門**に分け，国際通貨の機能を分類したのが図表2-6である。ここで公的部門には各国政府，中央銀行，国際機関が含まれる。

　貨幣の計算単位にあたる民間部門での機能として民間取引の契約時の**契約通貨**，公的部門での機能として**公的契約通貨**と**平価表示通貨**がある。この後者の機能は，固定相場制を採用する際，どの通貨に対して固定にするかを表示する機能である。貨幣の媒介機能にあたるのが民間部門では国際取引を媒介する取

引通貨と銀行間市場である外国為替市場において通貨間の取引を媒介する**為替媒介通貨**，公的部門では**公的取引通貨**と**為替介入通貨**である（外国為替市場に関しては第3章，為替介入に関しては第3章と第5章を参照）。さらに，貨幣の価値貯蔵機能にあたるのが，民間部門では国際投資対象となる**資産通貨**と，調達資金として利用する資金調達通貨，公的部門では**準備通貨**機能である。準備通貨機能とは，各国政府が保有する外貨資産である外貨準備として選択される国際通貨機能である。

　基軸通貨の利用が長期にわたる理由として，**慣性効果**と**埋没費用**があげられる。ここで，ドルが基軸通貨であるとしよう。そのためドルでの取引に慣れている企業は，ドルで貿易契約や，投資契約などを行い，ドル契約を基準として財務管理を行う内部システムを構築したりしている。また，長期的な投資や資金調達通貨としてドルを管理することにも慣れていることが多い。いったんドルでの利用を高めると，それに適応したシステムを構築するための費用を投じるので，ドル以外の通貨利用のためのシステム構築をためらわれる。このシステム構築の固定費用は埋没費用と呼ばれる。またそれによりドル利用に慣れるということもあり，ドル利用を継続させることになる。これらによっていったん基軸通貨が利用されると，それが長期的に利用される効果を慣性効果とよぶ。

　さらに，国際通貨の6つの機能をすべて担う基軸通貨は，その機能が互いに強め合うという**協働効果（シナジーエフェクト）**もみられる。すなわち，ある国際通貨の貿易契約通貨としての機能が高まれば，受け取った当該通貨を資産通貨として選択する可能性も高まる。また，民間部門での資産通貨機能が高まり市場で当該国通貨のシェアが高まれば，それを政府が外貨準備として保有することにも結びつく。このように各機能が互いに利用頻度を高める効果が，基軸通貨の利用を長期化することに貢献しているといえる。このように，いったん利用されると協働効果を通じて利用され続けられ，利用規模が大きくなれば，その取引手数料も引き下げられる。それがまた，基軸通貨の利用を促すという，経済学が説く規模の経済が働くことも，基軸通貨の利用を長期化させている。

第3節　基軸通貨ネットワークの現状

　ここまでは，国際通貨がなぜ必要とされるのか，その理論的な説明を行って
きた。そこで，近年の状況を確認しておこう。まず，貿易契約時の通貨シェア
を示したのが図表2-7である。上段は輸出契約の通貨シェア，下段は輸入通
貨の通貨シェアを示す。ただし，輸出と輸入とで大きな差はないことがわか
る。これによると，地域差があることである。現在の基軸通貨国であるアメリ
カは，輸出入ともに自国通貨ドルの利用シェアが高く，そのアメリカに隣接す
る南米，そしてアジアを含む新興市場国はドルでの貿易契約がほとんどであ

図表2-7　貿易建値通貨の利用シェア

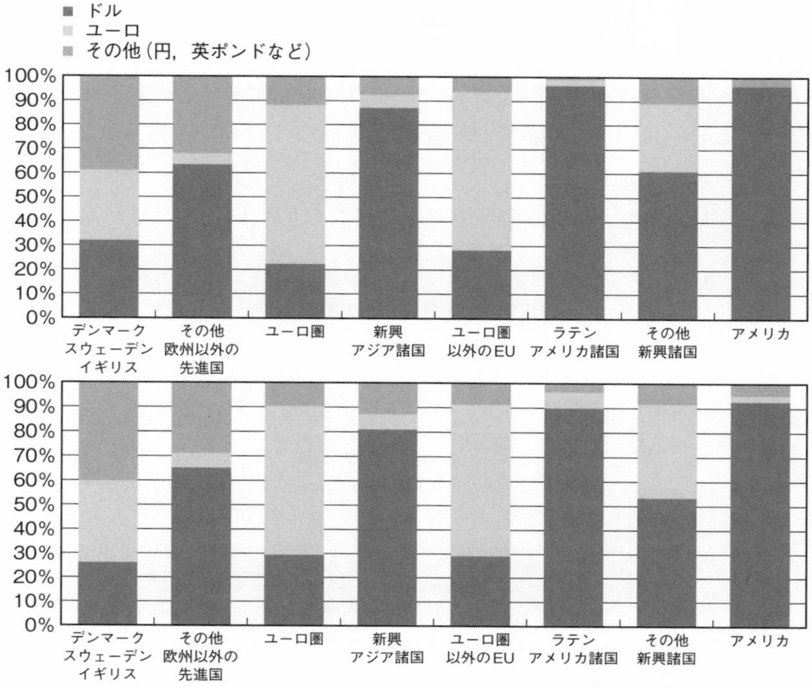

（出所）The international role of the euro, June 2019

る。しかし，欧州のユーロを利用しているユーロ圏と，その他のEU（欧州連
合）ではユーロを主に利用している。ただし，デンマーク，スウェーデン，イ
ギリスはドルの利用割合も高い。したがって，貿易契約通貨としてはドルが支
配的ということではなく，ユーロやその他の通貨を利用している地域も併存し
ていることがわかる。

　さらに近年の銀行間での国際決済に利用される通貨シェアを示したのが，図
表2-8である。この表での国際決済には貿易決済だけでなく，第1章で説明
された国際収支に記録される銀行決済を通じた取引が記録されている。この
データを収集している **SWIFT**（スウィフトと呼称）は国際的な銀行送金の指
図データを仲介する民間銀行による協会であり，これは，図表2-2,3で示さ
れた銀行を仲介した国際的な顧客間での送金指図のデータをやりとりしている
ことになる。したがって，これらの表が示すことは，顧客間での通貨の利用
シェアを示すことになる。これによると，ドルが1位でユーロが2位，それに
日本円，イギリスポンドが続く。また，ドルとユーロとの差は，それほど開き
がなく顧客間の通貨利用では基軸通貨ドル以外の通貨も利用され，ドルの支配
的な利用とまではいえない。では，基軸通貨としてのドルの利用がないのだろ
うか。

　図表2-9はアメリカ以外の世界がアメリカの銀行にどれだけ預金を保有し

図表2-8　国際決済での通貨シェア

単位：％

	2018年2月	2020年2月
ドル	38.00	41.48
ユーロ	34.29	32.61
英ポンド	7.34	6.81
日本円	3.29	3.42
スイスフラン	1.64	0.90
カナダドル	1.57	1.73
人民元	1.56	2.11
豪ドル	1.48	1.57

（出所）　SWIFT, RMB Tracker より作成。

図表 2 - 9　アメリカへの通貨・預金流入比率

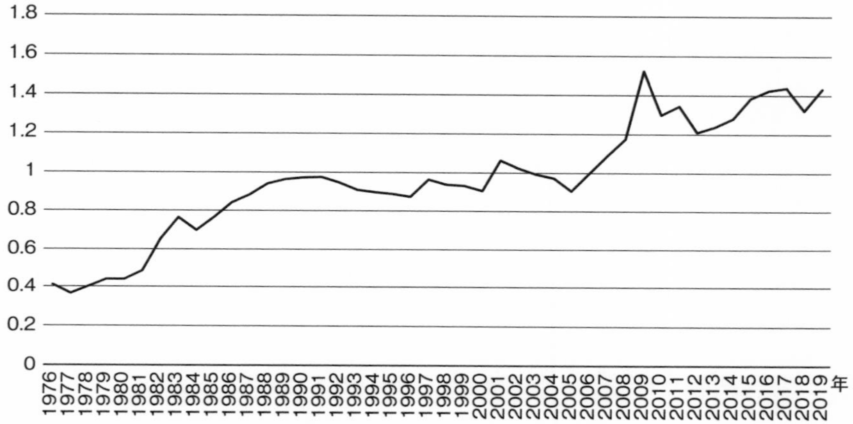

（出所）BEA, Datastream より作成。

ているのかを推定するため，次のような比率を表す。すなわち，「アメリカ国際投資ポジションの中の金融収支の中の通貨・預金」を世界のアメリカへの輸出額で割った比率を示す。この比率は世界のアメリカへの輸出代金と比べてアメリカへの通貨・預金の流入がどの程度大きいものかを示す。1970 年代から流入額は増加しており，特に 2000 年代に入っても増加し続けている。また 90年代には比率は 1 であったが 2000 年代からは 1 を超しており，現在もドルが国際的に広く利用されていることがわかる。

　また，図表 2 - 10 では外国為替市場で取引される通貨シェアが示されている。**外国為替市場**は銀行間での外国為替が取引される市場である（詳細は第 3章を参照）。その市場では圧倒的にドルが利用されている。すなわち，ドルを相手にした取引が圧倒的に多く，銀行間の国際取引においてドルが支配的に利用されていることがわかる。この銀行間の利用は，結局は最終決済となるコルレス口座がアメリカの銀行に集中しているためであり，顧客間でドルの利用が低下し，いくつかの通貨に分散利用されていたとしても，基軸通貨ドルの決済での利用は揺るいでいないことになる。

　また，国際通貨の価値貯蔵機能のうち，公的利用である各国保有の外貨準備

図表 2-10　外国為替市場で取引される通貨シェア

単位：％

通貨	2001 年	2004 年	2007 年	2010 年	2013 年	2016 年	2019 年
ドル	89.9	88.0	85.6	84.9	87.0	87.6	88.3
ユーロ	37.9	37.4	37.0	39.1	33.4	31.3	32.3
日本円	23.5	20.8	17.2	19.0	23.1	21.6	16.8
英ポンド	13.0	16.5	14.0	12.9	11.8	12.8	12.8
豪ドル	4.3	6.0	6.6	7.6	8.6	6.9	6.8
カナダドル	4.5	4.2	4.3	5.3	4.6	5.1	5.0
スイスフラン	6.0	6.0	6.8	6.3	5.2	4.8	5.0
人民元	0.0	0.1	0.5	0.9	2.2	4.0	4.3
その他	20.9	21.0	28.0	24.0	24.1	25.9	28.7
合計	200.0	200.0	200.0	200.0	200.0	200.0	200.0

（出所）国際決済銀行（BIS）Triennial Survey 2016, 2019. より作成。

図表 2-11　各国保有の外貨準備・通貨別シェア

単位：％

	1973	1980	1990	1995	2000	2005	2010	2015	2016	2017	2018	2019
ドル	78.4	55.9	50.3	59.0	71.1	66.5	62.2	65.7	65.4	62.7	61.7	60.9
ユーロ					18.3	23.9	25.8	19.1	19.1	20.2	20.7	20.5
人民元									1.1	1.2	1.9	2.0
日本円		3.3	8.2	6.8	6.1	4.0	3.7	3.8	4.0	4.9	5.2	5.7
英ポンド	6.5	2.5	3.2	2.1	2.8	3.7	3.9	4.7	4.3	4.5	4.4	4.6
豪ドル								1.8	1.7	1.8	1.6	1.7
カナダドル								1.8	1.9	2.0	1.8	1.9
スイスフラン				0.3	0.3	0.1	0.1	0.3	0.2	0.2	0.1	0.2
ドイツマルク	5.5	11.9	17.4	15.8								
フランスフラン	0.9	1.1	2.3	2.4								
オランダギルダー				0.3								
その他				4.9	1.5	1.7	4.3	2.8	2.3	2.4	2.5	2.6

（注）ここでのシェアは構成通貨開示外貨準備を対象としている。
（出所）IMF, Annual Report of the Executive Board および COFER データベースより作成。

の通貨別シェアを示したのが，図表2-11である。ドルのシェアは40年あまりで低下し，ユーロや円など他通貨が保有されているものの，近年も60％程度の利用はある。また，国際的な資金調達の状況を表したのが，図表2-12の国際債券発行の通貨別推移である。この表は，どの通貨を用いて大手企業が資

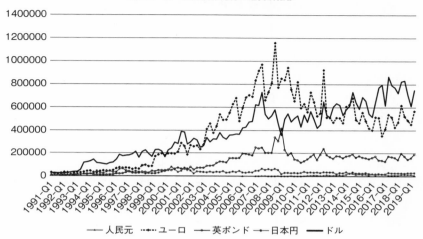

図表 2-12 国際債券発行の通貨別推移

人民元 …… ユーロ → 英ポンド → 日本円 ── ドル

（出所）BIS（国際決済銀行）データベースより作成。

金調達をしたかを表しており，企業がどの通貨を利用したいのかを示している。この背景にはドルによる資金調達のしやすさがあり，ドルがどの利便性を提供していることも一因である。一時期，ユーロの利用が最も高かったが，近年はドルが1位に回復しており，ドルの需要は依然，高いものといえる。

　このようにみると，貿易契約では基軸通貨以外の通貨利用もあり分散化されつつあるものの，他の利用，特に銀行間決済での利用は基軸通貨の利用が支配的であるといえる。また大企業の資金調達でもドルが利用され，現在のドルが基軸通貨である基盤は，コルレス口座を元にした銀行間での利用であり，そのことがアメリカの金融市場の利便性を高め，それが資金調達や準備通貨の保有にもつながっているものといえる。このようなドル利用のネットワークが基軸通貨としての地位を維持させている。

第4節　基軸通貨国の便益と費用，交代の条件
──どの国が次の基軸通貨国になるのか

　ここまで，国際通貨国・基軸通貨国がどのように形成され，どのような機能を担っているのかを説明してきた。最後に，いったん基軸通貨国の地位についた国はどのような便益を享受し，一方，費用を負担するのかを解説する。その上で，将来，基軸通貨国が交代するような事態は，どのような条件が必要となるのかを考えてみたい。

　通貨発行主体がえられる利益，すなわち通貨発行による利益から通貨発行にともなう費用を差し引いた額を**通貨発行益（シニョレッジ）**とよぶ。通貨発行者は自らが発行した通貨が受領される限り，様々な財・サービスを購入でき，金融取引も可能となる便益がある。また通貨発行の費用をできるだけ引き下げることができればシニョレッジを増やすことができ，歴史的に通貨発行主体は常に，そのシニョレッジを最大化しようとしてきたといえる。

　このことから国際通貨国・基軸通貨国にもその発行によって次のようなシニョレッジがえられると考えられる。これは**為替リスク**に関連したことでもある。為替リスクとは，為替相場変動によって発生するかもしれない損失の可能性をさす。国際通貨国・基軸通貨国は，自国通貨で国際取引契約を行うことができるので為替リスクは相手方の国が負担することになり，為替リスクに直面しない。そのため国際通貨国・基軸通貨国の企業は為替リスクを回避ないし削減するための努力をする必要がなく，貿易などの国際取引を円滑に進めることができる。すなわち，基軸通貨国は貿易契約を自国通貨で行うことができ，基軸通貨国の企業は為替リスクにさらされることはない。そのため世界的な貿易を行いやすく，貿易中心地の地位を維持することができる。

　特に国際通貨国・基軸通貨国が輸入する時，自国通貨で決済ができるので，あらためて外国の通貨を使って輸入決済をすることはない。したがって国際通貨国・基軸通貨国は自国通貨を海外が受領してくれるため，その通貨を発行して国際決済にあてることもできる。これは本来，輸入決済という債務を負担するにもかかわらず，自国通貨で決済でき，これを**債務決済**とよぶことがある。ただし，基軸通貨国の企業は輸入代金として外国企業が基軸通貨国に保有する

銀行口座に振り込み，外国企業はいずれその口座から代金を引き出して基軸通貨国の財を購入したり，証券を購入したり，あるいは自国に送金したりする。そのため，通貨発行をするだけで基軸通貨国の取引が完了するわけではないものの，為替リスクがないことや，輸入代金の引き出しの時間的猶予によって多大な利益を基軸通貨国にもたらしてくれる。

　また，国際金融取引においても基軸通貨国は自国通貨建てで行うことができるので，為替リスクなく基軸通貨国の金融機関や投資家は金融取引を行うことができる。為替リスクとともに想定される便益は世界の企業や銀行からの資金が集中し，その資金が基軸通貨国の金融機関に滞留することである。第2節で述べたように，基軸通貨国の大手銀行であるマネーセンターバンクには世界の金融機関のコルレス口座が集中する。**マネーセンターバンク**とは，基軸通貨国をはじめとする各国の国際金融市場に拠点を構え，国際的な金融サービスを提供する金融機関である。マネーセンターバンクにおかれたコルレス口座は決済口座であるため資金の出入りはあるものの，入金された資金がすべて一度に引き出されることはなく，一定程度，その口座に滞留する。そのため，マネーセンターバンクはその資金を使って，国内外で金融取引を行うことができ，収益機会が高まる。このようなマネーセンターバンクの特権は，当該国通貨が基軸通貨であることによってもたらされるもので，大きなビジネス機会をその国の企業・金融機関に与えることとなる。

　そのビジネス機会とは，通常の銀行貸付モデルである短期借り・長期貸しと呼ばれるものである。マネーセンターバンクに集まった預金への利子支払いは比較的低い一方，集まった資金を利用した国内貸付を容易に行うことができるだけでなく，国際的な長期貸付によってより高い利子収入を得られ，その差額がマネーセンターバンクの収益となる。また，貸し付けられた資金は，貿易金融といった貿易する際の基軸通貨建て借入資金や，基軸通貨建ての証券で運用されたりもするので，それによっても当該国の金融市場での利用が高まり，手数料などの様々な収益機会を獲得することができる。このようにして，いったん基軸通貨国になると，その国の金融市場は世界の中心となり，そこでのビジネス機会が広がり，金融機関は巨額の収益を得ることが可能となる。

　このようにして，国際決済のための資金や金融市場を活用するための資金が

基軸通貨国を中心に流出入する。このことと先ほどの債務決済とあわせると，基軸通貨国は経常収支赤字を容易に拡大することができる。第1章で説明されたように，経常収支赤字の額は金融収支の赤字額と同じであるが，基軸通貨国の経常収支赤字分の代金は，基軸通貨国に置かれた居住者の預金口座から非居住者の預金口座に振り込まれて処理される。これはいったん居住者から非居住者に支払われた基軸通貨建て資金が再び基軸通貨国に戻ってくると解釈できる。実際に資金が基軸通貨国から流出することはないが，基軸通貨を非居住者が保有し続ける限り，経常収支赤字分のマネーセンターバンクに置かれた基軸通貨建て預金が，いったん増加することで処理される。もし基軸通貨国でない国が経常収支赤字を出す，たとえば輸出以上の輸入をしようとすると，その超過分の基軸通貨を海外から借り入れて超過分を支払う必要がある。そのため，海外からの資金借入ができるかどうかという対外借入制約が経常収支赤字の大きさを決めることになる。

　実際，基軸通貨国は対外借入制約がないため現在の基軸通貨国であるアメリカは，長年，経常収支赤字を出し続けることができ，基軸通貨国の地位も揺らいでいない。このように金融取引の特別な地位が，財・サービスの国際取引においても他の国は持ちえない特権を与えている。

　しかも，第3節で述べたように，基軸通貨の利用には慣性効果が働くので，その特権はなかなか消失せず，長期間，基軸通貨国はその特権を享受できる。実際，現在の基軸通貨国であるアメリカは，その特権を第二次世界大戦後から享受し続けているといえる。

　一方で基軸通貨国としての費用もあげられる。基軸通貨国はその金融市場は必ず対外的には開かれたものとなる。もし規制をかけて自由にコルレス口座を海外の銀行が保有できないとなると，基軸通貨としての利便性が低下し，海外からの利用はされなくなるだろう。しかし，内外の資金移動が活発になることで，基軸通貨国の金融政策の運用は難しくなる。たとえば，不況のために基軸通貨国の中央銀行が金利を引き下げるように誘導したとしよう。しかし，それによって基軸通貨国からはより高い金利を求めて資金が流出する。そのため，基軸通貨国の金利は思惑通りに引き下げられない。

　また，基軸通貨国の金融市場が発展し，利便性が高まれば，その利便性を求

めて世界から資金流入がおき，その金融市場で運用することもある。それによって基軸通貨国の為替相場は，その経済実勢と比べて割高になりやすい。そのため，基軸通貨国の企業は輸出がしにくくなり，貿易面では不利に働く。そのことが，長期的に見て基軸通貨国の経済構造を変貌させる可能性もある。

　さらに，基軸通貨国は国際金融危機が起きたときには，国際金融市場に対して流動性供給といった多額の基軸通貨を貸し出す責任を本来は負っている。それによってグローバルな危機時には多くの国が基軸通貨を受容するので，その為替相場は増価しやすくなる。一時的にせよ，基軸通貨国は，流動性供給を行うとともに為替相場が変動する負担がある。ただし，基軸通貨国がその責任を負うかどうかは，自主的な判断に委ねられる。そのため，国民通貨を基礎とした基軸通貨制度は不安定なものであるといえる。

　以上のように，これらの便益と費用が存在するが，ただし，いったん基軸通貨国になった国は，基軸通貨国は多くの便益を享受し続けているといえる。

　しかし，基軸通貨の地位が揺らぐ可能性はある。すなわち基軸通貨の交代を歴史的に経験しており，これからもその交代がないとはいえない。もし現在の基軸通貨への信頼や流動性（利便性）への懸念は湧き上がり，代替できる国際通貨が存在すれば，基軸通貨の交代は起きるかもしれない。

　歴史的に 19 世紀に基軸通貨であったイギリスポンドが第二次世界大戦後にはドルに交代している（詳細は第 9 章を参照）。その要因は世界経済・金融の中心国がイギリスからアメリカに交代したことにより，ドルへの信頼が高まってきたことに関連する。ただし，その交代が一気に進んだのではなく，1920～30 年代の大戦間期には基軸通貨としてドルとポンドの両方が利用されることもあった。ポンドが基軸通貨として利用されなくなった大きな契機は戦後の国際通貨制度である**ブレトンウッズ体制**が，ドルを中心として設計されていたことである。これによりドルへの信頼は確立されたといえる。また戦後の世界で，資金不足が常態している中で，唯一，資金が潤沢であったのがアメリカの金融市場であったことも，ドルを基軸通貨としての利用を促したものといえよう。これによってアメリカは基軸通貨国の費用よりも便益が上回るようになったといえ，また一方，費用を受け入れざるをえなくなったものといえる。

　したがって，現在のドルが他の通貨に基軸通貨としての利用を交代されると

すれば，その条件としてアメリカが世界経済の中心国ではなくなり，金融市場の利便性が低くなりドルへの信頼も相対的に低下するような状況である。そのときに有力な国際通貨が基軸通貨へと台頭するかもしれない。さらにその通貨の発行国を軸とする国際通貨制度を構築する機会があれば，基軸通貨はドルから次の通貨に交代するであろう。

　ここで注目されるのは，将来，国家が発行することを前提としたソブリン通貨がいままでのように基軸通貨になるのかどうか，検討してみる必要はあろう。たとえば，現在の暗号資産がより価値を安定させれば，国際決済に利用されるかもしれない。そうすると，図表2-4で示した国際通貨を使わない3カ国間決済の例は効率性が悪く実現性がないと説明したものの，効率的に図表2-4に類似した仕組みが構築できるかもしれない。暗号資産では**ブロックチェーン**と呼ばれる暗号技術を用いて送金する仕組みが考案され，銀行ネットワークを利用する必要はなくなるかもしれない。そのため，それによる送金コストは格段に低いものになると期待されている。したがって，既存の**ソブリン通貨**を元にした国際銀行ネットワークに取って代わる技術ネットワークになるのかもしれない。今後の動向を注視したい。

練習問題

1. 外国為替の仕組みである送金小切手と荷為替手形の仕組みを，図に描いて，説明してください。その上で，国内手形を利用する場合の違いを2つ挙げてください。

2. コルレス契約とはどういう契約かを説明してください。また，その契約の重要性を説明してください。

3. 基軸通貨が利用される根拠を，国際的な銀行間決済の仕組みを用いて説明してください。

推薦図書

バリー・アイケングリーン著，小浜裕久監訳，浅沼信爾訳（2012）『とてつもない特
　　権：君臨する基軸通貨ドルの不安』，勁草書房。
　基軸通貨国としての米国の特権について詳しく論じており，基軸通貨制度を考察
する上では必読書。
小川英治編著（2019）『グローバリゼーションと基軸通貨：ドルへの挑戦』，東京大
　　学出版会。
　近年の基軸通貨ドルの状況と，ドルに対してユーロや東アジア通貨がどの程度挑
戦できるのかを，国際マクロ経済学の実証研究により明らかにした論文集。
ケネス・ロゴフ著，村井章子訳（2017）『現金の呪い：紙幣をいつ廃止するか？』，
　日経BP。
　暗号資産（仮想通貨）の可能性を金融経済の視点から論じた著作。

第3章

外国為替市場と外国為替取引

　第2章で説明されたように，外国為替とは，本来，異なる通貨間の債権債務関係を決済するために用いられる為替手形を意味する。ただし，現実に外国為替（外為）というときは，債権債務関係を付随しない両替のような通貨同士の交換，その交換比率，および交換に関連する業務まで含むことがある。さらに，通貨同士の交換取引が行われる市場は，包括的に外国為替市場とよばれる。本章では，外国為替市場と主な外国為替取引の仕組み，および取引に用いられる外国為替相場の諸概念について説明する。

第1節　外国為替市場

1.　外国為替市場の参加者・規模・構成

　外国為替市場（以下，外為市場）では，銀行，証券会社，企業，個人，機関投資家，ヘッジファンド，など多様な主体が取引を行っている。企業（貿易業者）や機関投資家，個人は，輸出入，資産運用，海外送金，旅行などを目的として銀行との間で外貨売買を行う。銀行間でも活発な外貨売買が行われている。前者は**対顧客市場**とよばれ，後者は**銀行間市場（インターバンク市場）**とよばれる。対顧客市場において，銀行は顧客が海外から取得した外貨の買い取りや顧客が必要な外貨の販売を行う。一方，銀行間市場は，顧客の必要とする

図表 3-1　外国為替市場の取引高

(4月の1日営業日平均、単位10億ドル)

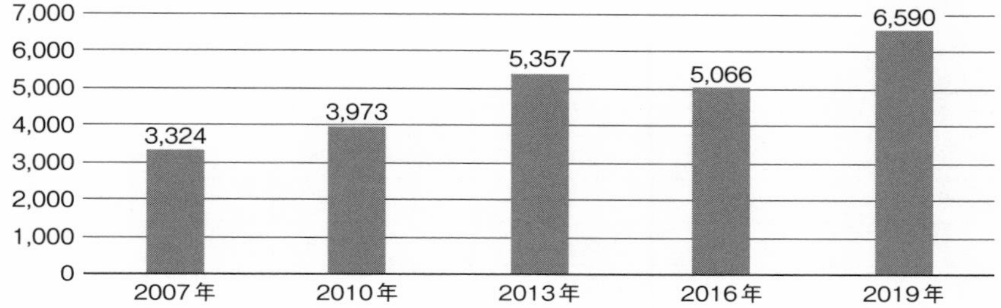

（出所）国際決済銀行（BIS）*Triennial Central Survey* 2019 より作成。

外貨を調達したり，顧客との取引の結果生じた外貨を売却したりといった取引を銀行同士が行う場である。

銀行間市場では，銀行同士が直接取引を行う場合と，**為替ブローカー**が取引仲介を行う場合がある。為替ブローカーは自己勘定による外貨の売買は行わず，売買を仲介することからブローカレッジとよばれる手数料を得ている。中央銀行もまた外為市場の参加者である。**中央銀行**は，為替相場の動きを制御する目的で銀行間市場に参加し，外貨の売買を行っている。

対顧客市場と銀行間市場を合わせた外為市場の規模，構成，取引状況については，**国際決済銀行（BIS）**が各国中央銀行の協力に基づいて，3年に1度の頻度で調査を行っている。この調査に基づくと，2019年の世界の外為取引高（1日当たり）は6.59兆ドルに達している（図表3-1参照）。外為市場の拡大には，新興国の新規参入の他，通信技術の発達による電子取引の増大も寄与している。

世界の主要な外為市場は，基本的に電子回線，電話回線でつながれた目にみえない市場である。図表3-2に表されているように，市場規模では，ロンドン，ニューヨーク，シンガポール，香港，東京の順に続く。その他にも世界の主要都市で取引が行われていることから，時差の関係で常に世界のどこかで24時間取引されるグローバル・マーケットが形成されている。東京市場はかつて3大市場の1つに数えられたものの，その地位は低下傾向にあり，現在では

図表 3-2　主要国の外国為替市場規模（シェア上位 10 カ国）

（4月の1日営業日平均，単位 10 億ドル）

地域	2013 年		2016 年		2019 年	
	取引高	シェア（%）	取引高	シェア（%）	取引高	シェア（%）
イギリス	2,726.0	40.8	2,406.3	36.9	3,576.4	43.1
アメリカ	1,262.8	18.9	1,272.1	19.5	1,370.1	16.5
シンガポール	383.1	5.7	517.2	7.9	633.3	7.6
香港	274.6	4.1	436.6	6.7	632.1	7.6
日本	374.2	5.6	399.0	6.1	375.5	4.5
スイス	216.4	3.2	156.4	2.4	275.7	3.3
フランス	189.9	2.8	180.6	2.8	167.1	2.0
中国	44.3	0.7	72.8	1.1	136.0	1.6
ドイツ	110.9	1.7	116.3	1.8	124.4	1.5
オーストラリア	181.7	2.7	134.8	2.1	119.1	1.4

（注）・国際決済銀行（BIS）は，各国中央銀行等の報告に基づいて，3 年毎に外国為替市場の取引状況を取りまとめている。元資料は，都市別ではなく国別となっている。
　　　・数字はネット・グロスベースで，国内での売買は 1 回の取引として計上，外国との取引は売買が 2 回計上される。
（出所）国際決済銀行（BIS）*Triennial Central Survey* 2019 より作成。

シンガポール，香港の後塵を拝している。
　外為取引の取引主体の内訳については，図表 3-3 に表されている。最大のウェイトを占める取引主体は，**大手金融機関**である。これは銀行間市場で自己勘定および顧客の注文に応じて外貨の売買を行っている大手銀行を指している。これに**中小の金融機関**を加えると，約 6 割超の取引が銀行によって行われていることがわかる。**機関投資家**は，11.8％を占めているが，これは，顧客から預託された保険料や年金，投資信託などを運用する生命保険会社，損害保険会社，年金基金，信託銀行などである。これらの資金は，国内だけでなく，国外の有価証券等で運用されることから，銀行との間で外貨の売買を行っている。**ヘッジファンド**は，株式，債券，商品，金融派生商品等に分散投資し，高い収益を追求する投資信託である。また，**PTFs** は，後述する高頻度取引を駆使して，自己資金のみを運用する投資会社である。貿易企業などの**事業法人等**の取引シェアは 7.2％である。中央銀行など**公的機関**のシェアは 1.4％に過ぎず，後述す

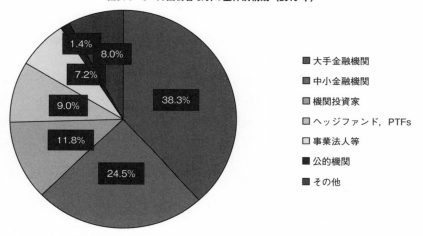

図表 3 - 3　外国為替取引の主体別構成（2019 年）

凡例:
- ■ 大手金融機関
- ■ 中小金融機関
- ■ 機関投資家
- □ ヘッジファンド，PTFs
- □ 事業法人等
- ■ 公的機関
- ■ その他

（出所）国際決済銀行（BIS）*Triennial Central Survey* 2019 より作成。

る外為介入などの役割が外為市場の規模に比較していかに小さいかがわかる。

　広義の外為市場とは対顧客市場と銀行間市場を含めたものであるが，**狭義の外為市場**は銀行間市場だけを指すとされる。それは，銀行間取引が対顧客取引以上の規模をもつことに加えて，外国為替市場の基準となる為替相場を決定する**マーケット・メイク**の（つまり，各市場参加者が値付け業者として参加する）場でもあるからである。ただし，近年，機関投資家やヘッジファンドなどのプレゼンスが拡大する一方，銀行間取引のシェアは低下傾向にあることには注意しなければならない。また，ヘッジファンドが銀行間市場に参入するケースもあり，対顧客市場と銀行間市場の垣根が曖昧になりつつあるという指摘もある。

2.　銀行間市場

　銀行間市場取引には，**ブローカー取引**と**銀行間直接取引（ダイレクト・ディーリング：DD 取引）**がある。ブローカー取引の長所は，売買の出会いがつきやすいことである。市場では，多くの銀行が取引の相手を探しているが，

ブローカーには各銀行がどのような取引を行おうとしているのかに関する情報が集中している。ブローカーの仲介先は国内銀行に限らず，海外の銀行との取引を仲介するいわゆる国際ブローキングも可能である。逆に，国内銀行が規制の少ない海外のブローカーを利用することもある。かつては，電話回線を用いるボイス・ブローキングが主であったが，現在ではその作業をコンピュータに自動的に行わせる**電子ブローキング**が一般的である。日本にもかつて8社のブローカーがあったが，現在では統廃合が進んでいる。ヘッジファンドは，大手金融機関が運営し，ファンドの資金管理や事務管理をサポートするプライムブローカーを通じて，電子ブローカー取引に参加している。

　一方，銀行間直接取引は，ブローカーや電子ブローカー取引を通さず，文字通り直接取引をすることをいう。銀行間直接取引では，ブローカーに支払う手数料を節約できるとともに，大きな金額の取引を瞬時に行えるという長所がある。特に最近の通信技術の発達や銀行のディーリング体制の向上によって，金融機関の直接取引は以前より容易になっている。なお，ブローカーに対して自己勘定で取引を行う主体は，一般的にディーラーとよばれ，ディーリングとは本来，自己勘定での取引を意味するが，外為市場では顧客勘定での取引もディーリングに含まれる。

3.　銀行間市場における為替取引

　対顧客取引は銀行にとって基本的には受動的な取引であり，顧客と外貨の売買を行う度に為替リスクと保有する資金過不足という問題に直面するため，これらを調整する取引が必要になる。

　たとえば，顧客Aから3カ月後に100万ドルが支払われる輸出手形を円で買い取る場合を考えよう。ドルの入金は3カ月後だから，もし期限が到来したときにドル安になると，銀行は為替差損を被ることになる。同時に顧客Bの依頼で80万ドルの送金為替を組み，代金として円の支払いを受けたとする。このときには，受け取った円資金でドルがいくら買えるかというリスクが発生する。特定の外貨に関する買い越しあるいは売り越しを**持高**といい，買い越し（買持ち）となる状態を**買いポジション（ロングポジション）**，売り越し（売持

ち）となる状態を**売りポジション（ショートポジション）**という。買持ちや売
持ちになっている部分は為替リスクにさらされているので，銀行は反対方向の
同額取引（カバー取引という）を行うことによって，これを解消しようとする
（**スクエア・ポジション**）。このような操作を**為替持高操作**という。

　ただし，一定の時間でみれば顧客に対する外貨の売買は，ある程度相殺する
ことができる（この相殺を**マリー**という）。上の2つの取引を同一の銀行が
行ったとすれば，100万ドルの買持ちは80万ドルの売持ちと部分的に相殺さ
れ，ネットでは20万ドル買持ちとなるので，20万ドルを銀行間市場で売っ
て，ポジションを解消しなければならない。

　一方で，銀行は対顧客取引の結果生じた外貨と円それぞれの資金の過不足を
手当てしなければならない。顧客から外貨を買えば外貨の保有高が増える一方
で円資金が不足し，逆に顧客に外貨を売れば，外貨建ての資金が不足するとい
うように資金ポジションが変化する。そこで，銀行は外貨や円を調達して，資
金ポジションの変化を調整する必要に迫られる。このような操作を**為替資金操
作**という。

　実際のところ，為替持高操作と為替資金操作は密接に関連している。再び，
上の2つの対顧客取引を行った銀行のケースを考えよう。為替相場は1ドル
＝100円とする。取引の結果，この銀行は，為替持高では20万ドルの買持ち，
ドル資金面では80万ドルの資金不足（ただし，3カ月後には100万ドル入
金），円資金面では逆に2,000万円の資金不足となっている。この状況は図表
3-4で表されている。この場合の操作の一例は，100万ドルを3カ月間借入

図表3-4　為替持高操作と為替資金操作（例）

	顧客Aとの取引	顧客Bとの取引	結果
為替持高	100万ドル買い（3カ月後）	80万ドル売り	①20万ドル買持ち
円資金	1億円支払い	8,000万円受取り	②現時点で2,000万円の資金不足
ドル資金	④100万ドル受取り（3カ月後）	80万ドル支払い	③現時点で80万ドルの資金不足

れ，そのうち 20 万ドルを円に換えることである。この結果，① 20 万ドルの売りによって買持ちは解消され，② 同時に円資金の不足分 2,000 万円も埋め合わされる。③ 残りの 80 万ドルはドル資金の不足に充てられる。④ 3 カ月後には借入れたドルを返済しなければならないが，買い取った手形の期限がきて 100 万ドル入金されるので，これを充てればよい。番号は図表 3-4 のどの部分に該当するかを示している。このように，銀行の基本的行動は，対顧客取引で生じた持高ポジションや資金ポジションを解消するために重層的な取引を行うことである。近年では，電子取引の普及に伴い，より効率的な取引ができるようになっており，このことが銀行間取引の回数の減少につながっているといわれる。

4.　為替媒介通貨

　銀行間市場においては，任意の 2 通貨間取引が同様に行われるかというとそうではない。図表 3-5 が示すように，外為市場では一方の取引通貨がドルの取引が大部分であり，ユーロ，ポンド，円のような主要国通貨間であっても，直接取引のシェアは非常に小さいことがわかる。この理由は，2 通貨が取引される場合，直接交換されるのではなく，ドルをはさむ間接交換が一般的だからである。つまり，ドルは通貨取引における媒介として用いられるわけで，このような通貨を**為替媒介通貨**とよぶ。

　たとえば，顧客から豪ドルを買い取った銀行が，これを直接円に交換するためには，逆に円を豪ドルに交換したい銀行を探さなければならない。相手が容易に見つからない場合は，その間，豪ドル保有に関する為替リスクに被ることになる。このとき，豪ドルとドル，ドルと円なら容易に取引が行えるとすれば，銀行は為替リスクを回避するためにこのような間接取引を選ぶ。通貨の交換が 2 回となるため，直接交換よりも手数料がかさむと思われるかもしれないが，そうとも限らない。今，N 種類の通貨が存在するとして，通貨交換の組み合わせは $N \times (N-1)/2$ 通りだけ存在する。しかし，ここでドルが為替媒介通貨となることによって，通貨の組み合わせは $N-1$ 通りに集約される。たとえば 5 種類の通貨があるとすれば，10 通りあった通貨間の交換市場が 4 通り

図表 3 - 5　主要通貨ペア別取引高と取引シェア

(4月の1日営業日平均，単位10億ドル)

通貨ペア	2013年		2016年		2019年	
	取引高	シェア	取引高	シェア	取引高	シェア
ドル/ユーロ	1,292	24.1	1,172	23.1	1,584	24.0
ドル/円	980	18.3	901	17.8	871	13.2
ドル/ポンド	473	8.8	470	9.3	630	9.6
ドル/豪ドル	364	6.8	262	5.2	358	5.4
ドル/カナダドル	200	3.7	218	4.3	287	4.4
ドル/人民元	113	2.1	192	3.8	269	4.1
ドル/スイスフラン	184	3.4	180	3.6	228	3.5
ドル/香港ドル	69	1.3	77	1.5	219	3.3
ドル/韓国ウォン	60	1.1	78	1.5	125	1.9
ドル/印ルピー	50	0.9	56	1.1	110	1.7
ドル/SGPドル	65	1.2	81	1.6	110	1.7
ドル/NZドル	82	1.5	78	1.5	107	1.6
ドル/メキシコペソ	128	2.4	90	1.8	105	1.6
ドル/レアル	48	0.9	45	0.9	66	1.0
ドル/露ルーブル	79	1.5	53	1.1	63	1.0
ユーロ/ポンド	102	1.9	100	2.0	131	2.0
ユーロ/円	148	2.8	79	1.6	114	1.7
ユーロ/スイスフラン	71	1.3	44	0.9	73	1.1
全通貨ペア	5,357	100.0	5,066	100.0	6,590	100.0

(注) 2019年時点で，取引シェア1.0%以上のペアのみ表示。
(出所) 国際決済銀行 (BIS) *Triennial Central Bank Survey* 2019 より作成。

に集約されるため，それぞれの市場が厚みを増し，出会いも付きやすくなる。
その結果，対ドル取引の売買手数料が低下し，

　　　　豪ドルと円の直接交換手数料＞豪ドルとドルの交換手数料
　　　　　　　　　　　　　　　　＋ドルと円の交換手数料

という関係が成立すれば，ドルを為替媒介通貨として使用するメリットがある。

　2通貨間の交換手数料は，**ビッド・アスク・スプレッド**（Bid Ask Spread）で表される。ビッドとは銀行間市場において市場参加者の提示する外貨の最も高い買値であり，アスクは最も安い売値である。この差が小さいほど，市場の流動性が高く，売買に関わる取引手数料は小さい。たとえば，ドル円取引に関するビッド・アスク・スプレッドは数銭あるいは1銭以下であり，いかに活発に売買が行われているかを示している。

　為替媒介通貨ドルが存在することは，銀行の為替持高操作と為替資金操作にも関係している。もし，為替媒介通貨が存在しない場合，銀行は多数の通貨に対する為替持高と資金ポジションの調整を必要とされる。しかし，他の外貨の取引がすべてドルを通じて行われているならば，すべての通貨を常に保有する必要はなく，資金ポジションをドルに集中させ，顧客の希望に応じて手持ちのドルを他の通貨と交換すればよいというになる。また，手持ちの外貨は原理的にはドルのみなので，カバーすべき外貨の持高もその通貨に集中されることになる。

5. 通貨当局の為替平衡操作（外国為替市場介入）

　中央銀行が銀行間市場において外貨の売買を行うことを**為替平衡操作（外国為替市場介入，為替介入**，以下では介入と表記）という。日本では，介入の決定は財務省によって行われ，介入の実務を中央銀行が行うが，政府と中央銀行の役割分担は国によって異なる。したがって，政府と中央銀行とを合わせて，**通貨当局**とよぶことが多い。

　銀行間市場における外貨の超過需給は，放置しておけば為替相場の動きによって調整される。しかし，通貨当局が，為替相場の動きが望ましくないと判断する場合，外貨の売買を通じて為替相場変動の抑制を図る。固定相場制のもとならば，基準として定められた公定レートを維持するために，その為替相場の下で生じる外貨の超過需給に対しては，中央銀行がすべて売買に応じなければならない。変動相場制のもとでも，為替相場変動の抑制を図るために介入を行うことはあるが，取引高が極めて大きい外為市場において，中央銀行の介入だけでは為替相場の変動を抑制することは困難である。したがって，各国の通

貨当局が同方向の売買を協力して行うケースもある（**協調介入**）。また，通貨当局の意向や姿勢を市場に伝達する**アナウンスメント効果**という点においては，介入も無意味ではないという見方もある。

　ところで，介入と１国の**マネタリーベース**には，密接な関係がある。マネタリーベースとは，貨幣の土台となっているものであり，日本では，金融機関保有分も含む流通現金（「日本銀行券発行高」＋「貨幣（硬貨）流通高」）と金融機関の日銀当座預金の合計を意味する。たとえば自国通貨売り・外貨買い介入が行われる場合，それだけ民間銀行の日銀当座預金増を通じて自国通貨が供給されることになる。逆に，自国通貨買い・外貨売り介入は通貨当局の保有する外貨（**外貨準備**）の取り崩しによって行われるが，外貨売り介入の場合には，それだけ民間銀行から自国通貨が吸収されることになる。つまり，介入にともなう民間銀行が保有する日銀当座預金の増減を通じて，マネタリーベースの量は変化する。マネタリーベースが増加する場合，民間銀行はこれを元手に市中への貸出しを行う。この結果，**信用創造**を通じて，マネタリーベースの乗数倍だけ**マネーストック**（市中の貨幣量）は増加する。逆にマネタリーベースが減少する場合，マネーストックは減少する。もし，通貨当局が介入によって生じたマネタリーベースの変化を容認する場合，このような介入は**非不胎化介入**とよばれる。これに対して，介入によって生じたマネタリーベースの変動を民間銀行との債券売買操作等によって相殺する場合，このような介入は**不胎化介入**とよばれる。

　日本では，介入は財務省の指示により，政府が日本銀行に預託している**外国為替特別会計（外為特会）**の資金を用いて行われる。売買は日本銀行が電話や電子ブローキングシステムを通じ，民間銀行に対して一定の相場で外貨を売買注文するという形で行う。たとえば，円売り・ドル買い介入が行われる場合には円資金が必要になるが，その資金の調達は**外国為替資金証券（為券）**とよばれる償還期限３カ月から６カ月の政府短期証券（FB）の発行によって行われる。為券は，市中消化される場合もあるが，日本銀行が引き受ける場合もある。為券が市中消化されて介入資金が調達される場合，為券売却によって民間銀行の日銀当座預金は減少し，その後，実際に円売り・ドル買い介入が行われると，民間銀行の日銀当座預金は再増加することから，介入は自動的に不胎化

介入となる（日銀引受の場合は非不胎化介入となる）。一方，ドル売り介入は外為特会の保有する外貨資金（外貨準備）の取り崩しによって行われる。ドル売り介入の場合には，それだけ民間銀行から円が吸収されることになるので，介入にともなって，マネタリーベースの量は減少する。ただし，吸収された円が為券の償還に充てられれば不胎化操作となる。また，外貨準備は市場への攪乱的影響を及ぼさないよう最大限配慮する，安全性と流動性には最大限留意した運用とこの範囲で可能な限り収益性を追求するという原則の下，流動性・償還確実性が高い米欧主要国の国債等で運用される。

第2節　外国為替取引と外国為替相場

1. 為替相場の表示

　為替相場は2通貨間の交換比率であり，どちらの通貨を基準とするかによって，1ドル＝100円のように表示される**自国通貨建て（邦貨建て）**と，1円＝0.01ドルのように表示される**外国通貨建て**がある。日本を含めてほとんどの国では自国通貨建て表示が用いられる。自国通貨建ての場合，100円から110円といった具合に為替相場の値が上昇することは，自国通貨の価値が外国通貨に対して低下することを意味する。このことを為替相場の**減価**という。逆に為替相場の値が低下することは，自国通貨の価値が外国通貨に対して上昇したことを意味する。これを為替相場の**増価**という。為替相場とは「外貨という商品の値段」であり，為替相場の値の上昇は「外貨という商品の値上がり」，為替相場の値の低下は「外貨という商品の値下がり」と考えればよい。

　各国通貨の価値基準として，公式あるいは慣習的に使用される相場を**基準相場**とよぶ。日本の場合，新聞紙上などでは対ユーロ相場についても掲載されるようになっているものの，基準通貨はドルである。これに対して，日本からみてドルとドル以外の外国通貨との間の為替相場を，**クロス相場**とよぶ。また，円とドル以外の通貨の為替相場は，基準相場とクロス相場の関係から算出される。たとえば，基準相場が1ドル＝110円，クロス相場が1ドル＝0.80ポンド

なら，両者の関係から 1 ポンド＝137.5 円となる。このように，ドル以外の外国通貨の相場は，各通貨の対ドル相場を用いて間接的に算出される仕組みになっており，**裁定相場**とよばれる。

2. 銀行間相場と対顧客相場

　銀行間市場で成立する取引相場は**銀行間相場**と呼ばれ，銀行が顧客との間で外貨の売買を行う際に適用される相場は**対顧客相場**とよばれる。銀行間市場は外貨の卸売市場であるから，銀行間相場を基準として，これに諸々の手数料や信用供与期間に応じた金利などが加算されることによって，対顧客相場が決定される。

　銀行間相場は，基本的に時々の需給にあわせて数 10 秒単位で変化する（市場実勢相場）が，この変動する銀行間相場の午前 10 時頃の相場を基準として，各銀行は公表相場を決定する。対顧客相場に関しては，その日 1 日は固定されるが，銀行間相場に大きな変動が生じる場合には 1 日の途中で変更される場合もある。

　対顧客相場は，顧客取引の種類によって異なる相場が建値されるが，基本的には顧客に対する外貨の売相場と買相場の差が，銀行の収益である。中心的な相場は**電信買相場（T.T.B.）と電信売相場（T.T.S.）**である。電信とは，電信送金であり，売買が現金を介在せず，銀行預金間で即座に行われることを意味する。ドル相場の場合，銀行間相場の仲値から 1 円引いたものが T.T.B. であり，1 円足したものが T.T.S. である。因みに，現金での両替の場合は，一般的に仲値から 3 円引いたものがドルの買相場，3 円足したものがドルの売相場となる。T.T.B. や T.T.S. は銀行が顧客相手に外貨を売買する時点に代金が入金される場合，つまり，銀行からみて資金の立替えが生じないときに適用される相場である。たとえば，アメリカから日本への送金為替の場合，アメリカの銀行が日本の銀行のドル預金口座に送金金額を入金した後，顧客の円預金口座に代金の引き渡しが行われるので，日本の銀行からみると顧客に対して資金の立替えは生じない。そこで，T.T.B. を適用して顧客に対する円での支払いが行われる。逆に日本からアメリカへ送金が行われる場合には，銀行が顧客の円預

金口座から代金を引き落とし，アメリカの銀行に電信で支払指示を行うと，指示を受けたアメリカの銀行は日本の銀行のドル預金口座からドル資金を引き落とし，直ちに受取人に支払う。したがって，日本の銀行と顧客との間ではドルと円の交換がほぼ同時に行われたことになり，やはり資金の立替えは生じない。よって，銀行と顧客の間では T.T.S. が適用される。

　一方，銀行と顧客との間で資金の立替えが生じる取引もある。たとえば，輸出業者が船積書類とドル建て輸出手形を銀行に持ち込み，銀行がこれを買い取る場合，手形を買い取った後，手形と船積書類を信用状発行銀行に送付して決済を受けるので，入金はどうしても一定期間後になってしまう。このような場合，銀行は一定期間外貨を立替え払いする形になるので，その間の立替え金利を顧客に要求することになる。このような取引に適用される相場を**一覧払い輸出手形買相場（At Sight Buying Rate）**といい，T.T.B. との差が銀行の受取る金利となる。手形決済までの期間が長くなれば，T.T.B. との差も大きくなる。逆にドル建て輸入の場合には，まず輸出地の銀行が日本の信用状発行銀行の口座から輸入手形の代金に相当する外貨を引き落として現地の輸出業者に支払い，その後手形と船積書類が日本の銀行に送付されてきて，これらと交換に顧客が銀行に円貨を支払うことになる。ここでも，銀行は輸入者から支払いを受けるまで資金を立替えたことになるので，T.T.S. を立替え期間の金利で調整した**一覧払い輸入手形決済相場（Acceptance Rate）**という相場を顧客に提示することになる。

3. 直物相場（スポット・レート）と先物相場（フォワード・レート）

　外為取引には**直物取引（スポット取引）**と**先物取引（フォワード取引）**がある。ここでの先物取引は，後述する通貨先物取引（フューチャー取引）と区別するために，**先渡取引**とよばれる場合もある。直物取引は，売買契約と同時に決済が行われる取引であるが，銀行間の実際の取引では翌々営業日に資金の受渡しが行われることになっている。時差を考慮し確実に事務処理を行うために，多少の時間が必要となるからである。一方，対顧客での直物取引では，その日のうちに受渡しできる。

　直物取引に対してそれより先の受渡しになる取引を先物取引とよぶ。すなわち，3営業日以降に受渡日が確定される取引である。通常は1年以内が多く，直物取引の受渡日から1カ月先，3カ月先，6カ月先などの同一日に外貨の受け渡しを行う（確定日渡し）。直物受渡日から起算して一定期間後に設定された任意の期間に受け渡しを行うことも可能である（期間渡し）。

　先物取引を利用する例として，ある輸出業者がドル建てで輸出契約を結んだとしよう。契約を締結した時点での為替相場は1ドル＝100円であり，商品を手配して船積みし，輸出代金を受け取るまでには，3カ月かかるとする。その間に為替相場が急速に円高ドル安になり，1ドル＝90円になった場合，この輸出者は1ドルにつき10円の為替差損を被ることになる。このような場合，輸出業者は契約締結と同時に代金の受け取り時期にあわせて先物ドル売りをすることによって，将来の円での受取額を確定することができる（**先物カバー**という）。なぜなら，3カ月後にドルで入金される額を，前もって銀行と約束した相場で円に交換することができるからである。ドル建ての輸入の場合にも，輸入契約をしてから代金の支払いを求められるまでには一定の日数を要する。その間に円安ドル高が進行すれば為替差損を被る危険があるから，将来のドルでの支払いに備えて，輸入契約と同時に先物ドル買い予約を行えば取引の採算は狂わない。つまり，先物カバーの目的は為替リスクを回避し，将来の不確実性をなくすことにある。

　これまでの取引は，先物で一方向の売買のみを行う取引であった。直物であ

図表 3－6　取引種類別内訳

(4月の1日営業日平均，単位10億ドル)

	2013 年	2016 年	2019 年
直物（スポット）	2,047	1,652	1,987
先物（フォワード）	679	700	999
スワップ	2,240	2,378	3,202
通貨スワップ	54	82	108
オプション他	337	254	294
合計	5,357	5,066	6,590

（出所）国際決済銀行（BIS）*Triennial Central Bank Survey* 2019 より作成。

れ先物であれ，一方向の取引を行う場合，**アウトライト取引**とよぶ。一方，外貨の直物売りと先物買い，直物買いと先物売りというように反対方向の売買を組み合わせて行われる取引を**スワップ（為替スワップ）取引**という。図3-6に示されるように，外為市場取引の約半分はスワップ取引である。その理由については後述する。

　直物取引に適用される為替相場は**直物相場（スポット・レート）**，先物取引に適用される為替相場は**先物相場（フォワード・レート）**とよばれる。直物相場と先物相場は無関係に動くわけではなく，直物相場と先物相場の差（**直先スプレッド**）は2通貨間の金利差と関係している。たとえば，現在の円建て資産の金利が4％（年利），現在のドル建て資産の金利が8％（年利），直物相場が1ドル＝100円という状況を考えよう。このとき，100万円の資産を3カ月間（12カ月分の3カ月），円で運用する場合と，ドルで運用する場合を比較する。両者の3カ月後の元利合計は次のようになる。

$$円で運用する場合：100万円 \times \left(1+0.04 \times \frac{3}{12}\right)=101万円$$

$$ドルで運用する場合：1万ドル \times \left(1+0.08 \times \frac{3}{12}\right)=1.02万ドル$$

　仮に，3カ月後の先物相場も1ドル＝100円あったとし，現時点で100万円の資金を保有しているとすると，直物市場で1万ドルを買ってドル建てで運用し，予め先物市場で1.02万ドルを売って円に換える契約をすれば，円で運用する場合に比べて1万円余分に純利益を上げることができる。したがって，直物市場でのドル買い，先物市場でのドル売りのスワップ取引が殺到することになる。その結果，直物市場ではドルが高くなり，先物市場ではドルが安くなる。

　単純化のために直物相場は変わらないとすれば，101万円と1.02万ドルが等価となる1ドル≒99円の水準に3カ月物先物相場がドル安になれば，取引は停止する。このように，2国間の金利差から決まる直先相場の理論値と実際の値の格差を利用し，スワップ取引を通じてリスクなく利鞘を得る取引を**金利裁定取引**という。

　ここで

$$0.04-0.08=\frac{99-100}{100}\times\frac{12}{3}$$

なので，直先相場の開きを年率に直すと，両国の金利差（−0.04）に等しくなっていることがわかる。すなわち，

$$金利差=\frac{先物相場-直物相場}{直物相場}\times\frac{12\,カ月}{期間(N\,カ月)}$$

である。日本の金利（年利）を i，アメリカの金利（年利）を i^*，1年先の先物相場を F，直物相場を S という記号で表すと，

$$i-i^*=\frac{F-S}{S}$$

となる。したがって，

$$i>i^*\Leftrightarrow F>S \quad \text{（\textbf{先物プレミアム}とよぶ）}$$
$$i<i^*\Leftrightarrow F<S \quad \text{（\textbf{先物ディスカウント}とよぶ）}$$

という関係が成立する。慣習的にプレミアムの場合は p，ディスカウントの場合は d という文字で表される。また，この式の関係を**カバー付き金利平価**とよぶ。

4. 外国為替取引の動機

　外国為替取引を行う動機は，主として実需，投機/ヘッジ，金利裁定の3つに分けられる。外国為替市場では，これら3つの動機に基づく取引に応じて外貨に対する需給が形成され，これが集約されて市場における為替相場が決定される。

(1) 実需

　実需とは，貿易取引や旅行，海外送金，さらには直接投資や証券投資といった資本取引の裏付けのある為替取引のことである。貿易を動機とする為替取引は，輸出入の契約と同時に決済が行われるもののほか，先物取引によって為替リスクを契約時点でカバーする取引も実需に含まれる。一方，資本取引を動機

とする為替取引は，実需に分類されるものもあるが，多くは投機を目的とした
ものであると考えられる。

(2) 投機/ヘッジ

　第2の動機は，投機である。**投機**は，リスクを覚悟して為替相場の変動から
利鞘を得ようする行為である。ヘッジファンドのような投機を専門とするファ
ンドだけでなく，機関投資家や個人投資家あるいは貿易業者も，それぞれの為
替相場に関する予想に基づいて投機を行う。たとえば，個人投資家の外貨預金
でさえ，為替リスクを放置しておくならば投機である。また，貿易業者が為替
相場の動向をみて為替予約を一部にとどめる，あるいはまったく行わないとい
う場合，これも投機である。

　一方，市場価格の変動が予想され，保有する資産・負債の評価損が予想され
る場合に，これらと反対のポジションを取ることによってリスクを軽減しよう
とする行為を**ヘッジ**という。たとえば，貿易業者は，為替相場の動向をみて意
図的に取引決済を早めたり，先延ばししたりするケースがある（**リーズ・アン
ド・ラグズ**）。取引決済を早める行為（リーズ）はヘッジであるが，決済をわ
ざわざ遅らせる行為（ラグズ）は，為替差益を積極的に得ようとする行為であ
り投機である。ヘッジは，意識的に新たな為替リスクを負うことにより，投機
による評価損失を相殺しようとする行為であるから，基本的に投機と同じ心理
に基づくものであり，カバーとは厳密には意味が異なる。

(3) 金利裁定

　第3の動機は，前述の金利裁定である。直物市場と先物市場には，実需に基
づく為替需給と，様々な意図を持った大量の投機やヘッジによる為替需給（こ
れに通貨当局の為替介入が加わる）が集約されることになる。これらの為替需
給は，直物市場と先物市場に別々の相場の変化を引き起こす。結果として，カ
バー付き金利平価が成立しなくなり，金利裁定取引によってリスクなく利鞘を
得る余地が生まれる。このようなチャンスが生じると，巨大な資金力のある機
関投資家やヘッジファンドによるスワップ取引が行われ，直物相場と先物相場
は瞬時にカバー付き金利平価が成立する状態へ戻される。つまり，金利裁定取

引は，実需と投機/ヘッジ，為替介入の結果生じる直先スプレッドの金利差からの乖離を，元に戻す役割を果たしている。金利裁定取引は，直物相場と先物相場が常に金利差に基づき連動することを保証するものである。

　ところで，外国為替取引においてスワップ取引が多い理由の1つは，金利裁定を動機とするスワップ取引が頻繁に発生するからであるが，スワップ取引が企業や銀行の資金調達の手段として重要な役割を果たすという側面もある。円での資金調達が困難な企業がインパクト・ローン（資金使途に制限のない外貨建て借入）で借入を行い，借入れたドルを直物市場で売って円に交換するケースを考えよう。このケースでは，返済時までにドル高が進行すると返済額が膨らみ，この企業は為替差損を被ることになる。そこで，借入と同時に返済期日にあわせて同額の先物ドル買いを行っておけば，返済時に確定した相場でドルを入手することができる。つまり，為替リスクを解消して，実質的に円資金での資金調達を行うことができるが，この場合にもスワップ取引が活用されていることがわかる。

第3節　デリバティブ取引と新しい外国為替取引

1. デリバティブ取引

　デリバティブ（Derivative）とは，「派生的」を意味する。金融用語としては，原資産に対する派生商品という意味を持ち，**金融派生商品**とよばれる。ここでの原資産は，預金，債券，通貨，株式などである。これらの原資産のリスクをヘッジしたり，リスクを覚悟してより高い収益性を追求したり（つまり投機）する手法として開発されたのがデリバティブである。通貨関連では，**通貨オプション**，**通貨先物（フューチャー）**，**通貨スワップ**といった商品の取引がある。

（1）通貨オプション

　通貨オプションは，将来決められた期日に当初定めた値段で外貨を**売る権利**

（プット），あるいは**買う権利（コール）**を売買する取引である。実際に将来売買する価格のことを行使価格といい，権利の価格をオプション料という。オプションについては，期日に権利を行使するかどうかを決めるヨーロピアンタイプと，いつでも権利を行使できるアメリカンタイプがあるが，一般的にはヨーロピアンタイプのものが取引されることが多い。期日に権利を行使するかどうかは自由に選択できるが，権利を買うにはオプション料を支払わなければならない。権利を買った側は行使するかどうか自由であり，オプション料は負担するものの，あらかじめ確定した相場で取引することができるので為替リスクを免れることができる。逆に権利を売った側はオプション料が収入となるが，為替リスクを被ることになる。したがって，オプションの売りの側に立つのは，リスク許容力のある銀行である。

　ドル・円取引の例でいえば，通貨オプション取引には次の4パターンがある。なお，ドルを売る権利はドルプットとよばれるが，これは円を買う権利である円コールと同義である。

① ドルプット（円コール）の買い…ドル売り円買いを行使する権利を買うこと。

② ドルプット（円コール）の売り…ドル売り円買いを行使する権利を売ること。

③ ドルコール（円プット）の買い…ドル買い円売りを行使する権利を買うこと。

④ ドルコール（円プット）の売り…ドル買い円売りを行使する権利を売ること。

　通貨オプションを用いた為替リスク回避方法の例として，輸出業者が①を使うケースを考えよう。直物相場が1ドル＝100円の時点で輸出契約をし，輸出代金を回収できるのは3カ月先という輸出業者を想定する。この輸出業者が，1ドル当たり2円のオプション料を支払って，実行期日3カ月後，行使価格1ドル＝95円のドルプット（円コール）を購入したとする。円高が進んで3カ月後の実勢為替相場が1ドル＝92円になった場合，オプションを行使すればオプション料を差し引いても，オプションを購入しなかった場合と比べて1（＝95－92－2）円の得である。逆に，円高があまり進まず1ドル＝98円であ

図表 3-7　オプション取引における利益・損失と為替相場

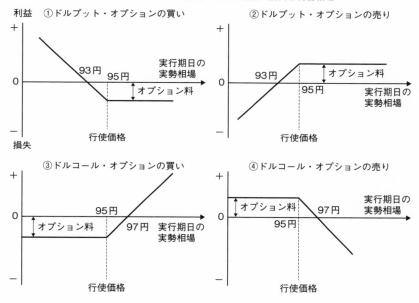

れば，オプションを行使せず，直物市場でドルを売ればよい。ただし，オプ
ション料を支払ったので，1ドル当たりの受取額は 96 円となり，オプション
を購入しなかった場合に比べると 1 ドルにつき 2 円の負担は我慢しなければな
らない。

　実行期日の実勢為替相場と利益・損失の関係は図表 3-7 のケース ① のよう
に表される。行使価格 1 ドル＝95 円を境として，3 カ月後の実勢為替相場がそ
れよりも円安であれば，オプションを放棄して市場でドルを売るほうが有利で
ある。その結果，オプション料として 1 ドル当たり 2 円の負担で済むことにな
る。逆に 1 ドル＝95 円よりも円高になった場合は，オプションを行使して 1
ドル＝93 円の手取額を確保したほうが有利である。ただし，オプションを行
使して利益が発生するのは，実行期日の実勢為替相場が 1 ドル＝93 円よりも
円高が進んだ場合である。つまり，円高が進んだ場合のリスクヘッジととも
に，円高が進まなかった場合には為替差益を得る可能性を残しておこうとする

のが，この場合の輸出業者の行動である。

　同じドルプット・オプションを売却した側の損益がケース ② となる。ドルプットの売り手は，買い手のオプションが行使されなかった場合には 1 ドル当たり 2 円のオプション料を得るが，買い手がオプションを行使した場合に発生する買い手の利益は，逆に売り手にとっては損失となる。たとえば，3 カ月後の実勢為替相場が 1 ドル＝92 円の場合，売り手は 1 ドル＝95 円でドルを売却する機会を失ってしまったので，オプション料収入の 2 円を考慮しても（92−95＋2）円で 1 円の損失が発生する。売り手の損益がゼロになる実行期日の実勢為替相場も 1 ドル＝93 円である。実勢為替相場がより円高であった場合，損失はこれに比例して大きくなるので，ドルプット・オプションの売り手にはリスク許容力が必要とされる。

　逆に，3 カ月後にドルで輸入代金の支払いを行わなければならない輸入業者の場合はケース ③ のようになる。この輸入業者は，1 ドル当たり 2 円のオプション料を支払って，実行期日 3 カ月後，行使価格 1 ドル＝95 円のドルコール・オプションを銀行から購入する。たとえば，3 カ月後の実勢為替相場が 1 ドル＝92 円であれば，オプションを行使せず，実勢為替相場でドルを購入して輸入元への支払いにあてればよい。オプションを購入しなかった場合に比べると，負担するのはオプション料の 2 円だけである。しかし，実勢為替相場が 1 ドル＝98 円と円安になっていれば，オプションを行使し，1 ドル＝95 円の行使価格でドルを購入して輸入先への支払いにあてた方がよい。この場合の輸入業者の利益は 1（＝98−95−2）円となる。損益がゼロになる実行期日の実勢為替相場は 1 ドル＝97 円である。

　一方，この輸入業者に対するドルコール・オプションの売り手の損益がケース ④ となる。ドルコールの売り手は，買い手のオプションが行使されなかった場合には 1 ドル当たり 2 円の利益を得るだけだが，買い手がオプションを行使した場合に発生する買い手の利益は，やはり逆に売り手の損失となる。たとえば，3 カ月後の実勢為替相場が 1 ドル＝98 円の場合，売り手は 1 ドル＝95 円でドルを入手する機会を逸してしまったので，オプション料収入 2 円をプラスしても，（95−98＋2）円で 1 円の損失が発生する。売り手の損益がゼロになる実勢為替相場もまた 1 ドル＝97 円である。この場合も，実勢為替相場がより

円安方向に動いた場合には比例して損失が大きくなるので，オプションの売り手には高いリスク許容度が必要である。

単なるリスクヘッジではなく，いくつかのオプションを組み合わせれば，投資戦略として為替相場変動から収益を得ることもできる。代表的な方法として，ストラドル，ストラングル，バタフライスプレッドといった方法がある。これらの取引では，オプション料さえ支払えば，将来の為替相場に関する予想に従って，投資家は賭けを張ることができる。つまり，比較的少額の投資で，ハイリスク・ハイリターンの投機を行うことが可能である。

(2) 通貨先物（フューチャー）

通貨先物取引は，これまで述べてきた先物（フォワード）取引とはまったく異なる取引である。取引は，金融先物取引所を相手に，取引額の単位や引渡期日なども規格化された商品で行われる。世界的には，**シカゴ・マーカンタイル取引所**（CME）の国際通貨先物市場が有名である。先物（フォワード）取引が約定日に予約額全額の受け渡しを行うのに対し，通貨先物取引では現物の受け渡しはなく，期日までに反対売買によって差金決済が可能である点が大きく異なる。先物（フォワード）取引では，たとえばA社がB銀行と3カ月先物相場1ドル＝100円で100万ドルを売る先物予約を結んだ場合，A社は3カ月後に100万ドルをB銀行の口座に送金し，B銀行は1億円をA社の口座に入金することによって，決済（資金の受け渡し）が行われる。しかし，通貨先物取引では，先物相場と直物相場の差に元本を乗じた差額のみ受け渡しが行われる。たとえば，同じくA社が1ドル＝100円でドル売りの3カ月物通貨先物契約を結んだとして，3カ月後の直物相場が1ドル＝98円となる場合，実際に98円で直物ドルを買って100円で先物ドルを売る必要はなく，1ドル当たり2円にあたる額を受け取るだけで決済完了となる。つまり，反対売買（この場合，直物買い先物売り）による差金決済が可能で，3カ月後に100万ドルを用意する必要もない。なお，先物（フォワード）取引でもこのような差金決済が可能な**ノンデリバラブル・フォワード（NDF）**とよばれる取引があり，先物市場が未成熟，もしくは資本規制のある新興国の通貨に適用される。

通貨先物取引を使って為替リスクをヘッジする例として，たとえば，3カ月

後に100万ドルの支払いを行わなければならない輸入業者のケースを考えよう。契約時の直物相場は1ドル＝100円とする。通貨先物は，3，6，9，12月と3カ月ごとの特定日に決済日がくる限月制であるので，仮に契約時点を3月とすると，この業者は6月限月のドルの買い契約を行うことになる。契約時点での6月期限のドル価格は1ドル＝101円であったとしよう。

　3カ月後の直物相場が1ドル＝105円になったとすると，輸入代金の円での支払額は1億500万円となり，輸入契約時の直物相場で計算したときよりも500万円増加している。しかし，通貨先物取引では，1ドル＝101円の先物相場で購入できる100万ドルを，1ドル＝105円の直物相場で売却できるので，400万円の利益が出ている。つまり，円安による支払額の増加という損失は，通貨先物取引での利益によってほぼ相殺されることになる。しかも，既述のように，通貨先物取引での利益の授受は，400万円を清算金として受け取るだけで完了する。逆に，3カ月後の直物相場が1ドル＝95円になったとすると，輸入代金としての円の支払額は9500万円に目減りするものの，先物取引では600万円を清算金として支払わなければならないから，円での負担額はやはり1億100万円である。このように，貿易取引から生じる為替差益もしくは差損と，通貨先物取引での採算が逆に動く特性を利用して，リスクヘッジを行うことができる。

　貿易取引の裏付けなく，通貨先物取引だけを行う場合には，為替差益だけを追求する行為となる。通貨先物取引では，仮に1ドル＝100円で100万ドルの3カ月後の先物ドル売り契約を結んでいる場合に，現時点の為替相場が1ドル＝100円より円高になれば，その時点で100万ドルの直物ドル買い取引を行って，3カ月後のドル売り契約と期日前差金決済をすることも可能である。なお契約に際しては取引額の一定の割合を証拠金として積み立てることが求められ，日々の為替相場の変動（この例では，1ドル＝100円より円安になる場合）によって損失が発生し，証拠金が不十分となる場合には，強制的に差金決済が求められるか，証拠金の積み増しが求められる。ただし，取引の全額を証拠金として積み立てる必要はないので，やはり少ない資金で多額の取引を行うことができる。仮に証拠金を取引額の10％とすれば，手持ち資金の10倍の資金を動かすことができる計算になる。この仕組みは**レバレッジ**とよばれる。もちろ

ん，レバレッジが大きい分，思惑が外れた場合には大きな損失を被るリスクも
極めて高い。

(3) 通貨スワップ

　ここでいうスワップ取引は，為替スワップとは異なり，異なる種類の債務の
交換取引のことをいう。スワップ取引には，固定金利と変動金利といった異な
る金利の債務を交換する金利スワップもあるが，ここで説明するのは，異なる
通貨の債務（元本と金利）を交換する通貨スワップである。

　今，資金の調達条件の異なる日本のＡ社とアメリカのＢ社があるとする。
Ａ社はアメリカでの事業拡大のためにドル資金を，Ｂ社は日本での事業拡大の
ために円資金を必要としている。Ａ社は円資金調達に際して日本国内では信
用力があり4％（年利）の金利で調達可能であるが，ドル資金での資金調達に
関しては6％金利と調達費用が高くなってしまう。対照的に，Ｂ社はドル資金
調達に際して4％（年利）の金利で調達可能であるが，円資金での資金調達に
関しては6％金利の調達費用がかかるとする。このとき，Ａ社が円資金で，Ｂ
社がドル資金で債務を負い，この債務を元利含めて交換すれば，互いの資金調
達費用を引き下げることができる。契約終了時には，再度，元本と利子の交換
を行い，Ａ社は円資金を，Ｂ社はドル資金を元々の借り手に返済する。

　上の例では，Ａ社は円での資金調達に優位を，Ｂ社はドルでの資金調達に優
位を持つケースを想定したが，必ずしもそうでなくてもよい。たとえば，図表
3-8のような状況を考えよう。この場合，Ａ社はＢ社よりも信用力があり，
円建てでもドル建てでもＢ社より有利な条件で資金調達を行うことができる
とする。この場合，両者が上と同様の債務交換を行ったとすると，Ｂ社は3％
だけ資金調達費用を引き下げられるのに対し，Ａ社はむしろ0.5％だけ資金調

図表3-8　通貨スワップと資金調達費用（例）

	円での資金調達	ドルでの資金調達
Ａ社	2％	6％
Ｂ社	5％	6.5％
金利格差	3％	0.5％

達費用が上昇してしまう。しかし，もしＢ社が節約できた資金調達費用のうち，1.75％に相当する分をＡ社に還元すれば，両社とも1.25％の資金調達費用の引き下げに成功することになる。つまり，どちらかが一方の通貨での資金調達に関して絶対的な優位を持たない場合でも取引は成立する余地がある。

　もちろん，上のような例は，調達金額，調達期間に関して両者が同一の需要をもっていなければならない。両者を結びつけるのは，両者の資金需要に周知している主体であり，両者と共通して取引のある銀行ということなる。したがって，通常，銀行と企業との間での店頭相対取引で行われる。

2.　新しい外国為替取引

　ところで，近年では従来の外為取引に加えて，個人投資家が数多く参入する外国為替証拠金取引や，コンピュータプログラムを利用したアルゴリズム取引も盛んに行われ，個人投資家やPTFsも為替相場に大きな影響を与える存在となっている。

(1)　外国為替証拠金取引（FX取引）

　個人の**小口FX投資家（デイトレーダー）**を意味する**ミセス・ワタナベ**という俗称があるように，FX取引は，外為市場を大きな影響を与える力として認識されるようになっている。FX取引は，日本では1998年の外国為替および外国貿易法（外為法）改正によって開始された比較的歴史の浅い取引である。FX取引を始めるには，顧客はまず仲介業者（証券会社や短資会社）に証拠金とよばれる担保を預託する。顧客は，預託した証拠金の数倍（1倍〜25倍）の資金運用を行うことができる（レバレッジ効果）。たとえば，レバレッジが25倍，1ドル＝100円とすると，20万円の証拠金を預託することによって，500万円（＝5万ドル）の取引を行うことができる。したがって，少ない資金で巨額の為替取引を行うことができるため，リスクもリターンも大きくなる。

　外貨の売買は，直物取引をベースに行われる。取引形態は通貨先物に似ているが，この点が通貨先物とは大きく異なる。顧客が仲介業者に保証金を預託し，（レバレッジを効かせて）仲介業者を通じて取引所で円売りドル買いを行

う（ドルの買いポジションを取る）。直物取引なので約定日の翌々営業日に，顧客は当初の契約と反対の円買いドル売りを行い，売買差損益の受渡しが行われる（したがって，顧客がドルを実際に保有することはない）。未決済の場合は，反対売買を行わない限り，決済は日々繰り延べ（ロールオーバー）される。決済日まで当初の建値は維持され，決済日に評価損益は確定される。途中で相場が思惑とは異なった方向に動いてしまい，保有するポジションに対して証拠金が不足する場合には，追加入金するか，保有するポジションを清算しなければならない。

　FX取引では，ロールオーバーを行う度に，通貨ペアの金利差に相当する額の受け払いが発生する。この金利調整額を**スワップポイント**という。低金利の通貨を売って高金利の通貨を買う場合，スワップポイントを受け取ることになる（逆の場合は支払い）。ロールオーバーは日々行われるため，運用期間が長くなるとスワップポイントは増額される（逆の場合はマイナスが増加する）。ただし，スワップポイントはロールオーバー時点の金利で調整されるため，金利が変動する場合には，当初受取りであっても，支払いに転じるリスクもある。

(2) アルゴリズム取引，高頻度取引（HFT）

　電子通信技術の発達によって，外為取引の世界では自動化や高速化が進んでいる。**アルゴリズム取引**は，銀行を含めた金融機関やヘッジファンドが，金融工学を駆使したコンピュータプログラムに基づいて最良の市場の選択，売買のタイミングや売買数量，大口注文の細分化などを自動執行させる仕組みである。さらには，アルゴリズム化された戦略に従って，コンピュータが投資判断を行うこともある。たとえば，経済指標の発表や社会の異変に即座に反応し，自動的に注文を出すようなシステムである。アルゴリズム取引によって，売買の意思決定から取引執行まで迅速に行うことができることから，タイムラグから生じる機会費用を抑制することができる。アルゴリズム取引が成長した背景には，コンピュータの演算能力の向上に加えて，ビッグデータの活用が可能になったこと，AI（人工知能）を活用した予測モデルの高度化などがあり，競争の激化も相まって絶えず高度化している。

　高頻度取引（HFT）は，このようなアルゴリズム取引を高速かつ小口の頻度で繰り返す取引のことである。頻度は，ナノ秒（10億分の1秒）単位であり，最適化された通信システムと高い演算能力をもつコンピュータで，取引にかかる時間を最小限まで短縮して行われる。小口の高頻度取引を行う意味は，次のような点にある。小口のドル買い→ドル売りを繰り返すならば，ドル相場が上昇する局面ではわずかながら利鞘を稼ぐことができる。もしドル安局面に反転しても，高頻度で取引を行っているために，損失は一瞬で最小限にとどめることができる。ドル相場の下落が基調となれば，逆にドル売り→ドル買いの繰り返しでわずかずつながらではあるが，結果的に大きな利鞘を得ることができるのである。また，買いと売りのわずかな価格差や，通貨ペアから算出される裁定相場からのわずかな乖離を狙って利鞘を得ることもある。高速で大量の取引が行われるため，外国為替市場におけるプレゼンスは次第に大きくなってきている。

　HFTを行うのは，ヘッジファンドや証券会社ではなく，大部分はHFTを専業とするPTFsであり，外為取引だけでなく，債券や株式，商品取引などにも進出している。基本的に他者よりも早く取引を行うことで利益を独占できるので，少しでも早く取引できる環境を作ることが重要になる。したがって，ネットワーク回線や取引プログラムの高速化，高性能なコンピュータ等デバイスの開発が高い利益の獲得に繋がる。逆にいえば，将来の値動きに関する予想や相場の動きを判断するキャリアや知見などは必要とされない。基本的に高速取引によって瞬時に裁定機会を解消する取引なので，市場の効率性を高め，為替相場の動向に悪影響を与えることはないという指摘はあるが，逆に相場の乱高下を引き起こす危険性を指摘する見方もある。また，このような環境を利用できる投資家と利用できない投資家の間で，取引機会の不公平が発生するという問題は確実に発生すると考えられる。

練習問題

1. カバーなし金利平価が成立するとし，3カ月物先物ドルが1%の先物ディスカウントの状態にあったとします。このとき，日本の金利（年利）とアメリカの金利

（年利）ではどちらが何％高いでしょうか。

2. 日本の通貨当局が1ドル＝110円の水準で1億ドルのドル買い円売り介入を行ったとします。介入は非不胎化介入であるとし，他の条件も変化しないものとします。貨幣乗数が5であるとすると，日本のマネタリーベースとマネーストックはどれだけ変化するでしょうか。

3.（さらなる考察のための問題）よく「FX取引は儲からない」，「9割は損をする」などと言われます。FX取引が儲からないとすれば，なぜ儲からないのかを自由に考察・討論してください。

推薦図書

国際通貨研究所編（2018）『外国為替の知識（第4版）』，日本経済新聞出版社。
　コンパクトだが非常にまとまりのある基本書。
中島真志（2016）『外為決済とCLS銀行』，東洋経済新報社。
　本格的な外為の知識を身に付けたい人には必読書。
マイケル・ルイス著，渡会圭子・東江一紀訳（2019）『フラッシュ・ボーイズ：10億分の1秒の男たち』，文春文庫。
　株式取引の話だが，HFTがどういうものかがわかる。

参考文献

西村陽造・佐久間浩司（2020）『新・国際金融のしくみ』，有斐閣。
上川孝夫・藤田誠一編（2012）『現代国際金融論（第4版）』，有斐閣。
中條誠一（2015）『現代の国際金融を学ぶ（第2版）：理論・実務・現実問題』，勁草書房。
中島真志（2016）『外為決済とCLS銀行』，東洋経済新報社。

第4章

開放マクロ経済モデルⅠ：長期の理論

　本章では，為替相場の決定理論を説明する。標準的な国際金融論の理論分析では，為替相場の変動は，（1）短期的な変動，（2）長期的な変動，という2種類に分けられる。本章が分析対象とするのは，長期的な為替相場の変動である。この変動は，物価と強く関係することが知られている。そのため，本章で扱う為替相場の決定理論は，物価の変動に重点をおいている。為替相場と物価の関係は，購買力平価説と呼ばれる理論に基づく。また，この理論を発展させたマネタリーモデルについても紹介する。

第1節　長期モデル

　国際金融論における長期分析は，**物価水準**が十分に変動する期間を前提とする。たとえば，ある財の価格（例：スナック菓子の値段）は，1日単位で比較するとほとんど変化しないが（例：今日と昨日の価格を比較＝短期），10年単位で比較すれば十分に変化する（例：今日と10年前の価格を比較＝長期）。この点は，図表4-1から視覚的に確認することができる。

　図表4-1の横軸は，時間の経過を示している。横軸の各目盛を短期と呼び，長期は短期5目盛ごとに訪れると仮定する（長期＝短期の積み重ね）。図表4-1より，縦軸にとった財の価格は，横軸における時点1と2の比較より，短期的には変化しない（100円⇒100円）。しかしながら，時点1と6の比較より，

図表 4-1　短期と長期を基準とした価格の変化

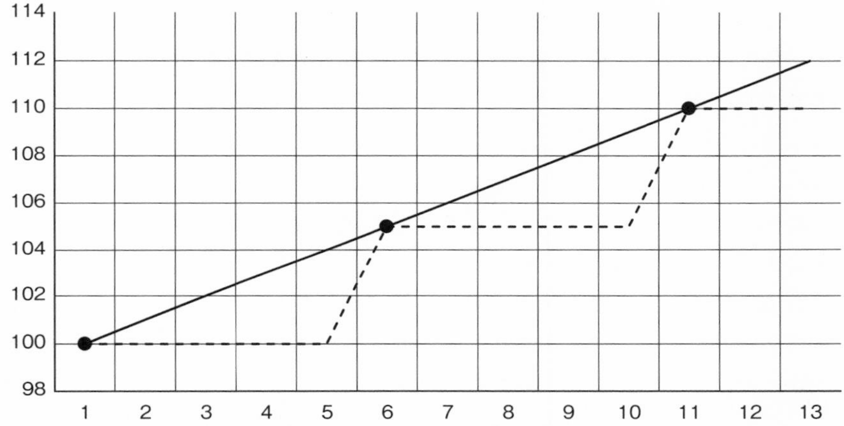

点線：短期を基準とした価格の動き（対応する横軸の時間の流れ：1→2→3……）
実線：長期を基準とした価格の動き（対応する横軸の時間の流れ：1→6→11……）

財の価格は長期的には変化する（100 円 ⇒ 105 円）。直感的には，図表 4-1 における短期 1 目盛を 1 年と解釈して，5 年ごとに価格が改定されると考えればよい。このように，価格が変化するためには一般的に長い時間がかかるため，物価の変動を前提とした経済モデルは，**長期モデル**とよばれる。

　なお，時点 1 と 2 の比較のように，財の価格が変化しない状況は，短期と呼ばれる。このことを前提とした短期モデルは，第 5 章で紹介される。また，短期と長期を厳密に区別するためには，物価以外の要素にも注目する必要があるが，ここでは議論を省略する。

第 2 節　購買力平価説

1.　財価格の国際比較

　第 1 節で解説したように，財価格の変化は，長期的に観察される傾向がある。そのため，財の価格変動を反映した為替相場の変動も，長期的な視点で考

えなければならない。それでは，財の価格と為替相場は，長期的にどのように関係するのだろうか。第2節の目標は，この点を考察することである。

　第2節で扱う為替相場と物価の関係は，**購買力平価説**と呼ばれる。この理論に基づけば，日本とアメリカにおけるインフレーションやデフレーションといった物価変動は，ドル円相場の変化と密接に関係する。そのメカニズムは，簡単な数値例に基づいて，この節で解説される。円相場の変化も物価の変化も日本経済にとって重要であり，両者の関係を理論的に整理できる購買力平価説の考え方は，非常に実用的である。

　購買力平価説では，財の価格を国際比較することから始まる。たとえば，日本製とアメリカ製のバッグがあり，両者の間に品質の違いはないと仮定する。したがって，日本製とアメリカ製のバッグの魅力を左右する要因は価格のみであり，品質が同じなら，価格が安いバッグの方が消費者にとって魅力的である。この点に注意した上で，簡単な数値例を使って，日本製とアメリカ製のバッグの価格を比較するためのポイントを押さえよう。

　バッグを購入する消費者は日本居住者であり，日本製でもアメリカ製でも，価格が安い方を好んで購入する。ここで，日本製とアメリカ製のバッグの価格は，以下のように設定されていると仮定する。

　　　日　本　製バッグ：1,500円（円建て）
　　　アメリカ製バッグ：10ドル　（ドル建て）

　日本の消費者にとって魅力的なバッグは，日本製とアメリカ製のうち，どちらの財だろうか。もちろん，上記の情報だけで解答することはできない。その理由は，日本製とアメリカ製のバッグは，価格の単位が円とドルで異なるためである。単位の違いという点については，たとえば，ある個人の身長（単位＝センチメートル）と体重（単位＝キログラム）の大きさを比較するというケースを想定すると，直感的に理解しやすい。センチメートルとキログラムは単位が異なるため，たとえば170センチメートルと60キログラムについて，どちらがより大きいかを検証することは不可能である。

　財の価格表示には，その国の通貨単位が使われるため，日本で製造された財は円建て価格，アメリカで製造された財はドル建て価格となる。したがって，

財の価格を国際比較するためには，財の価格単位をどちらかの通貨に統一しなければならない。そのために，為替相場が使われる。ここでは，ドル建て価格を円建て価格に変換する場合を考える。

　ドル円相場の水準を，以下のように仮定する。

　　　ドル円相場：　1ドル＝100円

この数値より，10ドルは1,000円に変換されるため，10ドルのアメリカ製バッグの円建て価格は，1,000円となる。したがって，以上の数値例では，日本製よりも米国製バッグの方が安いため，消費者にとって魅力的である。このように，為替相場は，外国財の価格を自国通貨建てに変換して，自国財との価格比較を可能にする役割を持つ。

　国内よりも外国に魅力的な財が存在するなら，消費者は外国財の購入を選択する。価格は財の魅力を決定する重要な要素であるが，各国が使用する通貨が異なるため財の価格単位も自国と外国との間で異なり，自国財と比較して外国財の価格が高いのか低いのかを判別することが難しいという問題が生じる。この問題を解決するために為替相場が使われるが，その計算手順は，以下で述べるとおり非常に簡単である。

　外国財の価格を自国通貨建てに変換するためには，外国財価格に為替相場を掛け算するだけでよい。たとえば，上記の数値例の場合は，次のように計算される。

　　　ドル円相場　　　　　　　　　　　：1ドル＝100円
　　　アメリカ製バッグ（ドル建て）：10ドル
　　　アメリカ製バッグ（円建て）　：1,000円（計算は以下のとおり）

$$\underset{\text{(外国財価格)}}{\$10} \quad \times \quad \underset{\text{(為替相場)}}{\frac{¥100}{\$1}} \quad = \quad \underset{\text{(\$÷\$でドル単位消滅)}}{\frac{\$10}{\$1} \times ¥100} \quad = \quad \underset{\text{(100円の10倍)}}{10 \times ¥100}$$

より一般的な表現は，以下のとおりである。自国財の価格を p，外国財の価格を p^*，為替相場（外国通貨1単位当たり）を S と記述する。外国財の価格を自国通貨建てに変換するためには，その外国財価格に為替相場を掛け算すれ

ばよいため，以下が成立する。

自国財価格（自国通貨建て）：　p

外国財価格（外国通貨建て）：　p^*

外国財価格（自国通貨建て）：　Sp^*

　これより，財の価格を国際比較する場合には，p と Sp^* に注目すればよい。$p>Sp^*$ であれば，自国財の方が外国財よりも割高である。逆に，$p<Sp^*$ であれば，自国財の方が外国財よりも割安である。

2.　裁定取引

　価格差を利用して利益を得ることを，**裁定取引**とよぶ。たとえば，ある財について，市場 A における取引価格は 1,000 円，市場 B における取引価格は 1,500 円であると仮定する。このとき，この財を市場 A で購入して（仕入＝1,000 円），市場 B で販売すれば（収入＝1,500 円），利益は 500 円となる。このように，ある財の価格が市場によって異なるならば，安く購入して高く販売するという裁定取引によって，利益を得ることができる。

　為替相場を利用すれば，財の価格を国際比較することができる。その結果，財の価格が国によって異なることが判明すれば，上で説明した裁定取引が国際的に行われるはずである。為替相場と財の価格の関係は，この裁定取引によって成立する。考え方のポイントを押さえるために，前回と同じ数値例を使おう。

日本製バッグ（円建て）　　　：$p=¥1,500$

アメリカ製バッグ（ドル建て）：$p^*=$10$

ドル円相場　　　　　　　　　：$S=¥100/$$

アメリカ製バッグ（円建て）　：$Sp^*=¥1,000$

この数値例より，アメリカ製バッグをアメリカ市場で安く購入して（仕入＝1,000 円），そのバッグを日本市場で高く販売すれば（収入＝1,500 円），差し引き 500 円の利益を得ることができる。この裁定取引は，図表4-2のとお

図表 4 - 2　裁定取引の流れ

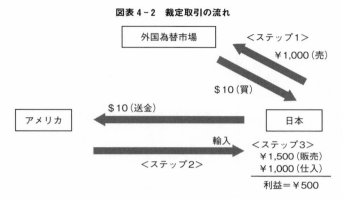

ステップ1：外国為替市場
　　アメリカ製のバッグを購入するためには，ドルが必要である。そのため，裁定取引を目的とする
　　経済主体は，外国為替市場において円を売ってドルを買う。
ステップ2：アメリカ市場
　　裁定取引を行う経済主体は，アメリカ市場において 10 ドル（＝1,000 円）を支払い，アメリカ
　　製バッグを輸入する。
ステップ3：日本市場
　　品質は同じであるため，アメリカ製バッグは，日本市場において日本製バッグと同じ価格で取引
　　することができる。販売価格は 1,500 円であり，500 円の利益が発生する。

り，3つのステップから成り立つ。

　ここで重要なことは，裁定取引の結果，外国為替市場，アメリカ市場，日本市場のすべてを通じて，国際的な財の価格差を消滅させるようなメカニズムが働くことである。次に，このメカニズムを考察しよう。

3. 国際経済における一物一価の法則

　図4-2における裁定取引の出発点は，円建て価格で評価した場合に，日本製バッグよりもアメリカ製バッグの価格の方が安いことであった。記号で表記すると，次のとおりである。

　　　　$p > Sp^*$

しかしながら，この大小関係は長期的に維持されない。なぜなら，裁定取引を

通じて，日本製バッグの価格には低下圧力（$p\downarrow$），ドル円相場には上昇圧力（$S\uparrow$），アメリカ製バッグの価格には上昇圧力（$p^*\uparrow$）が加わるためである。これは，日本製とアメリカ製バッグの価格差が消滅することを意味する。具体的なメカニズムは，以下のとおりである。

ステップ1より，外国為替市場において円売りとドル買いが加速するため，円安ドル高が生じる。これは，Sの上昇を意味する。Sはドル円相場であり，値の上昇は，ドルの価値の上昇（＝円の価値の低下；円安）である点に注意するとよい。Sが上昇した分，アメリカ製バッグの円建て価格は上昇する（$Sp^*\uparrow$）。

ステップ2より，裁定取引で利益を得るために，アメリカのバッグ市場における買い手が増える。これは，アメリカ製バッグに対する需要の増加を意味する。需要が増加した結果，アメリカ市場ではバッグが品薄となり，バッグの価値が高まるため，p^*が上昇する。p^*が上昇した分，アメリカ製バッグの円建て価格は上昇する（$Sp^*\uparrow$）。

ステップ3より，アメリカ製バッグを購入した経済主体は，そのバッグを日本市場で販売する。日本市場におけるバッグの流通量は，アメリカ製の分だけ増えるため，日本市場ではバッグの供給が増える。供給が増えれば，日本国内でバッグの売れ残りを解消するために取引価格を下げざるをえないケースが生じるため，pが低下する（$p\downarrow$）。

以上のメカニズムを通じて，裁定取引は，pを低下させて，Sp^*を上昇させる。日本製とアメリカ製バッグの当初の価格差は$p>Sp^*$であるが，高いpには低下圧力，安いSp^*には上昇圧力が加わる点に注意しよう。裁定取引は，価格差が存在する限り行われるため，pの低下とSp^*の上昇は，価格差が消滅するまで続く。したがって，裁定取引の結果，次の式が成立しなければならない。

$$p=Sp^* \tag{1}$$

バッグの（円建て）価格差が消滅するため，pとSp^*は等しくなる。この式は，**一物一価の法則**が国際的に成立することを意味する。日本製とアメリカ製のバッグの価格は，円建てで等しくなるため，バッグという1つの財には，製造される国に関わらず1つの価格が成立することになる。

4.　一物一価と購買力平価説

　これまでの数値例では，バッグという1つの財を分析の対象としてきた。しかしながら，現実経済では，バッグ以外にも様々な財が取引されている。そのため，財の種類を増やして一物一価の法則を議論することは，国レベルの経済分析を可能にする。この点で分析を拡張させよう。

　上述した一物一価の法則を，国全体に当てはめる場合を考える。1国経済では様々な財が取引されるが，議論を単純にしてポイントを押さえやすくするために，ここでは2種類の財のみを分析の対象とする。これまでと同様に1つ目の財はバッグであると仮定するが，2つ目の財と区別するために，価格には添え字で1を付ける。そのため，日本製バッグの価格は p_1，アメリカ製バッグの価格は p_1^* と表記される。

　2つ目の財は，マスクであると仮定する。バッグと同様に，日本製とアメリカ製のマスクに品質的な違いはなく，財としての魅力を左右する要因は価格のみであると仮定する。日本製マスクの価格は p_2，アメリカ製マスクの価格は p_2^* と表記される。

　1国全体の価格水準は，**物価**（あるいは，**一般物価**）とよばれ，その国で取引される財の価格の**加重平均値**として計算される。加重平均の方法について，ここでは財の支出割合をウェイトとした場合を考える。日本とアメリカの両国における総支出額とその内訳は等しく，以下のように与えられると仮定する。

　　　　総支出：100
　　　　バッグへの支出：80（全体の80％＝バッグが占めるウェイト）
　　　　マスクへの支出：20（全体の20％＝マスクが占めるウェイト）

日本の物価を P，アメリカの物価を P^* と記述する。上の数値例より，P と P^* は，支出割合をウェイトとする加重平均値として以下のように計算される。

$$P = 0.80 \times p_1 + 0.20 \times p_2$$
$$P^* = 0.80 \times p_1^* + 0.20 \times p_2^*$$

ここで，バッグとマスクの双方について，一物一価の法則が成立すると仮定す

る。つまり，バッグの価格については $p_1=Sp_1^*$，マスクの価格については $p_2=Sp_2^*$ が成立する。これらの関係を日本の物価に代入すると，以下の関係をえることができる。

$$P=0.80\times Sp_1^*+0.20\times Sp_2^*=S(0.80\times p_1^*+0.20\times p_2^*)=SP^*$$

これは，日本と米国の物価が，円建てで等しいことを意味する。すなわち，物価を構成する各財に一物一価の法則が成立するなら，国レベルの物価水準も等しくなる。

　1国レベルの一物一価の法則は，上述したとおり，$P=SP^*$ と表現される。この関係を為替相場（S）の式に書き直して，為替相場の決定法則として次のように記述する。

$$S=\frac{P}{P^*} \tag{2}$$

この為替相場と物価の関係を，**購買力平価説**とよぶ。

　この理論に基づけば，日本の物価の低下（デフレーション）は，ドル円相場に影響する。そのメカニズムは，以下のとおりである。日本の財の国内価格が低下して，アメリカの財よりも割安であることが分かれば，一物一価の法則が短期的に成立しない（$P<SP^*$）。そのため，裁定取引が行われる。裁定取引では，安くなった日本の財が購入（仕入）される。アメリカの経済主体が日本の財を購入するためには，外国為替市場で円を買う必要がある。この取引によって，為替相場は円高方向へ動く。同様に，日本とアメリカの国内価格も需要と供給の変化によって調整されて，結果的に一物一価の法則が再び成立する。

5. 購買力平価説の応用例

　購買力平価説は，実際の為替相場の変化を説明するうえで，どの程度有効な理論であろうか？　ここでは，ドル円相場に基づいた応用分析を紹介する。

　最初に，購買力平価説から導かれる為替相場（為替相場の理論値）は，実際の為替相場と異なるデータであるという点に気を付けるとよい。具体的には，以下のとおりである。

　　為替相場の実現値：　S　……実際の為替相場のデータ
　　為替相場の理論値：P/P^*……物価のデータから計算された指標

したがって，購買力平価説の現実的な妥当性を検証するためには，為替相場と相対物価（P/P^*）のデータの動きを照合すればよい。理論上，為替相場（S）は相対物価（P/P^*）と一致して$S=P/P^*$が成立するが，物価の変動は長期的なものであるため，一物一価の法則は長期的に観察されるはずである。そのため，2つのデータのトレンドが一致していれば（例：SとP/P^*が10年毎に一致する），現実の為替相場は，物価を反映した理論上の長期的な為替予測に沿って変化している。この場合，購買力平価説は，為替相場の長期的な動きを理解するうえで有効な理論となる。

　ドル円相場と相対物価のデータは，図表4‐3に掲載されている。1980年から2019年までの期間を対象とした場合，相対物価の動きは，ドル円相場のトレンドに大体一致している。したがって，購買力平価説は，ドル円相場を分析するための有効な理論であるといえるかもしれない。ただし，この議論につい

図表 4 - 3　ドル円相場に対する購買力平価説の応用

（注）相対物価は1980年の値がドル円相場に一致するように基準化されている。
（出所）Board of Governors of the Federal Reserve System, OECD Main Economic Indicators より
　　　作成。

ては，いくつか注意点がある。詳細については，第5節で改めて議論する。

第3節　名目為替相場と実質為替相場

1. 実質為替相場の定義

　GDP のような経済指標が**名目 GDP** と**実質 GDP** に区別されるように，為替相場にも**名目**と**実質**の考え方を当てはめることができる。**名目為替相場**とは，2国間における通貨の相対的な価値のことであり，本章における S が該当する（例：1ドル＝100円）。これに対して，**実質為替相場**は，2国間における財の相対的な価値として定義される。具体的には，以下のとおりである。

$$実質為替相場 = \frac{SP^*}{P} \tag{3}$$

実質為替相場の分子について，P^* はアメリカの物価（ドル建て）であるが，S が掛け算されているため，SP^* は円建て表示されたアメリカの物価である。日本の物価 P も円建てで単位が同じであるため，実質為替相場の分子と分母では，物価水準が国際的に比較可能な状態になっている。物価水準は，その国の財の総合的な価値であるため，その比率を2国間で同じ単位で評価した実質為替相場は，2国間における財の相対的な価値を表している。

　なお，以下では，名目為替相場を為替相場とよぶ。ただし，実質為替相場と区別したほうが内容を理解しやすいと判断された場合には，名目為替相場と表記する。

2. 実質為替相場の変化の解釈

　実質為替相場は，自国と外国の価格競争力を評価する際に使われる経済指標であり，購買力平価説と密接に関係している。具体的には，以下のとおりである。

　購買力平価説が成立する場合，$S = P/P^*$ となるが，この式は $SP^*/P = 1$ と書き直すことができる。もちろん，SP^*/P は実質為替相場である。つまり，

一物一価の法則が国レベルで成立すれば，日本の物価水準（P）とアメリカの円建て物価水準（SP^*）は等しくなるため，両者の割り算である実質為替相場は1になる。実質為替相場が1である場合，物価に差がないため，国レベルの価格競争力は日本とアメリカで拮抗していると解釈される。

　しかしながら，図表4-3からも観察されたとおり，購買力平価説は短期的には成立しない。その結果，実質為替相場は，短期的に1とは異なる値をとる。1と異なるケースは，1よりも大きくなるケースと，1よりも小さくなるケースの2通りである。すべての結果をまとめると，以下のとおりである。

　　　実質為替相場＝1……物価は日本と米国で同じ
　　　実質為替相場＞1……物価は日本のほうが低い（＝アメリカのほうが高い）
　　　実質為替相場＜1……物価は日本のほうが高い（＝アメリカのほうが低い）

実質為替相場が1より大きい場合，実質為替相場の分母（P）のほうが分子（SP^*）よりも小さい。したがって，日本のほうがアメリカよりも相対的に物価が低い。この条件を貿易財に当てはめて考えれば，実質為替相場が1よりも大きい状況は，価格競争の面で日本のほうがアメリカよりも有利であると推測される。その結果，日本はアメリカよりも貿易を有利に進めることができるかもしれない。この状況は，名目為替相場（S）が上昇するほど成立しやすくなるため，日本の円安政策は，しばしば外国から批判される。

　実質為替相場が1より小さい場合の考え方は，逆である。日本の物価のほうが高いため，価格競争力の面で考えれば，日本のほうがアメリカよりも不利である。これにより，日本の貿易は不利になるかもしれない。この状況は，名目為替相場が低下するほど観察されやすくなるため，円高は貿易不振を通じて日本の景気を悪化させる可能性がある。

3.　実質為替相場の応用例

　次に，実質為替相場の実際のデータの推移を検証して，理論の使い方を体験しよう。使用するデータは，図表4-3と同じである。ドル円相場において購買力平価説が成立した時期（図表4-3において，ドル円相場と相対物価が一

図表 4 - 4　実質ドル円相場の推移

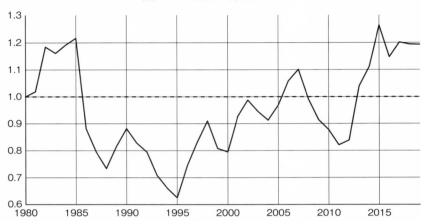

（注）データは 1980 年の値が 1 になるように基準化されている。
（出所）Board of Governors of the Federal Reserve System, OECD Main Economic Indicators より作成。

致した時期）に，実質為替相場の値が 1 となる点に注意するとよい。

　実質化されたドル円相場のデータは，図表 4 - 4 に掲載されている。1985 年以降，10 年にわたり，実質ドル円相場は低下傾向にあった。そのため，財の相対価格という点で，日本の貿易の優位性が低下したと推測される。しかしながら，1995 年以降は実質為替相場が上昇傾向にあり，時期によっては 1 を上回る場合がある。そのため，この期間においては，価格競争力という点で日本の貿易の優位性が高まったかもしれない。

　なお，これまでは日本とアメリカという 2 国間で為替相場を議論してきたが，日本の貿易相手国には中国やドイツなど他の国も含まれる。そのため，すべての貿易相手国を対象にして円相場の名目価値や実質価値を総合的に評価するためには，人民元やユーロに対する為替相場も分析に加える必要がある。この点では，**実効為替相場**のデータが役に立つ。この指標は，貿易額などに基づいて日本の主要貿易相手国の 2 国間為替相場を加重平均したデータであり，名目と実質の双方が利用可能である。実効為替相場の値だけで，アメリカを含む貿易相手国全体に対する円相場の状況を評価することができるため，非常に便利である。

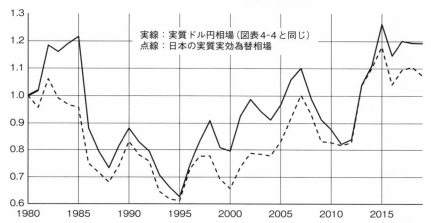

図表4−5　実質ドル円相場と実質実効為替相場の推移

（注）各データは1980年の値が1になるように基準化されている。また，実質実効為替相場の
　　　データは，値の上昇が円に対する外貨の実質増価を示すように調整されている。
（出所）Board of Governors of the Federal Reserve System, OECD Main Economic Indicators,
　　　日本銀行より作成。

　参考のために，日本の実質実効為替相場のデータが図表4−5に掲載されて
いる。実質実効為替相場と実質ドル円相場との間には乖離が確認されるため，
ドルに対する円の評価は，すべての貿易相手国の通貨に対する円の評価に必ず
しも一致するわけではない。ただし，2つのデータの動きは大体同じである。
たとえば，ドル高円安（実質ドル円相場の上昇）が進む時期には，円が主要貿
易相手国に対しても円安（実質実効為替相場の上昇）となっており，ドル円相
場が日本の国際的な価格競争力に強い影響を与えていることは確かである。そ
のため，以下でもドル円相場に基づいて為替相場を議論する。

第4節　為替相場のマネタリーモデル

1. 購買力平価説の拡張

　購買力平価説は，物価に基づいた為替相場の決定理論である。為替相場の変

動を理解するための次なる疑問は，物価の決定要因である。物価が何らかの要因に依存するのであれば，その要因は，物価を通じて為替相場にも影響する。したがって，物価の変動要因を検証することは，購買力平価説を拡張して，為替変動のさらなる理解につながる。

　物価の変動要因については様々な経済理論が存在するが，ここで扱う理論は，貨幣市場の需給均衡理論である。購買力平価説と貨幣市場の理論を組み合わせた為替相場の分析方法は，（伸縮価格）**マネタリーモデル**とよばれる。

2.　貨幣需要

　ここでは，資産の保有形態という意味での貨幣需要を考える。たとえば，100 万円の資産のうち，何円を現金（貨幣）で保有すればよいだろうか？　もちろん，20 万円分を預金で保有するなど，資産のすべてが現金という形で保有されるわけではない。貨幣需要を考えるうえで重要な要素は，資産を貨幣で保有する理由と，資産を預金で保有する理由（＝貨幣では保有しない理由）である。最初に，これらの要素を整理しよう。

　資産の保有形態は 2 種類であり，貨幣と（定期）預金であると仮定する。貨幣と預金には，資産保有形態という点で，それぞれ長所がある。貨幣の長所は，**流動性**である。資産の流動性とは，財との交換のしやすさのことであり，たとえば店頭で現金を支払えば即座に財を購入（現金と財を交換）することができるため，貨幣は資産の中で流動性に最も優れている。いいかえれば，財の取引を成立させるためには，より多くの資産を貨幣という形で保有する必要がある。

　一方，預金の長所は，金利である。たとえば，預金金利が 10％であれば，100 万円の預金は 1 年後に 110 万円になる。このような利息は，預金がもつ利点であり，貨幣には存在しない金融サービスである。そのため，資産運用で収益を得るためには，資産に占める預金の割合を高める必要がある。なお，預金の代わりに国債のような債券に基づいて議論しても，以下の内容は基本的には変わらない。

　貨幣と預金の長所に基づいて，貨幣需要の決定要因として，以下の 3 つの要

素をあげることができる。

(1) GDP

　GDP が増大すれば，財の取引が増える。財の取引が増えるため，取引を成立させるために必要な貨幣は，より多く保有される（**貨幣需要が増大**）。

(2) 金利

　金利が上昇すれば，預金の魅力が増すため，より多くの預金が保有される。その分，貨幣の保有割合は減少する（**貨幣需要が減少**）。

(3) 物価

　財の価格とは，その財を購入するために必要な貨幣の保有額である。たとえば，価格が 100 円の財を購入するためには，現金 100 円を保有する必要がある。ここで，すべての財の価格が 2 倍になり，物価も 2 倍になったと仮定する。財の価格が 100 円から 200 円に上昇すれば，この財を購入するために保有しなければならない貨幣も 100 円から 200 円に増える。このように，物価が上昇すれば，それに比例して，貨幣の保有額も増えなければならない（**貨幣需要の比例した増大**）。

　この 3 つの要素を，記号を使ってまとめよう。こうすることで，購買力平価説に貨幣市場の理論を統合させることが容易になる。貨幣需要を M_d，実質GDP を Y，金利を i と記述する。また，貨幣需要のうち，GDP と金利に依存する部分を 1 つにまとめて $L(Y, i)$ と表記する。上述したとおり，GDP が増えれば貨幣需要 $L(Y, i)$ は増大するが，金利が上がれば貨幣需要 $L(Y, i)$ は減少する。

　これらの記号に基づいて，貨幣需要を次のような式で表現する。

$$M_d = P \times L(Y, i) \tag{4}$$

この式は，上述した 3 つの要因に基づいた貨幣需要の決定法則を表している。ここで，物価は，GDP と金利から切り離されている（L のカッコ内に P は含

図表4-6　貨幣需要の決定要因とその影響

貨幣需要の決定要因	記号による整理				
GDP：	$Y\uparrow$	$\Rightarrow$	$L(Y,i)\uparrow$	$\Rightarrow$	$M_d\uparrow$
金利：	$i\uparrow$	$\Rightarrow$	$L(Y,i)\downarrow$	$\Rightarrow$	$M_d\downarrow$
物価：	$P\uparrow$	$\Rightarrow$	$M_d\uparrow$（比例）		

まれない）ことに注意しよう。たとえば，物価が2倍になった場合，貨幣需要も2倍にならなければならない。この比例関係は，上の式で表現することができている。具体的には，以下のとおりである。

$$(2P)\times L(Y,i)=2\{P\times L(Y,i)\}=2M_d$$
　　（Pが2倍）　　　　　　　　　　（M_dも2倍）

上述した貨幣需要に対する3つの決定要因（GDP，金利，物価）の特徴は，貨幣需要M_dの式の中に反映されている。詳細は，図表4-6のとおりである。

3.　貨幣市場の長期均衡

　貨幣供給をM_sと表記する。貨幣を発行するのは中央銀行の役割であり，貨幣供給は中央銀行の厳正な管理下におかれている。そのため，貨幣供給は，中央銀行による（外生的な）政策変数であると仮定する。

　中央銀行が発行した貨幣は，すべて民間経済主体によって保有される。そのため，$M_s=M_d$が成立する。このことから，貨幣市場の需給均衡式は，次のように与えられる。

$$M_s=P\times L(Y,i) \tag{5}$$

あるいは，この式の両辺を物価で割り算することで，市場均衡を実質面から表現することができる。

$$\frac{M_s}{P}=L(Y,i) \tag{6}$$

この式のうち，左辺は**実質貨幣供給**，右辺は**実質貨幣需要**とよばれる。

　第1節で述べたとおり，本章の分析は長期を前提としている。そして，貨幣

供給の変化は，長期的には，物価を同じだけ変化させることが知られている（貨幣の中立性）。直感的な説明として，たとえば，中央銀行が市場に流通する1,000円札を回収して，2,000円札に刷新したうえで元の持ち主に返却する場合を考えよう。これにより，市場に供給される1,000円札の名目上の金額は，2倍になる（M_sが2倍）。しかしながら，財の価格は貨幣価値で測定されるため，1,000円札が2,000円札に刷新されて名目貨幣価値が2倍になれば，それに合わせてすべての財の価格（＝物価）も2倍になる（Pが2倍）。物価の調整に時間がかかるとすれば，以上の議論は長期的に成立する。

　貨幣供給が2倍になり（$2M_s$），物価も2倍になるなら（$2P$），実質貨幣供給は変化しないことに気を付けよう（$2M_s/2P = M_s/P$）。したがって，上の式より，他の条件が一定なら，貨幣供給の変化は物価の比例的な変化をもたらす。

4. マネタリーモデル

　貨幣市場の均衡式に基づいて，中央銀行の政策変数である貨幣供給は，物価の変動要因であることが分かった。購買力平価説より，為替相場は物価の影響を受けるため，貨幣供給は物価変動を通じて為替相場に影響する。この点を以下で詳しく検証しよう。

　貨幣市場の需給均衡式を物価（P）の式に書き直せば，以下の式をえる。

$$P = \frac{M_s}{L(Y, i)} \tag{7}$$

同様の関係が，外国でも成立すると仮定する。

$$P^* = \frac{M_s^*}{L^*(Y^*, i^*)} \tag{8}$$

ただし，添え字（*）が付くものは，すべて外国の変数を意味する。(7)式と(8)式を購買力平価説をあらわす(2)式に代入すれば，以下の式が導出される。

$$S = \frac{P}{P^*} = \frac{M_s}{L(Y, i)} \div \frac{M_s^*}{L^*(Y^*, i^*)} = \frac{M_s}{M_s^*} \times \frac{L^*(Y^*, i^*)}{L(Y, i)} \tag{9}$$

この式は，（伸縮価格）マネタリーモデルとよばれる。ここでは，貨幣供給が

物価を通じて為替相場に与える影響に注目する。

　これまでと同様に，自国を日本，外国をアメリカとする。貨幣供給量の増大は，その国の金融緩和政策を意味し，物価水準を長期的に上昇させる。このことから，日本とアメリカの金融政策がドル円相場に与える影響は，以下のように整理される。

　日本で金融緩和政策が実施された場合（$M_s\uparrow$），日本の物価水準が長期的に上昇する（$P\uparrow$）。政策発動前に一物一価の法則が成立していたとすれば，政策発動後，日本の物価はアメリカよりも（円建てで）高くなる。このケースは，第2節2で使用した数値例と全く同じである。したがって，購買力平価説の考え方より，裁定取引において，物価が相対的に高い日本の円が売られるため，円安ドル高が進む（$S\uparrow$）。

　ドル円相場は，日本の金融政策だけではなく，アメリカの金融政策の影響も受けることに注意するとよい。マネタリーモデルより，アメリカの金融緩和政策は（$M_s^*\uparrow$），アメリカの物価を上昇させて（$P^*\uparrow$），円高ドル安を引き起こす（$S\downarrow$）。したがって，ドル円相場がアメリカの金融政策から受ける影響は，日本の金融政策から受ける影響と逆になる。この点は，現実経済を考えるうえで重要である。たとえば，日本とアメリカの景気が同時に悪化したケースを考えよう。日本銀行が金融緩和政策を実施して円安による景気回復効果を狙ったとしても，それ以上の規模の金融緩和政策がアメリカで実施されれば，ドル円相場に対する日本の政策効果が相殺されて，むしろ円高が進む可能性がある。このように，ドル円相場の変動を理解するためには，日本国内だけではなく，海外の経済政策にも注意することが大切である。

　なお，マネタリーモデルに基づいて，自国と外国におけるGDPと金利が為替相場に与える影響を分析することもできる。このメカニズムについては，購買力平価説とそれ以外の為替相場決定理論の組み合わせ，人々の期待形成理論（予想インフレ率，予想為替相場）の導入，短期と長期の比較など，様々な観点から議論を拡張することができる。上述した金融政策の効果をより深く理解することにもつながるため，詳細については，たとえば小川・岡野（2016）を参照されたい。

第 5 節　購買力平価説に関する諸問題

　購買力平価説は，為替相場の長期的な変動を分析するための有用な理論であるが，現実のデータに当てはめて経済分析をする際には，いくつか注意点がある。最後に，これらの注意点を議論しよう。

1.　非貿易財の存在

　第 2 節 4 で説明したとおり，購買力平価説が成立するためには，その国のすべての財に対して一物一価の法則が成立しなければならない。しかしながら，この仮定が現実経済で通用することは，非常にまれである。一物一価の法則が成立するためには，貿易を通じて裁定取引が行われる必要があるが，1 国で生産される財の中には，そもそも貿易されない財（**非貿易財**）が含まれる。この非貿易財の存在が一物一価の法則の妨げとなり，結果的に購買力平価説が成立しない原因となる。

　たとえば，タクシーを利用する場合を考えよう。東京のタクシー初乗り運賃の目安は 420 円であり，ニューヨークのタクシー初乗り運賃の目安は 2.5 ドルである。2019 年の平均ドル円相場は 1 ドル＝109 円であるため，ニューヨークのタクシー初乗り運賃の円建て価格は，約 270 円である。日本国内でタクシーを利用する顧客は，ニューヨークのタクシー運賃の方が安いという理由で，ニューヨークからタクシー 1 台と運転手を呼び寄せるだろうか？　これを実行するなら，アメリカから日本へのタクシーの輸送費用，運転手の航空券と宿泊費，日本国内にタクシーが到着するまでの時間的なロス，といった費用が発生する。これらの費用を加味すれば，運賃が多少高くても，日本国内の顧客は日本のタクシーを利用するはずである。いいかえれば，輸送費用が大きい財は貿易されないため，裁定取引の対象にはならず，一物一価の法則が国際的に成立しない。

　このような非貿易財には，タクシーのように，貿易する際には人の移動も伴うサービス財が該当する場合が多い。サービス財を生産する第 3 次産業は，日

本の GDP の大部分を占めている。そのため，日本におけるすべての財に対して一物一価の法則が成立することは非常にまれであり，購買力平価説に基づいた為替相場のデータ分析を行った場合，その結果は慎重に解釈されるべきである。

2.　データと基準年の選択

　第2節5で紹介したとおり，購買力平価説に基づいてデータ分析する場合には，物価の指標として物価指数が使用される。この物価指数には，消費者物価指数，生産者物価指数，GDP デフレータなど，いくつかの候補がある。使用する物価指数によって分析結果は異なるため，購買力平価説の仮定に合うようなデータを選ぶことが重要である。

　また，購買力平価説のデータ分析では，為替相場と相対物価が一致する（＝購買力平価説が成立する）**基準年**を設定する必要があり，この基準年の相対物価が為替相場に等しくなるようにデータを加工する。データ分析をする際には，この基準年の設定が，購買力平価説の評価に大きく影響することに注意しよう。たとえば，前述した図表4-3では基準年を 1980 年に設定していたが，この基準年を 1984 年に変更した相対物価のデータは，図表4-7に掲載されている。1980 年から 2019 年までの期間全体にわたり為替相場と相対物価のギャップが開いており，基準年を変えただけで購買力平価説が成立しにくい理論であると評価されてしまった。このような基準年の設定は分析者の判断に委ねられるため，データや関連資料を調査して，購買力平価説が成立したと判断される時期にあわせて基準年を設定することが重要である。

3.　バラッサ=サミュエルソン効果

　非貿易財の存在が購買力平価説の成立を妨げることは，第2節4で使用した数値例を応用して確認することもできる。自国の物価水準をPと記述して，2種類の財の加重平均値として以下のように定義する。

$$P=0.80 \times p_1 + 0.20 \times p_2$$

第2節4で使用したとおり，1つ目の財の支出割合は80％であり，この値が1つ目の財の価格（p_1）にウェイト付けされている。同様に，2つ目の財の価格の支出割合は20％であり，この値が2つ目の財の価格（p_2）に対するウェイトになる。

　ここで，議論を単純にして考え方のポイントを押さえやすくするために，3つの仮定を追加する。第1に，1つ目の財を非貿易財，2つ目の財を貿易可能な財（貿易財）と仮定する。したがって，自国の場合，p_1 は非貿易財の価格，p_2 は貿易財の価格である。

　第2に，外国の財は1種類のみであり，貿易財であると仮定する。外国の財は100％が貿易財であるため，外国の物価は，次のように貿易財の価格（p_2^*）に等しくなる。

$$P^* = p_2^*$$

　第3に，国際的な裁定取引は貿易できる財が対象となるため，一物一価の法則は，貿易財に対して成立すると仮定する。第2節4で解説したとおり，自国と外国の貿易財については，裁定取引によって $p_2 = Sp_2^*$ が成立する。

　購買力平価説は，為替相場（S）と**相対物価**（P/P^*）が等しくなることを意味する。ここで，上述した3つの仮定に基づいて相対物価を描写すると，以下のとおりとなる。

$$\frac{P}{P^*} = \frac{0.80 \times p_1 + 0.20 \times p_2}{p_2/S} = \left(0.80 \times \frac{p_1}{p_2} + 0.20\right)S$$

上の式では，貿易財に対する一物一価の法則（$p_2 = Sp_2^*$）および外国物価の仮定（$P^* = p_2^*$）を組み合わせて，$P^* = p_2/S$ と書き直せる点に注意するとよい。

　この式より，購買力平価説（$P/P^* = S$）が成立するための条件は，$p_1 = p_2$ であることが分かる。いいかえれば，貿易財部門と非貿易財部門の価格が等しくならなければ，購買力平価説は成立しない。しかしながら，この条件は成立しにくいかもしれない。たとえば，非貿易財の価格（p_1）が貿易財の価格（p_2）の2倍であるケースを考えよう（$p_1 = 2p_2$）。つまり，非貿易財の価格の方が高いケースである。この場合，上の式より

$$\frac{P}{P^*}=(0.80\times2+0.20)S=1.80\times S$$

となる。購買力平価説による為替相場の理論値（P/P^*）は，実際の為替相場（S）よりも大きくなる（$P/P^*>S$）。たとえばドル円相場の場合，相場の値が大きいほど円安であるため，上の数値例では，購買力平価説は実際の相場よりも円安に偏った理論値を生み出す。

　非貿易財の方が貿易財よりも価格が高くなることによって購買力平価説が成立しにくくなる現象は，**バラッサ＝サミュエルソン効果**と呼ばれる。そのメカニズムを極めて簡単に説明すると，以下のとおりである。外国との競争を通じて，貿易財を生産する企業における労働者の生産性が改善されたとしよう。労働者のパフォーマンスが上がるため，労働者の賃金が上昇する。この賃金の上昇は経済全体に波及して，非貿易財を生産する企業でも賃上げが実施される。この経済全体での賃上げは，貿易財部門と非貿易財部門の価格に異なる影響を

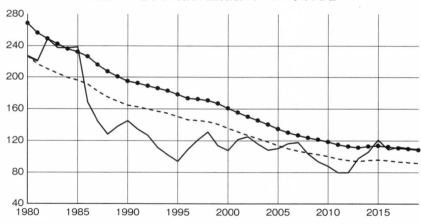

図表 4-7　基準年の変更が相対物価のデータに与える影響

実線（マーカーなし）：ドル円相場
実線（マーカーあり）：1984年を基準年とした相対物価
点線：1980年を基準年とした相対物価

（注）相対物価は，日本の消費者物価指数÷アメリカの消費者物価指数で計算されている。
（出所）Board of Governors of the Federal Reserve System, OECD Main Economic Indicators より作成。

与える。貿易財部門では生産性が改善されたため，低価格で引き続き財の生産が可能であり，賃金が上昇しても貿易財の価格は上昇しない。一方，非貿易財部門では生産性が改善しておらず，賃上げは企業にとって費用増加につながる。増加した費用を打ち消すために，非貿易財部門の企業は，自らが生産する財の価格を引き上げて，費用に見合った収益を確保する。これらの結果，貿易財よりも非貿易財の価格の方が高くなりやすくなり，購買力平価説が成立しにくくなる。

練習問題

1. 化粧品と理髪サービスを比較して，一物一価の法則が国際的に成立しやすい財は，どちらであると考えられますか？　また，その理由は何でしょうか。

2. 図表4-4より，1995年以降，実質ドル円相場は上昇傾向にあります。その要因について，日本側から考察してみてください。

3. 新型コロナウィルス感染拡大による景気悪化に対処するために，日本とアメリカでは同時期に金融緩和政策が実施されました。貨幣供給をM2のデータで測定した場合，2020年7月において，日本の貨幣供給は前年同期比で7.9%増大，アメリカの貨幣供給は前年同期比で23.4%増大しました（データ出所：日本銀行，FRB FRED）。この2つの政策の結果，ドル円相場は，将来的にどのように変化すると考えられますか？　本章で扱ったマネタリーモデルに基づいて説明してください。ただし，その他の条件は一定であると仮定します。

推薦図書

小川英治，岡野衛士（2016）『サピエンティア　国際金融』，東洋経済新報社。
　本章の内容に基づいて，よりレベルの高い議論が紹介されています。

参考文献

小川英治，岡野衛士（2016）『サピエンティア　国際金融』，東洋経済新報社。
藤井英次（2013）『コア・テキスト　国際金融論（第2版）』，新世社。
Krugman, Paul R., Maurice Obstfeld, Marc J. Melitz (2014) *International Economics : Theory and Policy*. 10th edition, Pearson.

第5章

開放マクロ経済モデルⅡ：短期の理論

　第4章では長期の開放マクロ経済理論を紹介したので，本章では短期の開放マクロ経済理論を紹介する。経済学において短期とは「価格が調整されない期間」を指す。ミクロ経済学では，財に対する需要が供給を上回ると価格が上昇して需給均衡が回復し，供給が需要を上回ると価格が下落して需給均衡が回復すると教えられる。しかし現実には価格の調整が起こるまである程度時間がかかる。本章は，この価格調整が完了しない期間を想定し，その期間における貿易収支，為替相場，実質 GDP の決まり方に関する理論を学ぶ。

　短期とは，景気循環の波のひと山ひと谷にあたる期間と理解することもできる。1国の実質 GDP は 20〜30 年という長期で見ると趨勢的に増大していく。横軸に時間，縦軸に実質 GDP を取り，実質 GDP の趨勢的な動きをグラフに描くと，右上がりの直線が描けるはずである。しかし，1〜2年という短期や3〜5年という中期でみると，実質 GDP は長期趨勢を示す右上がりの直線の周りで波を打つ。この波が景気循環であり，長期趨勢線を上回って実質 GDP が拡大する期間が景気拡大期または景気過熱期，実質 GDP が長期趨勢線を下回る期間が景気後退期または景気停滞期，と理解できる。本章では，この景気循環期における貿易収支，為替相場，実質 GDP の変動を分析する理論を紹介する。

第 1 節　　貿易収支の短期理論

1.　弾力性アプローチ

　第 1 章で学んだように，経常収支は**貿易・サービス収支**，第一次所得収支，第二次所得収支からなるが，多くの国では，経常収支の変動のほとんどが貿易・サービス収支の変動で説明できる。そこで，本節では貿易・サービス収支の変動要因に絞って分析する。

　貿易・サービス収支とは，財・サービスの輸出入金額の差のことである。以下では，表記を簡略化するため，貿易・サービス収支を単に貿易収支，財・サービスを単に**財**と表記する。

　貿易収支を分析する際は，貿易の契約通貨が何かに注意しなければならない。日本を例にとれば，貿易取引は円建てで契約される場合とドルなどの外貨建てで契約される場合がある。**円建て契約**であれば，円建て輸出価格と円建て輸入価格は短期的には一定と考えてよい。輸出価格や輸入価格は輸出する側と輸入する側の交渉で決まり，それらが円建て契約であれば名目為替相場の影響を受けないからである。一方，**外貨建て契約**の場合は，外貨建て輸出価格や外貨建て輸入価格は短期的に一定だが，その円換算額が名目為替相場によって変わってくる。円換算した輸出価格や輸入価格は，円相場が円安に振れると高くなり，円高に振れると低くなる。たとえば，日本製の自動車が 1 台 3 万ドルでアメリカに輸出されているとき，1 ドル＝100 円から 1 ドル＝120 円へと円安ドル高が進むと，円建て輸出価格は 300 万円から 360 万円に上昇し，反対に 1 ドル＝100 円から 1 ドル＝80 円へと円高ドル安が進むと，円建て輸出価格は 300 万円から 240 万円に下落する。

　さて説明を簡単にするため，輸出価格はすべて円建て，輸入価格はすべてドル建てで契約されると仮定しよう。すると，円建ての貿易収支は次の計算式によって決まる。

$$貿易収支（円建て）＝輸出額（円建て）－輸入額（円建て）$$
$$＝［円建て輸出物価×輸出数量］$$
$$－［（円ドル相場×ドル建て輸入物価）×輸入数量］$$
$$(1)$$

円ドル相場は邦貨建てとする。(1) 式より，物価が一定の短期において貿易収支は，輸出数量，円ドル相場，輸入数量の3変数の変動によって動くことがわかる。

　先ほど述べたように，円ドル相場が円安（円高）方向に動くと，ドル建て輸入物価の円換算額が増加（減少）する。加えて，円ドル相場の変動は自国財と外国財の相対価格を変化させるので，輸出数量と輸入数量にも影響を及ぼす。外国の家計・企業も自国の家計・企業も，より安い商品を買おうとするので，自国財が外国財に比べて安価なほど，輸出数量は増え，輸入数量は減る。自国財の平均的な価格が自国の物価，外国財の平均的な価格が外国の物価であるので，自国財が外国財に比べて安価というのは，

$$\frac{名目為替相場×外国の物価}{自国の物価}（＝\textbf{実質為替相場}） \tag{2}$$

の値が大きい状態のことである。(2) 式は第4章で定義した実質為替相場であり，自国財が外国財に比べて安価な状態とは実質為替相場が減価した状態である。つまり，実質為替相場が減価すると輸出数量は増加，輸入数量は減少し，反対に実質為替相場が増価すると輸出数量は減少，輸入数量は増加する。

　ここでは自国と外国の物価が一定の短期を想定しているため，名目為替相場と実質為替相場の変動は一致する。したがって，実質（名目）為替相場の円安方向への変化は，円建て輸入物価を上昇させると同時に，輸出数量の増加，輸入数量の減少をもたらす。

　また，輸出とは外国の家計・企業が自国の財を購入する行為なので，外国の景気が良くなると**輸出数量**は増え，外国の景気が悪くなると輸出数量は減る。景気の良し悪しは産出量（実質 GDP）に表れるため，外国の実質 GDP が大きいほど輸出数量は増加する。同様に，自国の景気が良いほど**輸入数量**は増え，自国の景気が悪化すると輸入数量は減る。つまり，輸出数量は外国の実質

GDP に，輸入数量は自国の実質 GDP にそれぞれ比例するのである。

　以上より，物価が一定の短期において，貿易収支は，外国と自国の実質
GDP および実質為替相場によって決まることがわかる。各変数の貿易収支へ
の影響は次のようにまとめられる。

　① 外国の実質 GDP の増加 → 輸出数量の増加 → 貿易黒字の拡大
　② 自国の実質 GDP の増加 → 輸入数量の増加 → 貿易黒字の縮小
　③ 実質為替相場の減価 → 輸出数量の増加＋円建て輸入物価の上昇

　　　　　　　　　　　　　　　　　　　　　　　＋輸入数量の減少

　　　　　　→ 貿易黒字の拡大または縮小

　③ の実質為替相場が貿易収支に及ぼす影響は，数量効果と価格効果が反対
に作用するため，理論的には確定しない。実質為替相場の減価は，輸出量を増
加，輸入量を減少させる点では貿易黒字を拡大する（**数量効果**）。しかし，円
建て輸入物価を上昇させる点では貿易黒字を縮小させる（**価格効果**）。輸出数
量と輸入数量が実質為替相場の変化に対して大きく反応するのであれば，数量
効果が価格効果を上回り，実質為替減価は貿易黒字を拡大させる。このように
「数量効果＞価格効果」となるのは，輸出数量と輸入数量が実質為替相場に対
して大きく反応する場合，すわなち，両者の実質為替相場に対する弾力性の和
が 1 より大きい場合であることが知られている。この条件を**マーシャル=ラー
ナー条件**とよぶ。**輸出数量の実質為替相場に対する弾力性**とは，実質為替相場
が 1％減価したときに輸出数量が何％増えるかという概念であり，同様に，輸
入数量の実質為替相場に対する弾力性とは，実質為替相場が 1％減価したとき
に輸入数量が何％減るかという概念である。

　同様に，実質 GDP が 1％増えたときに輸入数量が何％増えるかを**輸入の所
得弾力性**といい，輸入の所得弾力性が大きいほど，（マーシャル=ラーナー条件
が成立するとしても）実質為替相場減価の貿易黒字拡大効果は小さくなる。為
替減価で貿易黒字が拡大しても，それによる国内所得増加が輸入を増やすた
め，貿易黒字拡大が抑制されるのである。このように，貿易収支の大きさが輸
出入数量の実質為替相場に対する弾力性や輸入の所得弾力性に依存すると考え
るところから，この理論を**弾力性アプローチ**とよぶ。

2. パススルー効果

　ところで，名目為替相場と実質為替相場が大きく変化したにもかかわらず，貿易量がそれほど変化しないというケースもある。1985年のプラザ合意の直後，ドルの名目為替相場は対日本円，対ドイツマルクで大きく減価したものの，アメリカの貿易赤字と，日本と（旧）西ドイツの貿易黒字は2年近く縮小しなかった。このように名目為替相場変化の貿易収支に対する影響が限定的になる場合があるが，その1つの要因として，為替相場の輸入価格への**パススルー**（pass-through）効果の小ささが考えられる。

　先ほどのように輸出企業がアメリカ向け輸出価格を円建てで設定し，円建て輸出価格を一定期間固定している場合であれば，名目為替相場が10%円高になればドル建て輸出価格も10%上昇する。つまり，名目為替相場変化が輸出品の外貨建て価格に100%転嫁（パススルー）される。このように名目為替相場変化の外貨建て輸出価格へのパススルー率が100%の場合には，名目為替相場の増価率と実質為替相場の増価率（自国財の外国財に対する相対価格の上昇率）が等しくなり，輸出量減少につながる。しかし，輸出価格がドル建てで設定されていると，仮に名目為替相場が10%円高になってもドル建て輸出価格へのパススルー率は0%となり，貿易業者が観察する自国財と外国財の相対価格は変化しない。外貨建て輸出価格へのパススルー率が0%ということは円建て輸出価格が名目為替増価率と同じ率で下落するということである。統計上の実質為替相場は（2）式で計算されるが，貿易業者が見ている自国財と外国財の相対価格は（2）式を修正した

$$\frac{\text{名目為替相場×外国財の外国通貨建て価格}}{\text{自国財の自国通貨建て輸出価格}} \quad (=\text{貿易業者が観察する相対価格})$$

$$(3)$$

になる。（3）式において，分母の自国通貨建て輸出価格が，分子の名目為替相場と同じ率で減少すれば，分数の値すなわち相対価格は変化しない。そのため輸出数量も変化しないのである。

第2節　開放経済下の金融財政政策

　この節では，開放経済下の金融・財政政策の効果について，代表的な理論であるマンデル=フレミング・モデルに基づいて，直観的に説明する。

1.　金融政策と財政政策

　まず金融政策と財政政策とは何かについて説明しておこう。

　金融政策は，中央銀行が行うもので，銀行間金利を調節することによって，インフレ率と実質 GDP 成長率の制御を目指すものである。銀行間金利とは，民間銀行同士が資金を貸し借りする場である銀行間金融市場の金利のことである。中央銀行は民間銀行を相手に資金の貸付けや国債の買い入れを行っており，民間銀行に対する資金貸付額や国債買入額を増やしたり減らしたりすることで，マネタリーベース（後述）を動かし，銀行間金利に影響を及ぼしている。銀行間金利が低下（上昇）すると，それに連動して民間銀行の貸出金利や国債の金利など金利全般が低下（上昇）し，企業・家計の行動も変化する。中央銀行が金融政策を行う際に直接コントロールするのは銀行間金利であるが，間接的に金利全般に影響を及ぼすことを意図している。そのため，以下の説明では「中央銀行は金利を引き下げる（上げる）」と表現することとする。

　金融政策のうち，インフレ率や実質 GDP 成長率の引き上げを目指して実施する政策を金融緩和政策（金融緩和）とよぶ。金融緩和は，中央銀行が民間銀行に対して資金を貸し付け，中央銀行当座預金を供給することで，金利を引き下げる政策である。逆に，インフレ率や実質 GDP 成長率の過熱の抑制を目指して実施する政策を金融引締め政策（金融引締め）とよぶ。金融引締めは，中央銀行が資金貸付額を減らすことで民間銀行から中央銀行当座預金を吸収し，金利を引き上げる政策である。

　一方，財政政策は政府が行う。政府支出の増減や減税・増税によって消費と投資に影響を与え，実質 GDP 成長率や失業率を制御することを目的とする。景気を刺激する目的で実施されるものを拡張的な財政政策，過熱した景気の鎮

静化や国家財政の健全化を目的に実施されるものを緊縮的な財政政策という。拡張的な財政政策を例にとると，政府支出拡大と減税の2通りがある。

2. マンデル＝フレミング・モデルの前提

　マンデル＝フレミング・モデルとは，2人の経済学者ロバート・マンデル（R. Mundell）とマーカス・フレミング（M. Fleming）が，同じ時期に別々に発表した論文がもととなってできた開放経済のマクロ理論である。ここでは，同モデルの前提を整理しよう。

　マンデル＝フレミング・モデルでは，物価の硬直性と自由な資本移動という2つの仮定を置く。**物価の硬直性**とは，物価が動かないという仮定であり，要は，短期を仮定するということである（本章冒頭を参照）。財の需要と供給に差が生じたときに価格がすぐに動くとは考えにくく，まずは在庫投資や生産量が変化して需給の差が調整されると考える。たとえば，生産量が需要量を上回ると企業は売れ残った商品を在庫に加えるか（在庫投資の増加），生産量を減らして対応する。反対に，需要量が生産量を上回ったときには，企業は，生産拡大で間に合わせられない需要増に対して在庫の取り崩し（負の在庫投資）や増産で対応すると考える。

　物価の硬直性の仮定をおくことで，実質為替相場と名目為替相場の区別および，実質金利と名目金利の区別が不要になり，分析が簡単になる。

　第1節の (2) 式からわかるように，自国と外国の物価が一定であれば名目為替相場と実質為替相場の変化率は完全に一致する。

　また，企業の設備投資や家計の住宅投資に影響するのは名目金利ではなく実質金利である。たとえば，名目金利（融資契約上の金利）3%で1年ローンを受けたとする。借入期間の1年間に物価が3%上昇すれば，企業の製品価格も3%程度上昇するので，製品1個分相当の借入金を1年後に利子を付けて返済するにあたり製品1個を販売するだけで足りる。借り手の実質的な利子負担は「名目金利3%－インフレ率3%」＝0%で済むわけである。このように，ローンを組むときに借り手にとって重要なのは，「名目金利－予想インフレ率」で計算される実質金利である。物価の硬直性を仮定するかぎり「予想インフレ率

＝0％」が成り立つため，「実質金利＝名目金利」として議論を進めることができる。

　もう1つの仮定，**自由な資本移動**とは，誰もが外国為替取引を制限なく行うことができ，外国への貸付や外国からの借入れも制限なく行えるという意味である。マンデル=フレミング・モデルでは外国為替取引と国際金融取引を誰もが自由かつ無制限に行える状況を仮定する。

　準備が整ったので，変動相場制下と固定相場制下における金融・財政政策の効果を検討しよう。

3. 変動相場制下の金融・財政政策の効果

(1) 金融政策の効果

　中央銀行が金融緩和政策を行い，金利を引き下げたときの効果を検討しよう。

　まず，金利が低下すると経済全体で投資が増える。金利の低下は資金借り入れ費用を引き下げるため，資金を借りやすくなった企業と家計が設備投資や住宅投資などを増やすのである。

　また，金利の低下は，自国通貨建てで運用するより外国通貨建てで運用することの魅力を高めるため，外国為替市場では自国通貨売り外国通貨買いが増加する。その結果，実質為替相場が減価して，輸出が増加，輸入が減少する。すなわち，貿易黒字が拡大または貿易赤字が縮小する。

　投資の増大も，貿易収支の改善も，国内で生産される財に対する需要を増やすため，実質 GDP が拡大する。変動相場制下の金融緩和政策は，金利の低下，自国通貨の減価，実質 GDP の拡大をもたらすのである。

　なお，金融緩和がどの程度実質 GDP 押し上げ効果を持つかは，投資が金利に対してどの程度反応するかと，輸出と輸入が実質為替相場に対してどの程度反応するかに依存する。金利が1％低下したときの投資増加が大きいほど，また，実質為替相場が1％減価したときの輸出量拡大・輸入量減少が大きいほど，**金融緩和**の実質 GDP 拡大効果は大きくなる。

　さらに，為替相場のパススルー効果も金融緩和の効果の大きさに影響する。

パススルー効果が大きいほど貿易業者が観察する自国財の外国財に対する相対価格の下落率が実質為替相場の減価率に近くなるため，金融緩和の貿易黒字拡大効果と実質 GDP 引上げ効果がともに大きくなる。

　反対に金融引締めの場合は，金利の上昇によって，投資の減少と，自国通貨増価による貿易収支黒字の減少（または貿易収支赤字の拡大）が起こり，実質GDP は減少する。

(2) 財政政策の効果

　変動相場制下の財政政策の効果を検討するために，拡張的な財政政策について考える。

　拡張的な財政政策とは，実質 GDP の拡大を目的に実施する財政政策のことで，**歳出拡大（政府支出の拡大）**と**減税**の2つの方法がある。ただし，政府が支出を拡大するには財源が必要で，増税せずに財源を捻出する方法は借金しかない。政府が借金をする方法はただ1つ，債券すなわち国債を発行することである。したがって，**拡張的財政政策**とは，(a) 国債発行による政府支出拡大，または，(b) 減税のことである。本章では紙幅の都合により，(a) 国債発行による政府支出拡大の効果だけを取り上げる。

　拡大された政府支出は国内生産物の購入に向けられるため，国内生産量が増える（政府支出の直接的な生産拡大効果）。生産量の増加は生産者の所得を増やし，所得の増えた人々は所得増加の一部を消費にまわすため，経済全体では消費が増える。消費が増えると生産量が増加し，さらなる所得の増加，さらなる消費の拡大につながる。このようにして，政府支出の直接効果によって生産量が拡大すると，その後は，所得の増加→消費の増加→生産量の増大→所得の増加という循環が生まれ，派生的に生産量が拡大していく。この派生的な生産拡大効果を**財政政策の乗数効果**とよぶ。このように，政府支出の拡大は，直接効果に乗数効果が合わさって実質 GDP を拡大させる効果を持つ。

　しかし，まだ話は続く。政府支出の拡大は国債発行を伴うからである。国債発行のマクロ経済への影響まで考えないと政府支出拡大の効果を分析したことにはならない。

　政府が新たに国債を発行するということは，国内の金融市場において資金の

借り手が増えるということである。資金の貸し手に変化がなく，資金の借り手だけが増えれば，金融市場では金利が上昇する。この金利上昇は，2つのルートで実質 GDP を減少させる効果を持つ。1つは投資の減少である。金利上昇は資金の借入費用を増加させるため，資金の借入れに消極的になった企業と家計が設備投資や住宅投資，耐久財購入を減少させる。もう1つは実質為替相場の増価による輸出の減少と輸入の増加である。国内金利の上昇は自国通貨建て投資の予想収益率を高めるため，自国通貨買いの増加から自国通貨の増価を招く。物価が硬直的な短期において名目為替相場の増価は実質為替相場の増価を意味するので，国内需要と外国需要の向かう先がともに外国財に転換し，自国財への需要が減少するのである。

　このように，変動相場制下では，国債発行による政府支出拡大の実質 GDP 拡大効果は，政府支出の直接効果・乗数効果が金利上昇による**需要抑制効果**によって相殺されるため，限定的になる。

4.　固定相場制下の金融・財政政策の効果

　次に，固定相場制下の金融・財政政策の効果を考えよう。その準備として，通貨当局による外国為替介入の仕組みをはじめに説明する。

(1)　固定相場制と外国為替介入

　第二次世界大戦ののち，1950 年代から 1960 年代にかけて，日本は円の対ドル相場を1ドル＝360 円に固定していた。当時の日本のように，自国の為替相場をドルやユーロなどの主要通貨に対して，あらかじめ政府（通貨当局）が定めた為替相場で固定する制度を固定相場制という。そして，あらかじめ定めた固定相場のことを**公定平価**（または**平価**）とよぶ。

　固定相場制を維持するためには，通貨当局が，
　(a) 必要に応じて外国為替介入を繰り返すこと
　(b) 自国通貨買い外国通貨売り介入に備えて外貨準備を十分に保有することの2つが必要になる。通貨当局とは政府（財務省）と中央銀行のことである。一般に，どの国でも，政府または中央銀行（またはその両方）が為替相場制度

の選択や為替介入の権限を持つため，両者をまとめて通貨当局とよぶ。

　まず，**外国為替介入**（以下，**為替介入**）とは，通貨当局が，自国の為替相場を一定の水準や一定の方向に誘導する目的で，外国為替市場で自国通貨を売買することである。固定相場制下において，為替相場が公定平価より自国通貨高のときには，通貨当局が外国為替市場で自国通貨を売り外国通貨を買うことで，為替相場を減価させて公定平価に近づける（**自国通貨売り・外国通貨買い介入**）。反対に，為替相場が公定平価より自国通貨安のときには，通貨当局が外国為替市場で自国通貨を買い外国通貨を売ることで，為替相場を増価させて公定平価に近づける（**自国通貨買い・外国通貨売り介入**）。

　自国通貨買い外国通貨売り介入を行うために，通貨当局はあらかじめ外国通貨建て資産を持たなければならない。これを外貨準備という。対ドル固定相場制を採用する国であれば米国債のようなドル建て資産を，対ユーロ固定相場制を採用する国であればユーロ建て資産を，外貨準備として保有する。外貨準備は自国通貨買い外国通貨売り介入を行うと減少し，反対に，自国通貨売り外国通貨買い介入を行うと増加する。

　また，為替介入の際，通貨当局は国内の民間銀行を相手に外国為替取引を行う。そのため，為替介入の結果としてマネタリーベースが変動することになる（非不胎化介入の場合。詳しくは第3章1節を参照）。日本を例に説明すると，財務省の指図を受けて日本銀行が5000億円の円売りドル買い介入を行う場合，

図表 5-1　為替介入とマネタリーベースの変化（5000億円の円売りドル買いの場合）

(a) 通貨当局の統合バランス・シート

資産		負債	
米国債（外貨準備）	＋5000億円	日銀当座預金	＋5000億円

(b) 民間銀行のバランス・シート

資産		負債
米国債（ドル建て）	－5000億円	
日銀当座預金	＋5000億円	

（注）非不胎化介入を想定。(a)の「通貨当局の統合バランス・シート」は政府（財務省）のバランス・シートの変化と日本銀行のバランス・シートの変化を統合したもの。

日本銀行は民間銀行を相手に 5000 億円を売り，5000 億円相当のドルを買い入れる。日本銀行が民間銀行に支払う 5000 億円は，民間銀行の日銀当座預金に入金するという方法で支払われるため，この円売りドル買い介入によって，民間銀行の日銀当座預金の残高が 5000 億円増える（図表 5 - 1）。つまり，マネタリーベースが 5000 億円増える。反対に，日本銀行が 5000 億円の円買いドル売り介入を行う場合は，日本銀行が民間銀行を相手に 5000 億円相当のドルを売り，5000 億円を買い入れる。そのため，民間銀行の日銀当座預金の残高つまりマネタリーベースが 5000 億円減少する。

　なお，第 3 章で説明したとおり，為替介入の際にマネタリーベースへの影響を相殺する方法として**不胎化介入**という方法も存在する。

(2)　金融政策の無効性

　準備が整ったので，固定相場制下の金融政策の効果を考えよう。結論から述べると，資本移動が完全に自由な状況を仮定すると，固定相場制下で金融政策を行うことは不可能である。

　なぜか。自由な資本移動を認めている国が固定相場制を採用すると，国内の金利が，**為替相場の固定相手国**（以下，外国）の金利に等しくならざるをえないからである。為替相場が固定されるということは，現在から将来にかけて為替相場が変化しないということである。したがって，投資家が外国通貨で資金を運用した場合，外国の金利がそのまま**投資収益率**となる。いま投資家が，自国通貨で資金運用した場合の投資収益率と外国通貨で資金運用した場合の投資収益率を比較して，収益率の高いほうの通貨で運用すると仮定しよう。その場合，投資家は単純に金利が高いほうの通貨で運用するはずである。仮に自国の金利が外国の金利を下回ったとすると，投資家が一斉に自国通貨を売って外国通貨に投資するため，為替相場は公定平価より自国通貨安の水準に振れる。通貨当局は自国通貨買い介入を余儀なくされるので，マネタリーベースが吸収され，自国の金利が上昇することになる。

　数値例で確認する。日本が 1 ドル＝360 円の固定相場制を採用しているとする。東京の銀行間金融市場で円資金を 1 カ月貸し借りする際の金利が 5％で，ニューヨークの銀行間金融市場でドル資金を 1 カ月貸し借りする際の金利が

10%だとする。このとき，国内の銀行は，東京市場で3億6000万円を金利5%で1カ月借り入れ，それを公定平価で100万ドルに換えて，ニューヨーク市場において金利10%で1カ月貸し出すことで，大きな利益を上げることができる。1カ月後に受け取る元利合計額110万ドルを公定平価で円に換えると，110万×360＝3億9600万円を受け取れる。このうち，借り入れた円資金の元本3億6000万円と利子1800万円を返済に充てても，1800万円が手元に残り，銀行の収益となる。このように，対ドル固定相場制のもとで円金利がドル金利を下回ると，銀行などの投資家は円資金を借り入れて，それをドルに換えてドル建てで運用することによって，**（ドル金利−円金利）×（円資金借入額）** だけ利益を上げることができる。そのため，一斉に円売りドル買いが行われるので，財務省（日本銀行）は平価を維持すべく円買い介入を行うことになる。その結果，マネタリーベースが吸収され，東京の銀行間金利は上昇していき，やがてニューヨークの銀行間金利10%に一致するのである。

　このように，固定相場制でかつ資本移動が自由な場合，自国と外国の金利に差が生まれると，「低金利国で資金を借り入れ，高金利国通貨に換え，高金利国で運用する」という金利差を利用した取引が行われる結果，自国通貨買い介入によってマネタリーベースが減少し，自国の金利は外国の金利と同一水準に収れんする。したがって，中央銀行は自由に金利を動かすことができない，すなわち，**金融政策は無効**になる。

　変動相場制下の金融政策の効果を考えたときと同じように，中央銀行が金融緩和を行う場合を考えて，この金融政策の無効性を確かめよう。中央銀行はマネタリーベースを供給して銀行間金利を引き下げる。これによって，自国の銀行間金利が外国の銀行間金利を下回る。そのため，自国の銀行間金融市場で自国通貨を借り入れ，それを公定平価で外国通貨に換え，その外国通貨を外国の銀行間金融市場で運用するという取引が活発に行われる。自国の中央銀行（通貨当局）は自国通貨売りに対応して，自国通貨買い外国通貨売り介入を行うため，結果としてマネタリーベースを吸収することになる。自国の銀行間金利が外国の銀行間金利を下回るかぎり同様の金利差を利用して利益獲得を狙う取引が続くため，中央銀行はマネタリーベースの吸収を余儀なくされる。いいかえれば，中央銀行はマネタリーベースを供給して銀行間金利を引き下げること自

体ができない，すなわち，金融緩和を実行できないのである。

　反対に，金融引締めの場合は，中央銀行がマネタリーベースを吸収して自国金利が外国金利を一時的に上回ることになるため，外国通貨を借り入れて自国通貨で運用する取引が活発になる。その結果，中央銀行（通貨当局）は自国通貨売り外国通貨買い介入を余儀なくされ，自国金利が外国金利と同じ水準に下がるまでマネタリーベースを供給することになる。したがって，金融引締めを実行することもできない。

　ここで，資本移動が完全に自由という仮定を緩めてみよう。資本移動に何かしらの規制がかけられている状況を仮定する。これを資本移動規制とよぶ。たとえば，外国為替取引を貿易業者に限定する，外国からの対内投資額に対して数％の税が課せられる，といったような状況である。

　固定相場制の下で，国内の金利が2％，固定相場相手国の金利が5％だとする。投資家たちは国内金融市場で資金を借り入れ，それを固定相場で外国通貨に換え，外国の金融市場で運用しようとするだろう。しかし，もし「外国為替市場で購入できる外国通貨は輸入に必要な金額までに限る」といったような規制が存在すれば，投資家が外貨で運用できる金額にも限りがあり，金利差を利用して利益獲得を狙う取引も十分には行えない。その結果，国内金利はたとえば3％までしか上昇せず，固定相場相手国の金利との間に2％の差が残る，ということが起こり得る。

　このように，**資本移動規制**をかけている国では，固定相場制下であっても国内の金利が外国の金利に完全に一致しない状態が起こり得るので，金融政策を独自に行う余地が残る。国内金利が外国金利から乖離できる範囲内で，中央銀行が任意に国内の金利を動かすことができる，すなわち，金融政策を自由に行うことができるのである。

(3) 財政政策の効果

　以上のように，資本移動が完全に自由な場合，固定相場制下では金融政策が無効になることを学んだが，対照的に，財政政策は，固定相場制下では変動相場制下よりも効果的になる。

　再び，国債発行による政府支出拡大の効果について考える。政府支出拡大の

直接効果と乗数効果によって消費と投資が拡大する。ここまでは変動相場制下と同じである。国債の増発によって国内金融市場の資金需給が逼迫し金利が上昇する点も，変動相場制下と同じである。変わるのは金利上昇の影響である。

　固定相場制下では，自国の金利が上昇して外国の金利を上回ると，金利差を利用して利益獲得を目指す投資家が外国為替市場で自国通貨買いを行うので，中央銀行（通貨当局）は公定平価を維持するために自国通貨売り外国通貨買い介入を迫られる。その結果，中央銀行はマネタリーベースを供給して，国内の金利を外国の金利と同じ水準に保つ（同じ水準まで引き下げる）ことになる。そのため，変動相場制の場合とは違い，金利上昇による投資の減少と実質為替増価による貿易黒字の減少が起こらない。政府支出拡大の直接効果・乗数効果による消費・投資拡大が，金利上昇や為替増価によって相殺されず，そのまま残るのである。

　また，資本移動が完全には自由でなく，何かしら資本規制がかけられていたとしても，資本移動が完全に禁止されないかぎり自国と外国の金利差を利用した取引はある程度行われる。そのため，中央銀行は自国通貨売り為替介入をある程度行うことになるので，国債の増発によって上昇した国内金利は完全ではないにしろ，ある程度は元に戻る（下がる）。

　したがって，固定相場制下の拡張的財政政策の短期的なGDP拡大効果は変動相場制下よりも大きくなる。

　ただし，政府支出拡大のこの効果はあくまで短期的な効果であり，GDP拡大という短期的な便益を求めて国債発行による拡張的な財政政策を繰り返すと，長期的にはインフレーションの高まりと実質為替相場の増価という悪い帰結を招くおそれがある点に注意が必要である。なぜなら，固定相場を維持するためにマネタリーベースの供給を繰り返すことになるため，生産力の向上に見合わない過度の通貨供給につながり，通貨価値が下落するからである。過去には，固定相場制を採用していた発展途上国において，拡張的な財政政策を繰り返した結果，財政赤字の拡大とインフレーションの高まりから公定平価の切り下げに追い込まれた事例や，最悪の場合，通貨の売り投機を受ける**通貨危機**に陥った事例が存在する（第7章の通貨危機の第1世代モデルを参照のこと）。

第3節　為替相場制度の選択

1. 国際金融のトリレンマ

　前節で説明したとおり，固定相場制のもとで資本移動の自由も維持するとすれば，金融政策の自由な運営は放棄せざるを得ない。金融政策の自由な運営を確保するには，固定相場制か資本移動の自由の一方をあきらめなければならない。つまり，固定相場制を放棄して変動相場制を採用すれば，自由な資本移動と自由な金融政策運営を両立でき，また，自由な資本移動を放棄して何らかの資本移動規制をかけさえすれば，固定相場制下でもある程度，金融政策を自由に運営する余地を確保できる。

　いいかえれば，開放経済において

　（A）自由な資本移動

　（B）名目為替相場の安定

　（C）金融政策の自由な運営

という3つの政策を同時に実行することは不可能ということである。この命題は，3つの目標が並び立たないという意味で**国際金融のトリレンマ**（trilemma）とよばれている。

　3つの政策それぞれの便益を確認しておこう。**自由な資本移動**を認めると，国内の銀行や企業にとっては外国の銀行や投資家から資金を借り入れることや出資を受けることが可能になり，資金調達の選択肢が広がる。同様に国内の金融機関や投資家にとっては外国の借り手や外国の債券・株式に投資できるようになり，資金運用の選択肢が広がる。資金調達の選択肢の広がりは設備投資や研究開発投資など投資の拡大を可能にし，資金運用の選択肢の広がりは投資収益率の向上と投資リスクの分散を可能にする。これらは国民所得のより高い成長へとつながるため，1国の政府にとって自由な資本移動の実現は重要な政策となる。

　名目為替相場の安定は，特に，貿易依存度の高い国や，外貨建て対外債務を多く抱える国にとって重要な政策となる。為替相場の変動が激しいと輸出量・

輸入量が大きく変動する，対外債務の返済負担（自国通貨建てに換算した返済額）が急増するといった弊害を生むからである。

　金融政策を自由に運営できれば，国内の景気変動に合わせて金融緩和や金融引締めを実行することで国内景気の振れを小さくできる。そのため，金融政策の自由な運営も1国の通貨当局（中央銀行）にとっては手放しがたい政策手段である。

2.　為替相場制度の選択

　為替相場制度は**変動相場制**と**固定相場制**に大別できると述べてきたが，世界の国々が実際に採用している為替相場制度はさらに細かく分類できる。

(1)　変動相場制

　国際通貨基金（IMF）によれば，変動相場制は，為替相場の変動をどこまで許容するかに応じて，**自由変動相場制**と**（管理）変動相場制**に区別される。

　変動相場制の国が，過度な為替変動を阻止する目的で，ときおり為替介入を実施する場合がある。自国通貨高が大幅または急激に進むときは，それを阻止すべく自国通貨売り介入を行い，反対に自国通貨安が大幅または急激に進むときには自国通貨買い介入を行う。このように，為替相場の決定を市場に委ねることを基本としながらも，為替相場の大幅または急激な変動に対しては為替介入を行って為替相場の安定をはかる体制が（管理）変動相場制である。それに対して，自由変動相場制は，例外的な状況を除き為替介入を行わない体制である。例外的な状況とは，たとえば1日という短時日の間に1ドル＝90円から80円へと10％以上も為替相場が変化するというように，相場変動が急すぎて金融・証券市場さらには実体経済への悪影響が明らかに大きいと予想されるような状況を指す。例外的な状況は滅多に発生しないので，自由変動相場制を採用する国は滅多に為替介入を行わない。

　近年では，アメリカ，日本，イギリスなど主要国が自由変動相場制を採用する一方，ブラジル，韓国，インドなど新興国は（管理）変動相場制を採用している。

(2) 様々な固定相場制

固定相場制も，どの通貨に対して為替相場を固定するか，どの程度狭い変動幅内に為替相場を固定するか，定期的に公定平価を変更するかどうかに応じて，いくつか分類がある。

IMFの分類を参考にすると，固定相場制は大きく**伝統的な固定相場制**と**クローリング・ペッグ**に分けることができる。

伝統的な固定相場制とは，為替相場を公定平価の上下1％以内に収める制度である。固定相場といっても為替相場が常に平価にくぎ付けされるわけではなく，平価の上下1％まで変動を許容するのが一般的である。また，平価が自国の経済状況にそぐわなくなった場合には変更することが可能であり，自国通貨価値が高い水準への変更を平価切上げ（たとえば，1ドル＝360円から1ドル＝316円への変更），低い水準への変更を平価切下げという。

一方，クローリング・ペッグ制は，自国のインフレ率に合わせて，公定平価を徐々に切り下げたり切り上げたりする固定相場制である。たとえば，インフレ率が高い傾向にある固定相場制採用国の中には，定期的に公定平価を切り下げていく国がある。平価を切り下げなければ，国内のインフレ率が固定相場相手国のインフレ率を上回る分，実質為替相場が増価してしまい，輸出が不利になるからである。実質為替相場の定義式を再掲すると

$$実質為替相場＝\frac{名目固定為替相場×外国の物価}{自国の物価} \qquad (4)$$

となる。分子の名目固定為替相場を一定とすると，自国の物価上昇率が外国の物価上昇率を上回れば，分母の方が大きくなっていき，(4)式の数値は小さくなる，すなわち，実質為替相場が増価する。実質為替相場を増価させず一定に保つには，「外国の物価／自国の物価」の減少に合わせて，「名目固定為替相場」の数値を上昇させる必要がある。「名目固定為替相場」の数値を大きくするということは，すなわち，公定平価を切り下げるということである。このように，インフレ率に連動して公定平価の切下げ・切上げを繰り返し，公定平価がまるで坂道を這うように動くことから，クローリング・ペッグ制とよばれている（「坂道を這う」を英語で「crawl」という）。IMFの分類によると，2010年代半ばごろに中国は事実上クローリング・ペッグ制を採用していた。

図表5-2　バスケット・ペッグ制の数値例

(a) ドルの対ユーロ・対円相場（設定）

為替相場	X 時点	Y 時点	為替相場の変化
ユーロ／ドル	1 ドル＝1 ユーロ	1 ドル＝1.05 ユーロ	5％ドル高ユーロ安
円／ドル	1 ドル＝100 円	1 ドル＝120 円	20％ドル高円安
円／ユーロ	1 ユーロ＝100 円	1 ユーロ＝114.3 円	14.3％ユーロ高円安

(b) ドル・ユーロ・円に対するバスケット・ペッグ制（構成比率はドル50％，ユーロと円25％）

為替相場	X 時点	Y 時点	為替相場の変化
ドル／ウォン	1 ウォン＝1 ドル	1 ウォン＝0.9464 ドル	5.36％ウォン安
ユーロ／ウォン	1 ウォン＝1 ユーロ	1 ウォン＝0.9937 ユーロ	0.63％ウォン安
円／ウォン	1 ウォン＝100 円	1 ウォン＝113.57 円	13.6％ウォン高

(c) 対ドル固定相場制

為替相場	X 時点	Y 時点	為替相場の変化
ドル／ウォン	1 ウォン＝1 ドル	1 ウォン＝1 ドル	0％
ユーロ／ウォン	1 ウォン＝1 ユーロ	1 ウォン＝1.05 ユーロ	5％ウォン高
円／ウォン	1 ウォン＝100 円	1 ウォン＝120 円	20％ウォン高

　また，為替相場を固定する対象は必ずしも1つの通貨である必要はなく，主要な貿易相手国の通貨を複数組み合わせた合成通貨に対して為替相場を固定する国も存在する。このような固定相場制を**バスケット・ペッグ制**，合成通貨のことを**バスケット通貨**とよぶ。**バスケット・ペッグ制**は実効為替相場の安定をはかる為替相場制度である（実効為替相場については第4章を参照）。

　仮に韓国ウォンがドル，ユーロ，円からなるバスケット・ペッグ制をとっていたとする。バスケット通貨の構成比率はドルが50％，ユーロと円が25％ずつとする。いま基準時点（X 時点）の為替相場が1ドル＝1ユーロ，1ドル＝100円であったとして，Y 時点には1ドル＝1.05ユーロ，1ドル＝120円に変化したとする（図表5-2(a)）。このとき韓国の通貨当局は，Y 時点においてウォン/ドル相場は次のように誘導する。

X 時点：　1 ウォン＝0.50×1 ドル ＋0.25×1 ユーロ＋0.25×100 円

　　　　　　　　＝0.50×1 ドル＋0.25×1 ドル＋0.25×1 ドル

　　　　　　　　＝1 ドル

Y 時点：　1 ウォン＝0.50×1 ドル＋0.25×1 ユーロ＋0.25×100 円

　　　　　　　　＝0.50×1 ドル＋0.25×(1/1.05) ドル

　　　　　　　　　＋0.25×(100/120) ドル

　　　　　　　　≒0.9464 ドル

この例では，基準時点（X 時点）に 1 ウォン＝1 ドルになるように通貨当局がウォン/ドル相場を定めたとする。Y 時点では，ユーロがドルに対して 4.762％減価（1÷1.05＝0.95238），円がドルに対して 16.667％減価（100÷120＝0.83333）しているので，ウォンがドルに対して 5.36％（＝0.5×0％＋0.25×4.762％＋0.25×16.667％）減価するようにウォン/ドル相場を誘導する。こうすることで，バスケットを構成するドル，ユーロ，円に対するウォン相場の変動をそれぞれ小幅に収めることができる。この例では，X 時点から Y 時点にかけてドルが円に対して 20％に増価しているのに対して，ウォンの円に対する増価率は 13.6％に止まっている（図表 5 - 2 (a)(b)）。

　比較のため，図表 5 - 2 (c) にウォンが 1 ドル＝1 ウォンの対ドル固定相場制下にある場合の，X 時点から Y 時点へのウォン相場の動きもまとめた。対ドル固定相場制の場合，ウォンの対ドル価値が変化しない代わりに，ウォンの対ユーロ相場はドルと同じく 5％増価し，対円相場もドルと同じく 20％増価することになる。この点から，ドル，ユーロ，円からなるバスケット・ペッグ制とは，対ドル相場の緩やかな安定を図りつつ，対ユーロ相場と対円相場の安定も同時に追求する為替相場制度であることがわかる。

　このバスケット・ペッグ制の考え方は，2020 年 4 月に発表された旧Facebook 社（現 Meta 社）のデジタル通貨構想 Diem（旧 Libra）のホワイトペーパー（第 2 版）でも利用されていた。

(3) 厳格な固定相場制

　伝統的な固定相場制にしても，クローリング・ペッグ制にしても，公定平価

が自国の経済状況にそぐわない状況になると，平価を変更できる。それに対して，公定平価の変更を容易にはできないように設計された固定相場制度も存在する。**カレンシーボード制**では，自国通貨の特定通貨（準備通貨）に対する公定平価と，カレンシーボードと呼ばれる通貨当局がマネタリーベースと同額かそれ以上の外貨準備を保有すること，の2つを法律で定める。そして，カレンシーボードが公定平価で自国通貨と準備通貨の交換に無制限に応じることを義務付ける。平価の変更には法改正を必要とし，平価切下げの原因となりかねないマネタリーベースの拡張も「外貨準備と同額まで」しか認めない。したがって，カレンシーボード制は平価の変更がまず起こらない厳格な固定相場制となっている。

　また，欧州の単一通貨ユーロのように，複数の主権国家が共通の通貨を法貨とする通貨同盟も，通貨同盟参加国が互いの通貨間の為替相場を恒久的に固定するという意味で，厳格な固定相場制と捉えることができる。ただし，その一方で，ユーロがドルや円に対して自由に変動することから分かるように，通貨同盟を1つの国とみなせば，通貨同盟は変動相場制を採用していると理解できる（欧州の通貨同盟については第12章を参照）。

練習問題

1. 変動相場制下の政府支出拡大の実質GDP拡大効果が限定的になる理由を説明してみよう。

2. 資本移動が自由でかつ固定相場制の下では金融引締め政策を実行できない理由を，マネタリーベース，金利，為替介入という用語を使って説明してみよう。

3. インドが対ドルのクローリング・ペッグ制を採用していると仮定する。アメリカとインドの物価指数が下表のように推移したとき，Y年とZ年のインド・ルピーの対ドル公定平価はいくらになるだろうか。X年の公定平価は1ドル＝40ルピーとする。

	X 年	Y 年	Z 年
アメリカの物価指数	100	110	132
インドの物価指数	200	300	330
インドの公定平価	1ドル=40ルピー	?	?

推薦図書

藤井英次（2013）『コア・テキスト国際金融論（第2版）』，新世社，第7〜9章。
　本章では直観的に説明した開放経済下の金融・財政政策の効果が簡単な数式とグラフを使って理論的に精緻に説明されています。マンデル=フレミング・モデルを本格的に勉強したい人にお薦めです。
高木信二（2011）『入門　国際金融（第4版）』，東洋経済新報社，第4，9章。
　貿易収支の弾力性アプローチについて価格弾力性と契約通貨の観点からさらに深く学びたい人，固定相場制やバスケット・ペッグ制の仕組みをさらに深く学びたい人にお薦めです。

参考文献

植田宏文・丸茂俊彦・五百旗頭真吾（2015）『エッセンシャル金融論』，中央経済社。
飯島寛之・五百旗頭真吾・佐藤秀樹・菅原歩（2017）『身近に感じる国際金融』，有斐閣。
高木信二（2011）『入門　国際金融（第4版）』，東洋経済新報社。
白川方明（2008）『現代の金融政策　理論と実際』，日本経済新聞社。
グロン・アセモグル，デヴィッド・レイブソン，ジョン・リスト著，岩本康志監訳，岩本千晴訳（2019）『マクロ経済学』，東洋経済新報社。

第6章

為替相場の決定理論
：カバーなし金利平価と外国為替のマイクロストラクチャー

　本章ではカバーなし金利平価と外国為替のマイクロストラクチャーについて取り上げる。ここで学ぶカバーなし金利平価は第3章で学んだカバー付き金利平価と類似しているが，将来の為替相場をどのように設定するかに違いがある。第3章のカバー付き金利平価では先物為替相場を使用するが，カバーなし金利平価では現在に形成した将来の為替相場の予想値を使用する。最後に，外国為替のマイクロストラクチャーを扱うが，紙面が限られているために基本的なアイディアを簡潔に述べる。

第1節　カバーなし金利平価の基礎と応用

1. カバーなし金利平価

　国際資本移動が自由であれば，国境を越えて異なる通貨や資産に自由に投資できる。たとえば，日本で標準的な円建て資産の金利が1%，アメリカで標準的なドル建て資産の金利が5%であったとする。すると，人々は利益を得るために金利の低い日本ではなくて，金利の高いアメリカで運用しようとする。これを裁定行動という。この裁定行動の結果，ある国の通貨が売られて別の国の通貨が買われる結果，現在と将来の為替相場が調整されて，日本とアメリカの資産収益率は等しくなる。このように，国際資本移動が自由で規制がなけれ

ば，金利が低い国から高い国へと資本が移動するのである。なお，ここでは投資家は日本とアメリカの内外資産の予想される平均的な収益率が等しければ，分散が異なっても同じ資産と見なしているとする。つまり，投資家は内外資産の平均的な予想収益率の水準のみで投資を決めているのである。このような意味で投資家はリスク中立的であると仮定しているということもできる。

　それでは，**カバーなし金利平価**を以下で見ていこう。簡単な式や記号を用いて説明するが，基本的にはたし算と分数の計算ができれば大丈夫なので，心配せずに読み進めてほしい。なお，将来の為替リスクを先物為替相場によってゼロにしたカバー付き金利平価ついては第3章で解説しているので，そちらを参照されたい。

　結論から述べるとカバーなし金利平価は

$$1 + i_t^{JP} = \frac{S_{t+1}^e}{S_t} \times (1 + i_t^{US}) \tag{1}$$

と（1）式のように表すことができる。突然，このような数式が登場したので戸惑った読者もいるだろう。しかし，この式はたし算と分数の計算さえ理解できれば全く問題がないので安心してほしい。ただし，様々な記号表記が登場するので，為替相場の表示方式について適切に理解する必要がある。

　ここでは現在と将来の2つの時点を考えているので，現在時点は t 時点，将来時点は現在時点から1期先なので $t+1$ 時点と添え字を付けて表記している（1期先を，たとえば2期先や3期先と置き換えても本質的には同じである）。経済学では時間を表す場合に"time"の頭文字をとって"t"で表すことが一般的である。現在の時点を t とすると，1日後，1週間後，1カ月後，あるいは1年後といった1期先の将来の時点を $t+1$ と表して，t から1期間だけ時点を将来に進めている。逆に，1日前，1週間前，1カ月前，1年前といった1期前の過去の時点を $t-1$ で表して，t から1期間だけ時点を過去に戻している。

　1期先の将来の予想為替相場を表す S_{t+1}^e について見ていこう。予想為替相場とは現在の t 時点において将来の $t+1$ 時点の為替相場の値を予想しているのである。将来予想の形成の方法に関してはいくつかの考え方がある。たとえば，現在の為替相場の値がそのまま将来も続くと考える**静学的予想**や，予想値と実現値の乖離を逐次的に修正していく**適応型予想**の考え方がある。また，現

在において利用可能な情報をすべて利用して将来の為替相場の値を予想する**合理的予想**形成の考え方もある。なお，合理的予想形成では短期的には予想値と実現値にはプラスとマイナスの乖離が発生するが，長期的にはそれぞれの乖離が相殺されるとしている。これに対して，第3章で扱った先物為替相場では，将来の為替相場を現在時点において売買契約する。実際の受渡は将来時点に行われる。そのために，$t+1$時点の先物為替相場が契約時点である現在のt時点において決定されるので，為替リスクは発生しないのである。なお，この第6章では将来の為替相場の予想形成に関しては特定の考え方を想定しておらず，これ以上その細部に立ち入ることはしない。

　最後に，日本の円建て資産をt時点から1期間保有することによる金利をi_t^{JP}（たとえば金利が1%なら，$i=0.01$），米国のドル建て資産をt時点から1期間保有することによる金利をi_t^{US}とする。日本を JP，アメリカは US と添え字で表記している。

　以上の準備をした上で，ここでカバーなし金利平価について図表6-1をもとに説明していこう。想定する事例は日本人の投資家が1円をドル建て資産で運用する場合である。つまり，この一連の取引では円とドルという通貨の交換の視点だけではなく，現在の時点においてアメリカに投資するが，将来の時点においては投資した収益を円に交換しているので，現在から将来という時間の視点も重要なポイントになっている。最初のステップは，当然のことではあるが，アメリカでは円が流通しないので，現在のt時点において円をドルに交換する必要がある。現在のt時点の為替相場は1ドル＝S_t円であるので，1円をドルに交換した場合，$1/S_t$ドルとなる。この計算の過程はしっかりとイメージしながら理解してほしい。次に，これをドル建て資産の金利であるi_t^{US}で運用した場合，金利収入も含めたドル建て資産は$(1/S_t)\times(1+i_t^{US})$ドルとなる。このまま$t+1$時点までアメリカで運用する。$t+1$時点が訪れると，最終的には投資家が日本の居住者なのでドルを円に交換しないといけない。そこで，将来の1時点先の為替相場の予想値である1ドル＝S_{t+1}^e円の相場を使用して円に交換する。すなわち，将来のドル建て資産額である$(1/S_t)\times(1+i_t^{US})$に$S_{t+1}^e$を乗じる必要がある。最終的に，円に換算したドル建て資産は$(S_{t+1}^e/S_t)\times(1+i_t^{US})$円となる。当然，将来の1期先の為替相場である$S_{t+1}^e$は予

図表 6 − 1　カバーなし金利平価

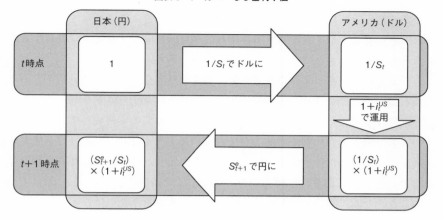

想値であるので，予想と実際の値には乖離が発生することが考えられるので，為替リスクがあることに注意する必要がある。

　最後に，日本の投資家はアメリカのドル建て資産の予想収益率と日本の円建て資産の収益率を比較する。すなわち，先述した $(S_{t+1}^e/S_t) \times (1+i_t^{US})$ と，円建て資産の収益率である $1+i_t^{JP}$ を比較する。国際資本移動が自由であれば，収益率が低い国から高い国へ資本移動が発生する。その結果，**裁定行動**によって両国の資産収益率は等しくなり，$1+i_t^{JP}=(S_{t+1}^e/S_t) \times (1+i_t^{US})$ の関係が成立すれば均衡する。これを**カバーなし金利平価**という。式の形としては上記のカバーなし金利平価とカバー付き金利平価は類似しているが，$t+1$ 時点の将来の為替相場をどう設定するかで大きな違いがある。

2. 予想為替相場とカバーなし金利平価

　第1節でみたように，カバーなし金利平価では現在時点である t 時点において，まだ実現していない将来時点の為替相場である S_{t+1}^e を予想する。この予想為替相場について実際のデータをもとに見ていこう。ただし，ここで問題となるのは，先物為替相場は市場で実際に取引されているのでデータとして直接見ることができるが，予想為替相場は経済主体の頭の中にある予想であるので

直接見ることはできない。そこで，アンケート調査等をもとに経済主体の頭の中にある情報を間接的に推測する方法が一般的である。ここでは，代表的なアンケート調査の1つである内閣府経済社会総合研究所の「企業行動に関するアンケート調査」をもとに予想為替相場について見ていこう。

この調査は，企業が今後の景気や業界需要の動向をどのように見通しているかなどについて昭和36年から継続的に年に一度の頻度で調査を行っている。調査項目は多岐にわたっており，たとえば，業界需要の実質成長率，設備投資の増減率，雇用者数の増減率等も含まれている。その中で，1年後の予想為替相場について訊ねた予想円相場について見ていこう。さらに，予想為替相場と実際の為替相場の乖離にも関心があるので，この両者を図表6-2において見ていこう。なお，実際の円ドル相場の出所は国際通貨基金（IMF）である。

なお，予想為替相場は1年後の予想であるので，実際の為替相場と時期を一致させるために，将来の時点に1年分だけ移動している。たとえば，1986年の予想為替相場は1986年に予想した1987年の予想為替相場であるので，これを1987年に移動した。

図表6-2を見ると，乖離幅が大きくなっている時期がいくつか見られる。たとえば，1987年から88年にかけて乖離幅が大きかった。この時期は，1985年のプラザ合意以降に急激な円高ドル安が進んだ結果，これを阻止するために1987年にルーブル合意が形成された激動の時期でもあった。また，急激な円高が進んだ90年代前半や，リーマンショックから2011年にかけての世界の金融市場が混乱した時期においても乖離幅が大きかった。

次に，現実にカバーなし金利平価が成立しているのだろうか，を検証してみよう。カバーなし金利平価を再掲すると，$1+i_t^{JP}=(S_{t+1}^e/S_t)\times(1+i_t^{US})$ である。この式に実際のデータを代入してみよう。そのために，データをあてはめやすい形に変形すると以下の（2）式になる。

$$i_t^{JP}=i_t^{US}+s \tag{2}$$

この式の導き方については本章の最後の補論を参照してほしい。なお，$(S_{t+1}^e-S_t)/S_t$ を**現在から将来時点への予想為替変化率**である s と置き換えた。たとえば，将来にかけて円安が進むことが予想されているならば，この値は正と

図表 6 - 2　予想為替相場と実際の為替相場

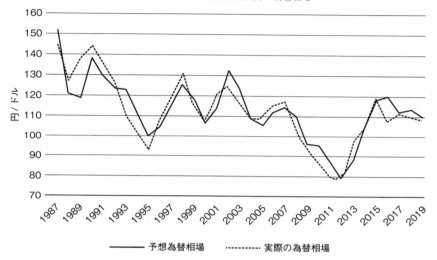

──── 予想為替相場　　·········· 実際の為替相場

なる。というのも，先述したように，外国為替相場の表記が自国通貨建てである場合，値の上昇は自国通貨である円の減価，つまり，円安を表しているからである。逆に，将来にかけて円高が進むことを予想していればこの値は負となる。

　それでは，図表6-3においてカバーなし金利平価が成立しているかどうかを，**日本の金利**である i_t^{JP} と，**アメリカの金利と予想為替変化率の合計**である $i_t^{US}+s$ を計算することによって検証しよう。使用したデータは以下のとおりである。予想為替変化率のデータは先述したように内閣府経済社会総合研究所の「企業行動に関するアンケート調査」と国際通貨基金を使用した。次に，日本と米国の金利は満期が12カ月の LIBOR（ロンドン市場における銀行間取引金利）を使用した。出所はアメリカのセントルイス連銀のホームページである。

　カバーなし金利平価が成立していれば，アメリカの金利＋予想為替変化率である $i_t^{US}+s$ と日本の金利である i_t^{JP} は一致するはずである。しかし，図表6-3より両者は大きく乖離していることが明らかである。すなわち，カバーなし金利平価は実際には成立していないといえる。さらに，多くの先行研究もカバーなし金利平価が成立していないことを示している。しかし，今回の比較の期間は約30年間であるが，これを50年，100年と期間を延長していくとどうなる

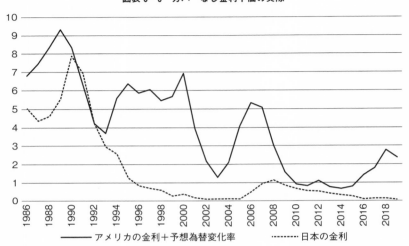

図表 6 - 3　カバーなし金利平価の実際

凡例：
アメリカの金利＋予想為替変化率　　　　　　日本の金利

のだろうか？　短期から中期的な期間においては成立していなくても，長期から超長期の期間においては成立している可能性もある。実際に，図表6-3において両者の乖離幅は依然として大きいが，ある一定の乖離幅になると収斂する傾向が僅かばかりであるが確認することができる。これを検証するには，様々な計量経済学的な手法を用いる必要があり，今後の大きな研究課題となっている。

3.　カバーなし金利平価の応用：キャリートレード

　ここではカバーなし金利平価を用いて現実の国際金融の現象について深く掘り下げていこう。なお，ここでは岩壷（2009）と塩沢・古賀・木村（2009）を参考にした。先述の図表6-3より，カバーなし金利平価が成立していないことが明らかになったが，ここではそれに焦点を当てよう。図表6-3をさらに詳しく見ると，日本の金利である i_t^{JP} は大部分の期間において，アメリカの金利 ＋ 予想為替変化率である $i_t^{US}+s$ よりも下回っていることがわかる。カバーなし金利平価の説明でもあったように，$i_t^{US}+s$ とは，円に換算したアメリカの

資産の予想収益率である。つまり，恒常的にアメリカの予想収益率は日本のそれよりも高い。金利の低い円を調達して，為替リスクを負いながらアメリカのドル建て資産で運用すると超過収益を得ることができるのである。このように，カバーなし金利平価の不成立を利用して，為替リスクを負いながら低金利通貨を調達して高金利通貨で運用して超過収益を得ることを**キャリートレード**という。逆にいうと，カバーなし金利平価が成立していると超過収益が発生しないのでキャリートレードは発生しないのである。

　以下では，先進国の中でも相対的に金利が高いオーストラリアと，相対的に金利が低い日本を比較しながらキャリートレードについて詳しく見ていこう。データの出所は国際通貨基金である。図表6-4に示されているように，日本銀行による金融緩和政策のために日本の金利は非常に低く，現在に至るまで0％台で推移している。一方で，高い経済成長を反映してオーストラリアの金利は先進国の中でも高い部類に属している。そのために，キャリートレードの投資先として，より高い金利収入が見込める豪ドルは非常に魅力的であった。その結果，豪ドルに対する投資が増加してキャリートレードが活発に行われるようになった。その結果，キャリートレードによる超過収益の存在が，さらなるキャリートレードを誘発して，円売り・豪ドル買いが進み，リーマンショック前の2000年代半ばに円安・豪ドル高が急激に進んだ。これは図表6-4より確認することができる。つまり，日本とオーストラリアの間の金利差によって，キャリートレードが発生して，カバーなし金利平価に大きな乖離が生じて超過収益が発生した。この超過収益が新たな投資家を引き寄せて，豪ドル買い・円売りによって豪ドルの増価と円の減価を引き起こして，投資家のさらなる超過収益への期待を高めた。その結果，カバーなし金利平価の乖離が拡大したのである。

　しかし，当然のことながらカバーなし金利平価の乖離による不均衡はいつまでも拡大することはできない。その調整のタイミングは2008年の**リーマンショック**の時であった。リーマンショックが発生すると，世界中の投資家はリスクに敏感になり，世界各地で投資した資本を一斉に回収しようとした。それはキャリートレードでも例外ではなかった。オーストラリアに投資していた資本が流出することによって，豪ドルが売られた。その結果，一転して円買い・

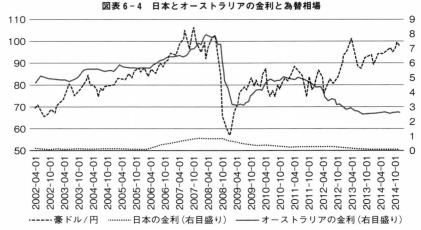

図表6-4　日本とオーストラリアの金利と為替相場

-----豪ドル/円　　……日本の金利（右目盛り）　　——オーストラリアの金利（右目盛り）

豪ドル売りが加速して，円高・豪ドル安が急激に進んだことが図表6-4に示されている。

　ここまでは，キャリートレードを為替相場の観点から見てきたが，最後にポジションの観点から見ていこう。まず，**ポジション**とは何であろうか。ポジションとは外貨の持ち高のことであり，外貨を持っている状態を「買いポジション」，売っている状態を「売りポジション」という。一般に投資においては，「安く買って，後で高く売る」または「高く売っておいて，後から安く買い戻す」が基本である。もし，投資家が為替相場を含む金融商品の価格が将来時点において高くなると予想するのなら，現時点においてその金融商品を買ったままで未決済の買いポジションを築く。逆に，投資家が金融商品の価格が将来時点において安くなると予想するのなら，現時点において売ったままで未決済の売りポジションを築く。別のいい方では，**買いポジション**を買い建玉（たてぎょく），**売りポジション**を売り建玉という。キャリートレードもこのポジションの観点から把握することができる。

　ただし，正確に取引規模を把握することは困難である。そこで，代理変数としてシカゴ・マーカンタイル取引所における非商業目的投資家による**IMM先物ポジション**を使用することが一般的である。ここでもそれに倣うことにする。先述したように，ネットポジションが買い（ロング）か売り（ショート）

かにより，投機筋の相場観が強気か弱気かを推測することができる。

　図表 6-5 の IMM 先物ポジションを用いたキャリートレードのポジション
をもとに，これまでの議論を整理していこう。ここでは円の IMM 先物ポジ
ションを見ていこう。図表 6-5 の IMM ネットポジションは縦軸のゼロを境
に上に行くと円のショート・ポジション，下に行くと円のロング・ポジション
としている。リーマンショック以前の 2000 年代前半では IMM 先物のネット
ポジションは円ショート・ドルロングであった。すなわち，低金利通貨である
円を売却して高金利通貨であるドルを買うというポジションを構成していた。
図表 6-5 には円ドル相場の推移も示されているが，円ショート・ドルロング
のポジションの結果，円安・ドル高が進展したことが確認できる。超過収益の
存在がさらなるキャリートレードを誘発して，特にリーマンショックの直前に
は円ショート・ドルロングのポジションが急激に膨らんだ。その結果，ドル高
も加速してカバーなし金利平価の不均衡が拡大したのである。

　しかし，2008 年にリーマンショックが発生すると状況は一変した。カバー
なし金利平価の不均衡の調整が急激に進んだ結果，逆に円ロング・ドルショー
トのポジションが拡大した。つまり，ドルを売却して円を買う取引が急増した
のである。その結果，円高ドル安が急激に進展したことが図表 6-5 から確認

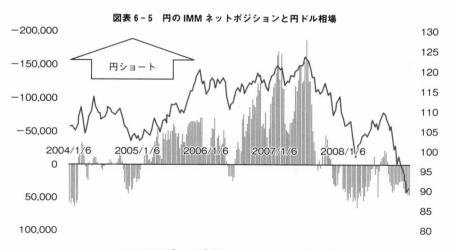

図表 6-5　円の IMM ネットポジションと円ドル相場

できる。

第2節　外国為替のマイクロストラクチャー

1. オーダーフローとは

　前節で学んだカバーなし金利平価や第3章のカバー付き金利平価は金融資産に焦点を当てる為替相場の理論である。また，第4章の購買力平価は財に焦点を当てる理論である。この章の最後には，これらの為替相場の理論では扱わなかった"情報"に注目した外国為替の**マイクロストラクチャー**について簡単に述べたい。

　これまで勉強してきたカバー付き，あるいはカバーなし金利平価では，市場における情報がすべての投資家の間で等しく共有されて，すべての利用可能な情報が市場価格に完全に反映されていることを仮定していた。これを**効率的市場仮説**という。しかし，本当に効率的市場仮説は成立しているのだろうか？実際の外国為替市場では積極的にリスクを取って収益を獲得しようとする投資家や，リスクを回避するリスクヘッジャーといった様々な投資家が活動している。このように，それぞれの投資家の間には大きな異質性があるが，この異質性は価格形成にどのように影響を及ぼしているだろうか。また，価格形成に関して重要な情報をたくさん保有している投資家がいる一方で，ほとんど情報を保有していない投資家がいる。従来の理論ではこの異質性や情報の非対称性と偏在性には大きな関心が払われてこなかった。マイクロストラクチャーはこのような疑問に答えてくれる。そして，マイクロストラクチャーでは，効率的市場が常に成立しているとは限らず，それぞれの投資家の間には保有する情報に大きな偏りがあることを前提としている。この意味で従来の効率的市場を仮定した外国為替の理論とは大きな違いがあるのである。

　外国為替のマイクロストラクチャーでは**オーダーフロー**が重要な概念となっている。というのも，オーダーフローには情報を多く保有する投資家の取引履歴が記録されており，それを通じて情報が伝達されるからである。具体的に，

以下で見ていこう。まず，オーダーフローと出来高は異なる概念であることに注意しないといけない。出来高とは一言でいえば取引量のことである。一般的に，金融の取引では**売り注文**と**買い注文**の2種類がある。常に売った数量の分だけ買う投資家がいることで取引が成立しているので，この売り買いの2つの注文が均衡したのが出来高である。これは，需要と供給の均衡と似ている。

　一方で，オーダーフローとは"**符号**"が付いている出来高である。たとえば，ある投資家がディーラーに10単位の円を売る場合を考えよう。ここではディーラーは主体的に取引をするのではなく，取引の発端となる顧客の取引に受動的に対応している**カスタマーディーラー**を想定している。ちなみに，外国為替のディーラーは受動的に顧客の注文に対応するカスタマーディーラー，自らポジションを形成して収益を稼ごうとする**プロプライアトリーディーラー**などがいる。本題に戻ると，この場合の出来高は10単位である。しかし，取引の発端となる投資家を基準として，その投資家の売り取引をマイナス，買い取引をプラスと符号を記載すると，この取引のオーダーフローは −10 となり，マイナスの符号が付いている。オーダーフローは，取引の発端となる投資家を基準にしているので，売りと買いが相殺されることはなく，その投資家が行う取引の符号のみに焦点を当てている。

　それでは，オーダーフローはマイクロストラクチャーにおいてどのような役割を果たしているのだろうか。先述したように，情報が重要なキーワードである。ここでは図表6-6をもとに見ていこう。マイクロストラクチャーではすべての投資家が情報を等しく共有しているわけではなく，特定の投資家に情報が集約されており，それ以外の投資家が保有する情報は少ないと仮定している。つまり，各投資家の間で情報が偏在しているのである。このために，効率的市場仮説は成立しておらず，追加的な情報が提供されることによって，金融資産の価格が変化する余地がある。そこで，情報を多く保有している投資家

図表6-6　オーダーフローを介した情報伝達の概念図

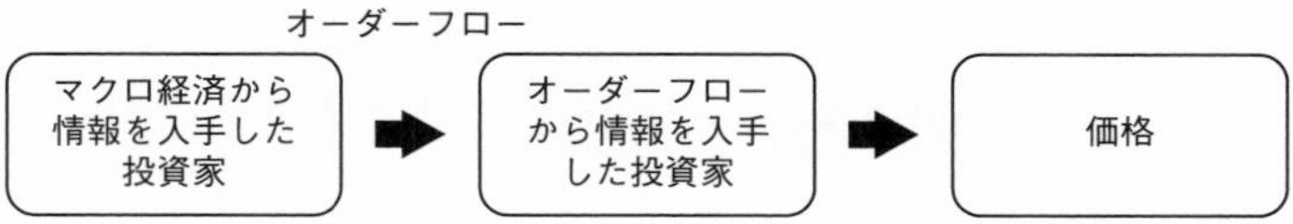

オーダーフロー

マクロ経済から情報を入手した投資家　➡　オーダーフローから情報を入手した投資家　➡　価格

が，この機会を利用して収益を得ようと，売り注文あるいは買い注文を行うと，それが，オーダーフローとして反映される。このオーダーフローにはまだ共有されていない外国為替市場におけるファンダメンタルズに関する情報が多く含まれている。よって，情報を多く保有していない投資家はこのオーダーフローを知ることによって，外国為替市場のファンダメンタルズに関する情報を間接的に知ることができる。

2. 公的情報と私的情報

　従来の為替相場に関する伝統的な理論では，金利や経常収支，貨幣供給，GDP といったマクロ経済の情報は公的情報として広範囲に速やかに偏りがなく周知されて価格に反映される，と仮定していた。ここで，公的情報について整理しよう。まず，公的情報では，① 為替相場に関する重要な情報は広く公に共有されている，② マイクロストラクチャーでは，注文の方法や取引処理の仕方も価格に影響を及ぼすので，それらの制度的・仕組み的な情報も広く公に共有されている，としている。さらに，公的情報では投資家の間の情報の偏在については考慮しておらず，オーダーフローが伝達する情報，つまり，後述する私的情報は考慮されなかった。次に，その私的情報について整理しよう。私的情報は公的情報とは異なり，① すべての投資家に等しく共有されているわけではなく，② 公的情報のみの場合よりも価格の予想に有益な情報をもたらしている，という特徴を有している。

　もし，公的情報の前提が1つでも緩和されると，オーダーフローによる私的情報の伝達は意味を持つことになる。たとえば，A と B の2人の外国為替のトレーダーが存在したとする。あるマクロ経済に関するニュースが報道されると，この2人のトレーダーは共に同じニュースを共有するが，2人の情報の解釈の仕方に違いがある場合を考えよう。この場合，お互いのトレーダーは，ニュースをどのように解釈するのかについては観測することができない。そのために，私的情報となっている。もし，A が B のニュースに対する解釈が知りたければ，B の外国為替市場における行動，すなわち，オーダーフローを観測すればいいのである。このように，オーダーフローを観測することによって

間接的に私的情報を得ることができるのである。

3.　外国為替市場とマイクロストラクチャー

　最後に，外国為替市場におけるマイクロストラクチャーについて簡単に整理したい。ただし，外国為替市場はスポット市場，フォワード市場，オプション市場と多岐にわたるために，ここではスポット市場に焦点を当てよう。

　まず，外国為替市場の市場参加者について見ていこう。市場参加者は，①ディーラー，②顧客，③ブローカー，である。ディーラーは顧客や他のディーラーに対して売買価格を提示して，自己勘定で直接に売買取引を行うことによって，マーケットメイカーとしての役割を果たしている。顧客は，非金融企業および金融企業や，中央銀行等である。外国為替のブローカーは自らはポジションを持たないが，ディーラー間の為替取引の仲介を担っている。

　次に，市場構造には①オークション方式，②単一ディーラー方式，③複数ディーラー方式，の3つがある。**オークション方式**では，市場参加者は買いや売りの注文を行う。そして，純粋なオークション方式の場合はディーラーは存在しない。次に，**単一ディーラー方式**では，単一の独占的なディーラーが存在し，自身の希望する買いと売りの価格をもとに顧客からの買いと売りの注文に対応している。最後に，**複数ディーラー方式**には複数ディーラーが存在して，一極集中型と分散型の2つにさらに分類することができる。

　一極集中型では，複数のディーラーからの引き合いは，たとえば，単一のスクリーン上にて提供されるので，価格に関する情報が瞬時に公に公表される。一方で，分散型では，すべてのディーラーからの引き合いは公に観察されないので，価格に関する情報が断片化されている。そのために，ある同一の金融商品が異なる価格で売買される可能性があるので**一物一価の法則**が成立しない場合がある。そして，直物取引（スポット）の外国為替の市場構造は分散型の複数ディーラー方式であるといわれている。このために，特に外国為替市場においては相対的に取引の透明性は低くなっており，オーダーフローを通じた私的情報が果たす役割は大きいとされている。

補論

　ここでは，(1) 式を自然対数で変換しよう。まず，対数と自然対数について見ていこう。対数は $a^x=b \Leftrightarrow x=log_a b$ と表すことができる。a は底である。たとえば，$2^3=8$ を対数で変換すると $\log_2 8=3$ と表すことができる。次に，自然対数について見ていこう。まず，$e=\lim_{m \to \infty}\left(1+\dfrac{1}{m}\right)^m=2.71828\ldots$ と表されるネイピア数である e を底とする対数を自然対数といい，ln( ) と表記する。自然対数には以下の便利な性質を持っている。

- 公式 ① 　$\ln(1+x) \approx x$ 　ただし，x が非常に小さい値の時に限る
- 公式 ② 　$ln(AB)=ln(A)+\ln(B)$
- 公式 ③ 　$ln(A/B)=ln(A)-\ln(B)$

自然対数を使うメリットの1つは，かけ算をたし算（公式 ②）に，分数をひき算（公式 ③）にするなど計算を簡単にできることである。以上をもとに (1) 式を自然対数を用いて変換しよう。

STEP1：(1) 式の両辺に自然対数をとって $\ln(1+i_t^{JP})=\ln\left\{(1+i_t^{US})\dfrac{S_{t+1}^e}{S_t}\right\}$

STEP2：公式 ② を用いて $\ln(1+i_t^{JP})=\ln(1+i_t^{US})+\ln\left(\dfrac{S_{t+1}^e}{S_t}\right)$

STEP3：$\ln\left(\dfrac{S_{t+1}^e}{S_t}\right)$ を変換すると $\ln\left(\dfrac{S_{t+1}^e-S_t+S_t}{S_t}\right)=\ln\left(1+\dfrac{S_{t+1}^e-S_t}{S_t}\right)$

STEP4：$\dfrac{S_{t+1}^e-S_t}{S_t}$ は現在から将来時点への為替相場の変化率を表す予想為替変化率なので，これを s と置く

STEP5：STEP2 の式を整理すると $\ln(1+i_t^{JP})=\ln(1+i_t^{US})+\ln(1+s)$ となる

STEP6：公式 ① を使って上記の式を変換すると $i_t^{JP}=i_t^{US}+s$ となり，(2) 式が導出される

練習問題

1. 現在の為替相場が1ドル＝100円，ドル建ての米国債の金利が5%，円建て日本国債の金利が3%とします。カバーなし金利平価に基づくと，1年後の将来の予想為替相場は1ドル＝何円になりますか。

2. 1年後の将来の為替相場の予想値が1ドル＝120円，ドル建ての米国債の金利が3%，円建て日本国債の金利が1%とします。カバーなし金利平価に基づくと，現在の為替相場は1ドル＝何円になりますか。

3. 日本国内もしくはアメリカで1年間投資する投資家がいます。日本で投資すると，年率1%の金利で運用できます。一方，アメリカで投資すると，年率7%の金利で運用できるが，1年後の為替相場に対応して収益が変動します。現在の為替相場が1ドル＝110円とすると，1年後の将来の為替相場は1ドル＝90円の時，どちらの国で投資する方が利益が高くなりますか。

推薦図書

清水順子・大野早苗・松原聖・川崎健太郎（2017）『徹底解説　国際金融：理論から実践まで』，日本評論社。
短期だけでなく長期の為替相場決定理論について，丁寧に説明されています。

参考文献

岩壷健太郎（2009）「円キャリー・トレードと世界金融危機」『国民経済雑誌』，200 (5)，35-49ページ。
塩沢裕之・古賀麻衣子・木村武（2009）「キャリートレードと為替レート変動　金利変動が市場参加者のリスク認識に与える影響」『日銀レビュー』，2009-J-5。
永易淳・江阪太郎・吉田裕司（2015）『はじめて学ぶ国際金融論』，有斐閣ストゥディア。

第7章

通貨危機の理論と現実

　本章では，過去に起こった通貨危機について，第1世代モデルから第3世代モデルとよばれる通貨危機のメカニズムを解説するとともに，それらのモデルで説明される通貨危機の事例を紹介し，それらの危機を通じて見えてくる問題点や課題を取り上げることで，危機の防止策について検討している。さらに，通貨危機に対する過去の経験から，通貨危機を回避する通貨制度として，2極の解やBBCルールについて紹介し，最後に，共通通貨圏における危機についても考える。

第1節　国際金融危機とは

　国際間の金融取引によって引き起こされる危機は，通貨危機，金融危機，債務危機に大別され，それらの危機をまとめて国際金融危機とよぶ。それぞれの危機は単発で生じることも，連動して生じることもあり，密接な繋がりを指摘できるケースも多々ある。本章で主に取り上げる通貨危機とは，一般的に固定相場制において，外国為替市場で投機的な自国通貨売り圧力により短期間のうちに大幅な通貨価値の下落に見舞われ，公定レートが維持できずに大幅な切り下げを強いられるか，固定相場制自体を放棄し変動相場制へと移行せざるをえない事態を指している。金融危機とは，金融機関が破綻するなど，金融市場の問題から生じる経済危機を指し，債務危機は国内や対外債務の膨張によりその返済に窮することで生じる経済危機のことである。2007から2009年にサブプ

ライム・ローン証券の信用不安を原因として生じた**リーマンショック（世界金融危機）**や，2009年ギリシャの累積債務問題に端を発した欧州債務危機が，深刻な金融不安を伴い経済に大きな悪影響を与えたことはまだ記憶に新しい。いずれのケースも震源地の通貨に大きな売り圧力が生じ，大幅なドル安やユーロ安を引き起こし，反対に逃避通貨とされるスイスフランや日本円に大きな買いが入ることになった。

　1980年代はラテンアメリカ諸国を中心に**累積債務問題**から通貨危機が生じており，90年代以降は欧州（92-93年），メキシコ（94年），東アジア（97年），ロシア（98年），ブラジル（99年），トルコ（00-01年），アルゼンチン（01-02年）で起こっている。2009年の**欧州債務危機**ではギリシャ国債に大きな売り圧力が生じたが，それはユーロ建て債券に大きな売り圧力が生じるのと同様で，外国為替市場でのユーロの暴落は，ユーロに対する信認の低下と共にユーロを導入しているすべての国にとって自国通貨の価値を低下させ，金融システム不安を伴い**ユーロ危機**とよばれることになった。このように，通貨危機は途上国や新興国だけに限らず，先進国でも，共通通貨圏内においても起こりうる問題といえる。

　通貨危機による経済への影響は深刻で，経済活動の低下による企業収益の悪化，雇用の喪失，株価の低迷など，人々の生活に大きな悪影響を与えることになる。そのために，これまでも多くの研究がなされ，通貨危機の特徴や危機が引き起こされるメカニズム，さらに，通貨危機が他の国に波及するメカニズムなども解明されてきた。現在では，第1から第3世代モデルとよばれる通貨危機の理論と危機の伝染とよばれる他国に波及する経路や要因が，過去に起こった通貨危機を説明するのに使われている。

　また，80年代のメキシコやラテンアメリカの通貨危機とは異なり，94年のメキシコ通貨危機，97年のアジア通貨危機などは，経常収支赤字をファイナンスする形で流入していた海外資本が何かをきっかけに急激に流出することで通貨危機が引き起こされ，アジアではそれが金融危機にもつながる事態となったが，このように金融収支（2014に名称変更，旧：資本収支）が原因で通貨危機が生じることを**資本収支危機**とよび，それが金融危機を誘発し，さらに他国へと伝染するような危機は**21世紀型金融危機**とよばれている。

第2節　第1世代モデル
（ファンダメンタルズに基づく通貨危機モデル）

1. 第1世代モデルの説明

　経済学で使われるモデルとは，現実の経済的事象を単純化して描写したものであり，経済的行動の定性的な予想を導き出す理論モデルと，その理論モデルを検証し，実際の数値を用いて定量的な分析結果を導き出す実証モデルとがあるが，ここでは，通貨危機の原因やそれを引き起こす理論的な仕組みをモデルとして表現している。また，**ファンダメンタルズ**とは，経済の基礎的条件を指し，財政収支，国際収支（経常収支や金融収支），インフレ率，失業率など，一国の主要な経済指標の状況を意味している。

　クルーグマン（P. Krugman）やフラッドとガーバー（R. Flood and P. Garber）などによってモデル化された**第1世代モデル**は，固定相場制の下で財政ファイナンスを続けているとインフレ率上昇圧力に耐えきれず，いずれ固定相場制を維持できなくなることを示唆しており，通貨危機が起こるタイミングについても説明している。

　第1世代モデルの特徴は以下のとおりである。固定相場制の下，① 政府は財政赤字を拡大させている状況で，その赤字を中央銀行による政府への貸出，もしくは国債の購入という形で補填し続けている，いわば中央銀行による財政ファイナンスが行われている。② 財政支出増加によって総需要が増加する結果，インフレ率が上昇することになる一方で，固定相場制を維持するためマネーストックを一定に保つ政策を採用している。③ マネーストックを一定に保つために，国内信用（対政府信用 + 対民間信用）の増加分を中央銀行が保有する外貨準備を減少させることで市場から吸収する。これら3つの特徴が指摘される。国内信用が膨張する原因として，財政ファイナンス以外にも民間銀行の貸出増加も考えられるが，ここでは説明を分かりやすくするために政府の財政赤字拡大が国内信用の膨張原因としている。

　マネーストック（M）と国内信用（D），外貨準備（R）の関係から，中央銀行のバランスシート上にある資産と負債は，資産：$D+R$，負債：M というこ

とになる。簡単化のために，貨幣乗数を1とすると，マネーストック（M_1）＝マネタリーベース（MB_1）となり，それはまた国内信用（D_1）＋外貨準備（R_1）・為替相場（S_1）と等しくなる。ゆえに，$M_1=MB_1=D_1+R_1S_1$となる。添え字は為替相場のタイプで，1は固定相場制，2は変動相場制である。

　次に，危機が起こるタイミングを検討する際に重要となる指標，**シャドー変動為替相場**（S^*）について考える。シャドー変動為替相場は，自国の経済状況（ファンダメンタルズ）に応じて想定される為替相場で，仮に変動相場制であれば，外国為替市場での需給によって決まる為替相場と等しくなる。固定相

図表7-1　通貨危機が起こる過程とタイミング

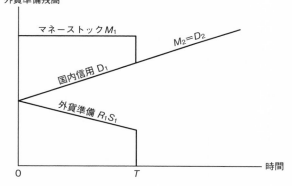

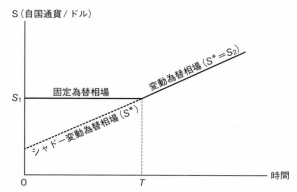

（出所）永易淳・江阪太郎・吉田裕司（2015）をもとに作成。

場制であれば，為替相場は政府や中央銀行が定める公定レート（S_1）となるが，変動相場制であれば為替相場（S^*）は市場での需給で決まることになる。したがって，購買力平価を前提とすると国内信用の増加と共に変動為替相場は上昇（自国通貨価値の下落）することから，その形状は右上がりとなる。以上の説明を図で表したのが図表7-1である。

　政府が中央銀行から必要な資金を借入れる場合，典型的な例が政府の発行する国債を中央銀行が引き受けることである（財政ファイナンス）。その場合，市場ではインフレ予想と共に自国通貨への減価（売り）圧力が掛かり，インフレ懸念の抑制と固定相場制を維持するためには，通貨当局は貨幣供給量を一定に保つ必要がある。これは市場での自国通貨売りに対して保有する外貨準備を売却する，為替介入を実施しなければならないことを意味しており，国内信用が増加する一方で貨幣供給量を引き続き一定に維持するためには，為替介入を続けなければならず，その結果，通貨当局の保有する外貨準備は徐々に減少することになる。保有する外貨準備には限りがあることから，減少する外貨準備が尽きるとそれ以降は為替介入を行えず，自国通貨の固定相場を維持することは困難となり，結果的に変動相場制に移行せざるをえなくなる。このような事態が短期間のうちに大規模に起こることが通貨危機であり，重要なのは，ではいつ危機は起こるのかというタイミングである。クルーグマンらによって提起された第1世代モデルは，このタイミングを明らかにしたことに大きな意義がある。

2.　通貨危機の起こるタイミング

　中央銀行は固定相場制を維持するために保有する外貨準備を用いて為替介入を行うが，外貨準備が尽きると固定相場制を放棄し，変動相場制に移行せざるをえなくなる。図表7-1で示されているシャドー変動為替相場は，この国が変動相場制を採用していたならば成り立つ為替相場で，それが固定相場 S_1 と等しくなる期日が T 時点である。その後は，シャドー変動為替相場で示された通貨価値の方が減価することになる。

　投機的な通貨アタックは，T 時点を迎えるや否や発生することになる。それ

は中央銀行の保有する外貨準備をすべて買い取ってしまうことを意味しており，その後は変動相場制へと移行し，為替相場は S_2 となる。

　もし，T 時点よりも前に投機家が外貨準備をすべて買い取ると，図表7-1では $S^*<S_1$ であることから，固定相場制を放棄し変動相場制に移行して成立する為替相場の通貨価値は増価することになり，投機家は逆に損害を被ることになる。よって，T 時点よりも前に投機家が通貨アタックを仕掛けることはない。

　それでは逆に，T 時点よりも後で通貨アタックを仕掛け，固定相場制を崩壊させたとすると，為替相場は $S^*>S_1$ となり大きな利益を上げることが可能なように見える。しかし，すべての投機家がその機会を完全に予想しているため，実際には中央銀行の外貨準備が枯渇するまで待つ投機家はおらず，我先に外貨準備を買い取ろうという行動に出る。T 時点より後の期日では必ず $S^*>S_1$ であるため，すべての投機家はシャドー変動為替相場（S^*）と固定相場（S_1）が等しくなる期日 T 時点で一斉に通貨アタックを仕掛け，中央銀行の保有する外貨準備は枯渇することになり，同時に変動相場制へと移行することになる。

　重要なのは，T 時点を迎えるまでは中央銀行の保有する外貨準備はまだ枯渇しておらず，T 時点での投機攻撃によって残っていた外貨準備を手に入れ，その後，その外貨を売却することで為替差益を得ることができるということである。

　第1世代モデルは，固定相場制の下，規律を失った政府の財政政策に中央銀行も財政ファイナンスという形で追随する場合，自国の国内信用の膨張による外貨準備の減少を経て，やがて通貨危機が起こりえるということを示唆している。第5章の国際金融のトリレンマで示されているように，固定相場制と整合的でない金融政策は維持することができないのである。累積債務問題から通貨危機が生じた82年のメキシコをはじめとするラテンアメリカ諸国はもとより，短期対外資本の流入によって過剰な経常収支赤字をファイナンスしていた94年のメキシコなどは，この第1世代モデルが示す危機の特徴を有している。

第3節　第2世代モデル（自己実現的通貨危機モデル）

　オブストフェルド（M. Obstfeld）によって提示された**第2世代モデル**は，先の第1世代モデルが経済のファンダメンタルズの状況によって通貨危機が引き起こされていたのとは異なり，ファンダメンタルズに何ら問題がなくとも，投資家自らが予想し，その予想にしたがって行動した結果によって，すなわち自己実現的（self-filling）に通貨危機を引き起こすことが可能なのが特徴である。そのように起こる通貨危機の本質は，①均衡点が複数存在し，②市場参加者のセンチメントや予想の変化が，突如としてある均衡点から別の均衡点へと移行させるという点にある。この均衡点の移行過程が通貨危機で，通貨危機によって，固定相場制から変動相場制へと移行するメカニズムを説明している。

　人々の予想が為替相場を変化させることは，第6章で説明されたカバーなし金利平価条件を参考にするとわかりやすい。(2) 式の右辺第2項にある為替の予想変化率の中に，投資家の将来の予想為替相場（S_{t+1}^e）が示されているが，多くの投資家が，将来，為替相場は減価すると予想するなら，当初の平価条件が成立しなくなり，市場の裁定取引を通じて瞬時に現在の為替相場（S_t）も減価することになる。その減価の幅が著しく大きなものであるなら，通貨危機になりうる。この具体的なメカニズムは以下のとおりである。

　投資家は為替相場制度に関して，固定相場制は維持されるのか，もしくは放棄されて変動相場制へ移行するのかの2つのケースを想定しているとする。ここでは固定相場制の維持でも，変動相場制への移行でも存在できる，経済学でのゲーム論の複数均衡が存在する一回限りの非協力ゲームを考える。

　このゲームに参加するプレーヤーは3人で，通貨当局と投資家2人である。2人の投資家はそれぞれある国の通貨を6単位ずつ保有しており，各投資家は，自らの考えで投機を行う（通貨を売る），または何もしない（通貨をそのまま保持）という判断を行うとする。ただし，2人の投資家は互いを競争相手とみているため，それぞれが協力し合うことはない。また，投機を仕掛けるには取引費用がかかり，その費用は通貨1単位とする。また，固定相場制のとき

は外貨1単位とある国の通貨1単位は等価値で，変動相場制へ移行すると外貨1単位に対し通貨1.5単位と，その通貨価値は50％減価するとする。要するに，投資家は費用1単位を使って通貨を売ると判断し，実際に投機を仕掛けることで通貨危機が起こり，固定相場制から変動相場制に移行した場合，移行前に1対1で売ったこの国の通貨を移行後に1対1.5で買い戻すことで，外貨1単位につきこの国の通貨で0.5単位の利益（利得）を得ることができる。ただし，この場合は取引費用を考慮すると0.5−1＝−0.5なので，この国の通貨で測って0.5単位の損をすることになる。

　もし，投資家が同時に巨額の投機を行い，通貨当局が外貨準備を失うと，固定相場制を維持できず変動相場制に移行する。もしくは，投資家は，投機を仕掛けても通貨当局は防衛可能だと投資家が判断すれば，投機を仕掛けることはなく，その場合は通貨危機も起こらず固定相場制は維持される。このように，一国の経済ファンダメンタルズに関係なく，投資家が投機を仕掛けるかどうかによって，通貨危機が起こるか起こらないかが決まることから，第2世代モデルは**自己実現的通貨危機モデル**とよばれている。

　以上のような投機の仕組み，投機によって得られる利得，投資家が保有する通貨量，通貨当局が保有する外貨準備の量など，このゲームに参加するプレーヤーが互いに互いの情報を完全に把握している状況で，通貨当局の保有する外貨準備を6，10，20と，異なる3つのケースで通貨危機が起こるかどうかを分析する。それぞれのケースでの各投資家の利得表は，図表7−2，図表7−3，図表7−4で示されたとおりである。各投資家は相手の選択を所与とし，自己の利得が最大になるように行動すると仮定する。そのような時，この行動原理に基づいて得られる両者の行動の安定的な組み合わせを**ナッシュ均衡**とよび，以下の分析では重要な要素となる。

(1) 外貨準備が6のケース

　通貨当局の保有する外貨準備が6の場合，投資家A，Bそれぞれの利得表は図表7−2のようになる。このケースでは，投資家が保持するなら利得は0である。しかし，投資家Aが保持を選択し，投資家Bが売りを選んだとすると，投資家Bは単独で固定相場制を崩壊させることができる。この場合の投資家

図表7-2　利得表（外貨準備6のケース）

		投資家B	
		保持	売り
投資家 A	保持	(0，0)	(0，2)
	売り	(2，0)	(0.5，0.5)

図表7-3　利得表（外貨準備20のケース）

		投資家B	
		保持	売り
投資家 A	保持	(0，0)	(0，−1)
	売り	(−1，0)	(−1，−1)

図表7-4　利得表（外貨準備10のケース）

		投資家B	
		保持	売り
投資家 A	保持	(0，0)	(0，−1)
	売り	(−1，0)	(3/2，3/2)

Bの利得は2（6を売って9で買い戻し，利益3から取引費用1を差し引く）
である。投資家Bが保持を選択し，投資家Aが売りを選択すると，両者の利
得は逆になる。もし，両者とも売りを選択すると，投資家2人が共に通貨3単
位ずつを使い投機を仕掛け，それぞれが利得0.5（3を売って，4.5で買い戻
し，利益1.5から取引費用1を差し引く）を得る。この場合のナッシュ均衡の
見つけ方は次のとおりである。もし投資家Bが保持を選択すれば，投資家A
は保持すれば利得は0，売却すれば利得は2なので，売りを選択する。同様に
投資家Bが売りを選択する場合，保持すれば利得は0だが売却すれば0.5な
ので，やはり売りを選択する。したがって，投資家Bがどちらを選択するに
せよ，投資家Aは売りを選択する（これを売りが支配戦略となっているとい
う）。マトリックスが対称形なので，投資家Aがどちらを選択するかにかかわ
らず，投資家Bにとっては売りが支配戦略である（あるいは投資家Bは，投

資家Aにとって売りが支配戦略であることがわかっているので，投資家Aが売却することを前提に保持するか売却するかを比較して売却を選択する）。したがって，この場合のナッシュ均衡は（売り，売り）である。

　このように，通貨当局の保有する外貨準備が少ないケースでは，他の投資家がどのような判断をしようとも，投機を仕掛ければ必ず利得が得られるため，実際に投資家は投機を仕掛けることになり，通貨危機が起こることになる。

(2) 外貨準備が20のケース

　通貨当局の保有する外貨準備が20の場合，利得表は図表7−3のようになる。投資家2人が共に保持の判断をすると，利益も損失も生じず，利得はそれぞれ0である。投資家Bは保持し，投資家Aが単独で売りを選択しても，通貨当局には外貨準備が残り，固定相場制は維持される。したがって，投資家Bの利得は0で，投資家Aの利得は費用1の分だけマイナスとなる（投資家Bのみが売りを選択する場合も同様）。投資家2人が共にすべての通貨を投じたとしても，通貨当局には8単位（20-12）の外貨準備が残ることから，固定相場制は維持されることになり，投資家2人の利得はそれぞれ取引費用1の分のマイナスとなる。(1)のケースと同様の手順で得られるナッシュ均衡は（保持，保持）の組み合わせとなる（読者は練習問題として確認されたい）。

　このように，通貨当局の保有する外貨準備が十分に大きい場合は，投資家もその情報を予め認識していることから，そもそも投機を仕掛けようとの判断はせず，通貨投機が起こることもない。

(3) 外貨準備が10のケース

　通貨当局の外貨準備が10のケースでは，投資家の利得表は図表7−4のようになる。もし，両者が保持を選択する場合，両者の利得は当然0である。しかし，もし投資家Aが保持を選択し，投資家Bが売りを選択するならば，単独で固定相場制を崩壊させることはできないので，保持を選択した投資家Aの利得は0，売りを選択した投資家Bは取引費用を負担し，1の損失を被ることになる。マトリックスが対称形なので，投資家Aが売りを選択し，投資家Bが保持を選択する場合，利得の組み合わせは逆になる。もし，両者が売りを選

択する場合，外貨準備は 10 なので，両投資家はともに 5 単位ずつ売却することによって，固定相場制を崩壊させることができる。その場合の両者の利得はそれぞれ 3/2（5 を売って崩壊後に 7.5 で買い戻し，利益 2.5 から取引費用 1 を差し引く）である。

　この場合のナッシュ均衡はどこになるだろうか。もし投資家 B が保持を選択すると，投資家 A は保持すれば利得は 0，売却すれば −1 なので，保持を選ぶ。投資家 B が売りを選択するとすれば，保持すれば 0，売却すれば 3/2 なので，投資家 A は売りを選ぶ。マトリックスは対称形なので，この場合のナッシュ均衡は，（保持，保持），もしくは（売り，売り）である。このように，外貨準備が 10 のケースであれば，他の投資家と同じ行動をとることが，最適な戦略となることがわかる。このようなケースでは，多くの投資家が，固定相場制は維持されるだろうという予想を立てれば，誰も投機を仕掛けることはなく，通貨危機も起こることはない。しかし，多くの投資家が通貨当局は防衛しきれないとの予想を立てれば，実際に通貨売りを仕掛け，通貨当局の外貨準備は底をつき，自己実現的に通貨危機が起こることになる。

　投資家 A は，B が売るなら自分も売る。B が売らないなら自分も売らない。投資家 B も同様に考えるなら，このゲームでの選択肢は，「両者とも売らない（＝固定相場制維持）」か「両者とも売る（＝通貨危機の発生）」のどちらかでしかなく，ナッシュ均衡が 2 つ（複数均衡）存在することになる。問題はこれら複数の均衡のどちらが実現するのかということであるが，その時の投資家の心理や市場のセンチメントなどが複雑に相まって，突然，投機的な攻撃が仕掛けられることもありえる。

第4節　各モデルからみた通貨危機の事例

1.　第1世代モデルの事例

（1）メキシコ通貨危機（1982 年）
　1970 年代初めまで，発展途上国への貸付は世界銀行をはじめとする国際機

関を中心に行われていたが，70 年代半ば頃から，シンジケートローンを含む先進国の民間銀行が貸付を拡大していった。その背景には，当時の世界経済が高インフレの環境にあり，名目金利が高くてもインフレ率を差し引いた実質金利は低く，途上国にとっても大きな負担なく，積極的に借入が行われたことにある。また，先進国の金融機関にとっても当時アメリカよりも高いメキシコの金利は魅力的で，政府や政府系金融機関，もしくは政府保証の付いた民間企業に貸付けることで，リスクを低く抑えた貸付として活発に行われ，メキシコの対外債務は増加していった。

　1980 年代に入るとアメリカはインフレ対策のため高金利政策を実施した。その結果，金利は上昇，インフレ率は低下し，ドル高局面を迎えることとなった。途上国への貸付は基本的に変動金利であったことから，このドル高と金利の上昇はメキシコの対外債務に対する負担を大幅に増大させることになった。そのため，1982 年 8 月，メキシコ政府は対外債務の支払い停止を宣言，固定相場制を維持できなくなるほどの大幅なペソ安となった。メキシコペソのドルに対する価値は，82 年から 83 年の 2 年間で 5 分の 1 以下にまで低下した。通貨価値の大幅な下落から，これをメキシコ通貨危機としているが，根本的な原因は積み重なる対外債務への負担に耐えられず，債務不履行に陥ったことであり，債務危機でもあった。この事例から，通貨危機と債務危機との間には密接な関連性があることがわかる。その後，ブラジルやアルゼンチンなど他のラテンアメリカ諸国を中心に，同様の問題が一気に噴出，その後，途上国の累積債務問題は大きな注目を浴びることになった。

(2) メキシコ通貨危機 (1994 年)

　先のメキシコ通貨危機の後，長らく経済は低迷していたがやがて回復し，1993 年 11 月にはアメリカ，カナダ，メキシコとの間で北米自由貿易協定 (NAFTA) が成立した。加えて，構造改革の一環として，対外投資の規制緩和や資本の自由化，国内金融部門の自由化を進め，それに伴いメキシコへの対外投資が増え，今後の輸出や生産量の増加への期待から大量の資本が流入した。しかし翌 94 年，アメリカが経済の過熱を理由に金利を段階的に上昇させたことにより，メキシコへの資本流入が一気に減少することになる。

　1991年11月からメキシコは，インフレ抑制のためクローリング・バンド制を採用していたが，内外インフレ率を下回るバンド幅に設定されており，実質的にはペソは過大評価され，その結果，経常収支が悪化し，それに伴いペソの切り下げ期待も高まっていた。適切な為替切り下げは行われないまま，経常収支の悪化は続いていたが，その赤字分はアメリカをはじめとする先進国からの証券投資を中心とする，短期資本でファイナンスされている状況であった。その短期証券は当初，セテスとよばれるペソ建ての短期国債であったが，後にテソボノスとよばれる，ペソで償還されるがドルに連動した，事実上のドル建て短期国債に置き換えられた。94年3月に与党の大統領候補が暗殺されたのを機に大量の資本逃避が生じたが，その時も為替の切り下げは行わず，テソボノスの発行増加により対応し続けていた。その結果，94年末にはテソボノスの非居住者保有残高は約170億ドルとなり，同時期のメキシコの外貨準備残高61億ドルと比べると，外貨準備残高の約3倍近くの短期対外債務を抱えていたことになる。

　メキシコへの資本流入は，94年2月のアメリカの金利引上げを機に減少し，94年後半以降はメキシコからの資本流出も激しくなり，ペソの切り下げ圧力は一層強まることになった。94年11月にアメリカが公定歩合をさらに0.75％引き上げたのを機に，短期資本のメキシコからの流出が加速，これに対抗するため12月20日，ついに政府は為替相場の15％切り下げを発表したがペソへの切り下げ圧力は止まらず，12月22日にはクローリング・バンド制を放棄し，変動相場制に移行した。93年12月末に263億ドルあった外貨準備は95年1月末には35億ドルと，約8分の1の水準にまで急減していた。この通貨危機の影響により，95年のメキシコの実質経済成長率は－6.2％。ペソの暴落に伴いインフレ率は，94年の7.1％から95年は52％まで上昇し，メキシコ経済に多大な影響を与えることになった。

　メキシコ政府が頑なに切り下げを回避していたのは，切り下げによる対外債務の負担増を嫌ってのことであったと思われるが，経常収支赤字の改善には適切な時期に適切な幅の為替相場の切り下げは重要な選択肢となる。貯蓄・投資バランスの観点からみると，当時のメキシコの財政収支は，93年は黒字，94年は若干の赤字であったが，貯蓄は少なく，生産増につながる民間投資の増加

よりも，民間消費の増加が経常収支赤字を急増させ，それを国外から大量の資本流入によってファイナンスしていた。結果的にペソの実質為替相場の過大評価は解消されず，それがまた経常収支赤字の原因となる。しかし，そのような状況を持続させることは不可能である。94年のメキシコ通貨危機は，経常収支赤字というファンダメンタルズの悪化を根本的な原因としているが，急激な資本逃避をきっかけに引き起こされた通貨危機であることから，これを**資本収支危機**とよんでいる。その後も経常収支の悪化が原因で起こる通貨危機はしばしば見受けられるようになる。また，先の事例と同様，このメキシコ通貨危機を機に，アルゼンチンなどの中南米諸国への資本流入も急減することになり，その影響は**テキーラ効果**とよばれている。

2. 第2世代モデルの事例：欧州通貨危機（1992-93年）

第1世代モデル型の通貨危機は，従来から自国経済のファンダメンタルズに何らかの問題を抱えがちな，発展途上国や新興国で起こることが多かったが，この第2世代モデルで説明される自己実現的な通貨危機は，先進国である欧州で発生し，**欧州通貨危機**（1992-93年）とよばれている。

現在ではEUの共通通貨として利用されているユーロは1999年1月に導入された。ユーロ導入以前のEUでは，欧州通貨制度（EMS）という通貨統合の前段階の枠組みの中で，為替相場メカニズム（ERM）とよばれる固定相場制を採用したが，次第にドイツマルクの役割が大きくなり，ドイツを除くEMS諸国が，実質的にはドイツマルクに対して自国通貨の価値安定を図る制度として運営されていた（詳細は第12章参照のこと）。欧州通貨危機はこの制度に参加していた，イタリアリラとイギリスポンドに対する通貨危機で，92年にイタリアとイギリスはこの制度からの離脱を余儀なくされることになり，93年には為替相場の変動幅を，一部を除きそれまでの上下2.25％から上下15％に拡大せざるをえなくなった。

欧州通貨危機の遠因は1990年7月の東西ドイツ統合にある。両ドイツが統合したことに伴うドイツの財政負担の増加から，ドイツ国内でのインフレ懸念が浮上，それを回避するために金融引締め政策を実施し，ドイツ国内の金利が

上昇した。ドイツ以外の EMS 参加国には，自国経済の悪化に伴う失業率の上昇をもたらす，このドイツの高金利政策を許容できない国があるのではとの懸念が，その後の市場の不安定要因として認識されるようになっていった。

　欧州ではさらなる経済・社会の深化を目指し，1991 年末に EC（現 EU）首脳会議で合意されたマーストリヒト条約の批准手続きが，92 年から 93 年にかけて各国で進められていた。1992 年 6 月 2 日にデンマークにおいてその批准が拒否されると，EMS では大きな動揺が見られるようになる。同年 9 月 20 日に予定されているフランスの国民投票においても批准が拒否されるのではとの憶測から，9 月 13 日にイタリアリラに対する投機が仕掛けられ，リラは ERM の中心相場を切り下げた。9 月 16 日にはイギリスポンドに対して投機が仕掛けられ，イギリスポンドは ERM から離脱，翌 17 日にはイタリアリラも離脱した。

　翌 93 年になっても ERM に対する不安は続き，断続的な投機により幾度の通貨調整も行われたが，同年 8 月 2 日に ERM の許容変動幅が大きく拡大されることになり，ようやく一連の通貨投機は収まることになる。

　欧州通貨危機は，個別通貨への投機によって ERM に参加するイギリスポンドとイタリアリラを離脱させただけでなく，通貨制度自体の信認を揺るがす通貨危機となった。イタリアリラはその後 ERM に復帰したが，イギリスポンドは復帰することなく，結果的にイギリスのユーロ導入は実現するには至らなかった。また，上下 2.25% の許容変動幅が上下 15% に変更された ERM は，固定相場制というより実質的には変動相場制に近いものとなり，そのことがその後の通貨危機を回避する要因の 1 つになったといえよう。

　イギリスやイタリアには，第 1 世代モデルで指摘されるような経済ファンダメンタルズに関する問題は抱えていなかったが，そのまま固定相場制を維持すると自国経済は悪化する一方，変動相場制に移行すれば自国通貨は減価するが経済にはむしろ望ましいとのジレンマを抱える中，投資家たちは両国経済とドイツ経済の置かれた状況の違いに着目し，そのジレンマの隙を突くように，ERM という固定相場制の維持可能性について自ら予想し，自己実現的に通貨危機をもたらしたのである。

第5節　第3世代モデル（通貨危機と金融危機の同時発生）

　第1世代モデルや第2世代モデルは，通貨危機の直接的な原因の解明や，危機の起こるタイミング，投資家の予想が危機を引き起こすメカニズムについて説明したものである。メキシコ通貨危機でもみられたが，アジア通貨危機では通貨危機と同時に金融危機も発生し，そのことが経済への打撃をより深刻なものとし，さらにはその危機が他国へと伝播したことで，東アジアの広い地域の経済に悪影響を及ぼすことになった。このことから，危機が伝染する経路や要因，通貨危機と金融危機との関連性に大きな関心が寄せられ，そのメカニズムを説明する理論として登場したのが**第3世代モデル**である。

1.　危機の伝染

　通貨危機が他国に伝染する経路についてはいくつか考えられる。大別すると，地理的要因とマクロ経済の類似性，貿易ルート，金融ルート，市場の期待などがあげられる。

(1)　地理的要因とマクロ経済の類似性

　通貨危機が伝播する場合，近隣の国々の方が伝播しやすいことが知られている。それは，地理的に近ければ，貿易や金融取引など，多くの経済交流が行われており，ある国で通貨危機が起こった場合，経済交流が盛んであればそれだけ影響も受けやすくなる。また，経済状況が似ていると，採用される危機への対応策も似てくることから，通貨危機も伝播しやすくなる。たとえば，ある国が通貨危機に際して通貨の切り下げによって対応すると，投資家はマクロ経済の類似する近隣の国も同様の対応を取るのではとの予想ができることから，通貨危機が伝播する。

(2)　貿易ルート

　貿易関係が密接な2カ国で，一方の国で通貨危機が起こり，その国の通貨が

切り下がると，価格競争力を得て輸出が増えることになる。もう一方の国では，相対的に自国通貨価値が高まることから価格競争力が低下し，経常収支の悪化に伴い外貨準備が減少，第1世代モデル型の通貨危機が起こりうる。もしくは，通貨危機が起こった国では経済が悪化することから，その国と貿易関係にある別の国の輸出需要が低迷し，経常収支が悪化することにもなる。ASEAN諸国では貿易の結びつきが強く，危機が伝播しやすい環境にあったといえる。

(3) 金融ルート

　金融に関する規制が緩和され，IT技術の発展と共に国際間の金融取引が活発化してきた経済では，先進国の投資資金が途上国や新興国に行き渡るようになる。しかしながら，1つの国に資金を集中させることはリスクを伴うことから，地理的にも幅広く資産を分散投資することが重要になる。実際，日本の低金利政策のもと，邦銀は多額の資金を東南アジアや韓国などの東アジア諸国に貸出していたが，ある国で通貨危機が起こり，その影響で経済が悪化すると，その国での貸出債権が不良債権化することにもなりかねない。同様の事態を恐れ，他の国々からも早々に投資資金を引き揚げようとすると，それが急速で巨額であればあるほど，他の国でも通貨危機を引き起こす原因になりえる。

(4) 市場の期待

　金融ルートとも重なるが，90年代半ば以降，経済のグローバル化とIT技術の発展から，世界中の至る所に投資機会が生まれ，容易に投資することができるようになった。少しでも利益を求める投資家たちは，他の投資家の動きをみて自分も同じ行動に出るという投資スタイルが広がった。たとえば，著名な投資家がある通貨を売るという動きを察知すれば，他の多くの投資家たちもそれに乗り遅れまいと，同じように通貨売りへと動き出す。それが巨額の通貨売り圧力となり，それが通貨危機を引き起こす。その後，次のターゲットを見つけては通貨売りに動くと，また同様の群衆行動が起こり，通貨危機が伝播することになる。このような群衆行動のことを**ハーディング**とよぶ。

　同じような現象で，**ウェイクアップ効果（目覚まし効果）**というものもあ

り，市場環境の突然の変化に驚くことを意味し，一部の投資家が，投資先の国や企業の成長性に疑問を抱き投資資金を引き揚げると，他の投資家もそれに気づいて一斉に投資を引き上げ，通貨危機につながることもある。

2. 事例：アジア通貨危機（1997年）

アジア通貨危機に見舞われた国々では，以前から経常収支は赤字であったが，財政収支やインフレ率など，他の経済ファンダメンタルズについては比較的良好な状態であったことから，直接的には保有する外貨準備の乏しさから自己実現的に発生した第2世代モデル型通貨危機といえる。しかし，その通貨危機の発生とほぼ同時に金融危機も発生したことと，その一連の危機が，他のASEAN，東アジア諸国に伝播したことが大きな特徴である。

危機の発端はタイである。タイはバスケット・ペッグ制を採用していたが，通貨バスケットに占めるウェイトの約8割はドルとされ，事実上，ドルに対する固定相場制であったといわれている。ヘッジファンドによる投機攻撃は1996年12月頃からしばしば起こっていたが，とりわけ97年5月の投機攻撃により，タイの通貨当局は先物で外貨準備を失うことになる。先物契約の期限を迎え外貨準備が底をつくと，7月2日，タイの通貨当局は，それまでのバスケット・ペッグ制を放棄し，管理フロート制に移行せざるをえなくなった。その後，7月11日にはフィリピンペソ，7月14日にはマレーシアリンギットが切り下がった。21日にはインドネシアルピアにも切り下げの圧力が波及したが，切り下げ圧力はそれだけに止まらず，10月には台湾ドル，香港ドル，シンガポールドルにまで波及していった。

インドネシアでは，タイの事態を参考に，10月末にはIMFとの支援交渉がまとまったが，IMFとの間で結んだ厳しい貸出条件（コンディショナリティ）は，むしろ銀行への信用不安を高め，銀行への取り付け騒ぎが起こるなど，かえって混乱に拍車が掛かることになり，11月頃からは再びインドネシアルピア，さらに韓国ウォンが大きく下落，その後およそ半年にわたり，連続かつ大幅な下落が続くことになった。通貨危機に見舞われた国々では，自国通貨の価値は危機前を基準にして98年には，インドネシア71%，韓国32%，マレーシ

ア 28％，フィリピン 28％，タイ 24％と大幅に下落し，ドル建ての GDP で測ると，インドネシアが 10 年，タイと韓国が 6 年後戻りする程の経済的落ち込みとなり，タイやインドネシア，韓国は，IMF の支援を受けることになった。

　このように，タイで発生した通貨危機は，他の ASEAN 諸国や東アジア諸国に波及する伝染効果を伴うものであった。また，これらの国々は財政収支には特に問題はなかったが，それまで順調に経済発展を遂げてきたため，民間の金融機関や企業が多額の外貨建て短期対外債務を負っていたことが，別の大きな問題をもたらすことになる。それが金融危機であった。通貨危機によって自国通貨価値が大きく下落すると，多くの金融機関が債務超過に陥り，それが金融危機を引き起こすことになった。タイやインドネシア，韓国は多額の不良債権を抱えることになり，それが経済をさらに低迷させることになった。

3.　通貨危機と金融危機との関連性

　アジア通貨危機は資本収支危機であったといわれている。資本収支危機とは，危機の原因が経常収支赤字ではなく，金融収支の赤字にあるとの考え方で，アジアの場合は，良好な経済パフォーマンスを示し始めたことで，高い投資リターンを求めて多額の資本が海外から投資される。しかも，事実上のドルに対する固定相場制であれば，投資家も為替リスクを深く考慮することなく，積極的な投資が行われた。その結果，不動産や株価の高騰など，バブル的な様相を呈しながら，当面は高い経済成長を続け，ますます投資資金が流入し，対外債務も積みあがっていくことになる。どこかで投資家が債務返済能力に懸念を抱くと，それまでの投資資金を引き揚げ始め，それがきっかけで通貨危機が発生する。これが資本収支危機とよばれ，アジア通貨危機では以下にある別の要因も加わることで，金融危機を引き起こすことにもなり，他国への危機の伝染と相まってこれを **21 世紀型金融危機** とよんでいる。

(1)　資本の自由化

　1986 年から 1995 年の 10 年間のタイ経済は，平均で 9.5％の高成長を遂げ，1990 年には IMF8 条国（経常取引に関する為替管理の撤廃）に移行した。

1993 年には BIBF とよばれるオフショア市場を開設し，事実上の資本自由化
を行った。これをきっかけに，高い投資リターンを求めて多額の海外資本が流
入するようになった。当時のタイの経済成長を支えたのは対米輸出であり，対
米依存度の高い他のアジア諸国同様，タイにとってもドルとの固定相場制は望
ましかった。外国の金融機関にとっては為替リスクなしに投資を拡大すること
ができたのである。

(2) 通貨と期間のダブルミスマッチ

　タイをはじめ通貨危機に見舞われた多くの国では，現地の金融機関が国際金
融市場から短期でドル建ての資金を借入，その資金を国内企業に長期で現地通
貨建て（タイであればバーツ建て）貸付を行っていた。この通貨（ドル vs 現
地通貨）と期間（短期 vs 長期）のダブルミスマッチが，通貨危機を機に大き
な問題をもたらす。

　まずは，通貨のミスマッチであるが，通貨危機により現地通貨の対ドル相場
が大幅に下落すると，ドルを返済するために必要な現地通貨建て支払額が大幅
に増加することになり，貸付債権の金額と見合わず，金融機関は債務超過に陥
る。

　次に，期間のミスマッチについては，経済が順調に回っていると，短期のド
ル建て債務は満期が来るたびに借り換える（ロールオーバー）ことができた
が，経済が悪化している状況では，海外投資家はこの借り換えに応じず，資金
を引き揚げることになる。現地通貨建てで貸付けた債権は長期貸しで，その回
収には時間が掛かるが，外貨建て借入は短期債務であったことから，やり繰り
がつかず，結果的に債務不履行に陥った。

　そもそも，ASEAN や東アジア諸国が自国通貨建てで借入を行うことが極め
て困難な状況が存在していた。その背景には海外の投資家は為替リスクを嫌
い，外国通貨建て債権を持ちたがらない，一種のホームバイアスが存在するか
らである。アイケングリーン（B. Eichengreen）らは，ある国が海外から自国
通貨建てで資金調達をすることができない状態にある時，その国は**原罪**を負っ
ていると指摘している。さらに，各国の「原罪」の程度を数値化したものを**原
罪指数**とよび，この数値が 1 に近いほど「原罪」の程度が高いとされている。

図表7-5　アジア通貨危機当事国の原罪指数（1993～98年）

タイ	インドネシア	マレーシア	フィリピン	韓国
0.983	0.953	0.993	0.983	1

（出所）Eichengreen, B., R. Hausmann, and U. Panizza（2005）, "The Pain of Original Sin," in Eichengreen, B. and R. Hausmann（eds.）, *Other people's Money: Debt Denomination and Financial Instability in Emerging Market Economies*, The University of Chicago Press.

図表7-6　先進国の原罪指数（1993～98年）

日本	アメリカ	イギリス	フランス	ドイツ
0.297	0.317	0.36	0.447	0.453

（出所）Eichengreen, B., R. Hausmann, and U. Panizza（2005）, 前掲書。

上の図表は，アジア通貨危機当事国の原罪指数と，先進国の原罪指数を示したものである。表にあるように，当事国は，ほとんど1に近く，韓国に至っては債務の全額が外国通貨建てであったことがわかる。一方，先進国の同値はすべて0.5以下で，日本やアメリカ，イギリスなど，自国に大きな金融・資本市場を有する国は，自国通貨建てで資金調達できる割合が高いことがわかる。

　以上の要因から，アジア通貨危機では，通貨危機が生じたと同時か，少し後になって金融危機が起こった。その関係は，金融危機から通貨危機が起こるケース，通貨危機から金融危機が起こるケース，外的な要因によって同時発生するケースなどが考えられるが，通貨危機と金融危機との関連性やそのメカニズムを分析しているのが第3世代モデルである。

第6節　危機防止への取り組み

1. 危機防止政策の課題

　これまでに紹介してきたモデルや事例から，通貨危機を回避するための政策的課題を示すことができる。

（1）良好なファンダメンタルズの維持

　通貨危機の原因となる，経済ファンダメンタルズを良好に保つことは基本である。特に，財政赤字，経常収支赤字，対外債務残高，高インフレ率など，過剰な状態を極力回避し，ファンダメンタルズ悪化の持続には特に注意が必要である。

（2）外貨準備残高の増加

　第2世代モデルで示したように，潤沢な外貨準備を保有していると投機攻撃を受ける可能性は低くなる。かつては，輸入の3カ月分といわれていたが，アジア通貨危機以降は，短期対外債務残高の100%がカバーできる程度の外貨準備額が妥当といわれている。また，危機が発生した際の流動性供給スキームとして，2000年に2国間スワップ協定の**チェンマイ・イニシアティブ**（CMI）が合意され，2010年にはマルチ化（CMIM）されている（詳しい内容は第11章を参照）。

（3）現地通貨建て投資資金の確保

　通貨危機の原因の1つに，過度のドル建て短期資金が流入することが指摘されているが，過度の「原罪」を負った状況では，短期資金の逃避による通貨危機発生の可能性は高くなる。したがって，平時から現地通貨建ての投資資金を安定的に確保し，「原罪指数」を1よりもできるだけ低く抑えることが重要となる。そのためには「アジア債券市場」の育成が不可欠で，アジアの貯蓄をアジアの長期信用につなげるための，**アジア債券市場イニシアティブ**（ABMI）が開始され，このイニシアティブの下，信用保証投資ファシリティーという債券発行を促進するための保証機能が設立されるなど，アジア債券市場の育成は着実に進んでいる。

（4）金融機関の健全性の確保

　第3世代モデルが指摘する通貨危機と金融危機との連関を断つためには，金融機関の健全性が重要となる。海外からの資金調達は短期資金（ホットマネー）に頼るのではなく，長期の借入資金を重視し，為替リスクを少なくする

ため，自国通貨建ての借入の方が安全といえる。また，金融機関の経営への健全性を計るためには，BIS規制の順守はもとより，適切な金融監督体制の整備が必要である。インドネシアでは銀行への取り付け騒ぎも起こったが，預金者保護の観点から，預金保険制度の拡充も求められる。

2．2極の解

　図表7-7は為替相場制度の分類である。1990年代の通貨危機は，中間的為替相場制度を採用している国で多発したが，カレンシー・ボード制のような厳格な固定相場制を採用している国では，通貨危機は起きなかった。そのために，通貨危機を防止できる為替相場制度は，介入を排除した自由な変動相場制か，カレンシー・ボード制やドル化のような，厳格な固定相場制の両極の為替相場制度でなければならないというのが，**2極の解**（two corner solutions）という考え方である。しかしながら，1国の経済にとって，望ましい為替相場制度は必ずしもこれら2極とは限らず，通貨制度それぞれに，メリット・デメリットがあることから，自国の経済にとって最適な為替相場を採用し，先に述べた政策的インプリケーションを上手く取り入れた政策運営を行うべきであろう。

図表7-7　為替相場制度の分類

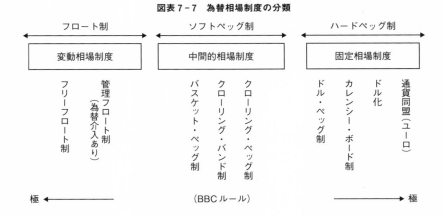

3. BBC ルール

　1990年代までは2極の解が通貨危機を回避できる為替相場制度との認識が強かったが，2000年以降は，様々な為替相場制度の下，世界各地で金融・通貨危機が発生してきたのを背景に，発展途上国や新興国は，それぞれの発展段階に応じた中間的な為替相場制度を採用することが評価されてきている。

　ウィリアムソン（J. Williamson）は，東アジア諸国は中間的な為替相場制度を採用することを提案した。それらは，バスケット・ペッグ制（Basket），クローリング・バンド制（Band），クローリング・ペッグ制（Crawling peg）であり，それらの頭文字をとって **BBC ルール** とよばれている。アジア通貨危機で露呈した，実質的には単一通貨ドルにペッグした固定相場制度は投機攻撃の対象になりやすい。バンド制であれば，基準為替相場に対する許容変動幅が設けられることから，その分だけ金融政策の自由度が保たれる。また，自国の貿易相手国通貨で構成される，バスケット通貨に対して自国通貨をペッグさせるなら，仮にドルの急激な下落が生じても，自国通貨の輸出競争力が同様に急激に下落することはなく，その影響を和らげることができる。もちろん，バスケットの構成通貨とそのウェイトは，必要に応じて見直される。基準為替相場を一定率で変化させるクローリング・ペッグ制は，ペッグ対象国とのインフレ率格差による実質為替相場の増価を是正することができる。

4. 共通通貨圏における危機

　通貨危機は基本的には固定相場制を採用している国の通貨に対して起こるが，EU で使われているユーロは，自国通貨を廃貨にした上で不可逆的に導入され，共通通貨として利用されている。そのような共通通貨を利用する国々の中で問題が起こり，それが原因で共通通貨自体に大きな売り圧力が生じることがある。2009年の「ユーロ危機」とよばれた経済危機はその一例である。

　過度の財政赤字が原因で，債務不履行の懸念から共通通貨の価値を低下させる場合，共通通貨建て債券による資金調達であれば通貨のミスマッチの問題はないが，その影響は当該国だけに止まらず，共通通貨を導入しているすべての

国々に及ぶことになる。具体的には，ユーロ建て債券であろうとも，債券発行国の経済状況に応じて利回りの格差が生じることになる。経済状況の悪化した国では債務の借り換えに対し，より高いコストを支払うか，買い手が見つからずデフォルトのリスクに直面することにもなりえる。その結果，共通通貨自体の信認を低下させ，引いては共通通貨圏の金融システムを揺るがし，金融不安の高まり，株価の低迷，雇用の悪化など，多方面において実体経済に悪影響をもたらすことになる。脆弱な金融機関が破綻するまでに及ぶなら，金融危機にまで発展することも否定できない。また，独自の通貨であれば，その発行主体である中央銀行が最後の貸し手機能を担うことになるが，共通通貨圏においては通貨発行を一元的に管理する共通の中央銀行が機動的に最後の貸し手となることは考えられず，通貨圏を構成する国々の同意の下で，何らかの救済策を講じることになる。その結果，政策に対する機動性の欠如から，経済状況がより悪化することにもなりかねない。

　それぞれ独自の通貨を使っていれば，ある程度の金融政策の自由度の下，自国経済の悪化に対して通貨切り下げなどの通貨政策で対応することができるが，金融政策の独立性がない状況では，財政政策に頼るしかなく，自国の財政に余裕がなければ，外部からの支援に頼らざるをえなくなる。そのような事態を回避するためにも，日頃から必要なサーベイランスを実施し，良好な経済ファンダメンタルズの維持に努め，ストレスチェックなどを通じた金融機関の健全性の確保，共通通貨圏内での財政も含む支援体制の構築などが必要であろう。

練習問題

1. 第1世代モデルと第2世代モデルにおける通貨危機の原因について説明してください。

2. 通貨危機を防止する取り組みについて説明してください。

3. 独自通貨をもつ国は財政破綻しないという見解があるが，日本の状況に照らし合わせて考察，議論してください。

推薦図書

Paul R. Krugman, Maurice Obstfeld, and Marc J. Melitz（2014）*International Economics : Theory & Policy*, 10th Edition, Pearson Education.（山形浩生・守岡桜訳『クルーグマン国際経済学―理論と政策 原書第 10 版（下 金融編）』, 丸善出版, 2017 年）
　本書で取り扱っている議論に留まらず, より幅広く国際金融の理解を深めることができる著書といえます。

清水順子・大野早苗・松原聖・川崎健太郎（2016）『徹底解説 国際金融』, 日本評論社。
　本書の内容に関連し, やや平易な議論も紹介されていて, 知識の積み重ねに役立ちます。

平島真一［編］（2004）『現代外国為替論』, 有斐閣コンパクト。
　本書の理解を深める上で, 違った側面からの考察も興味深く, 実務的な理解も進む著書といえます。

藤井英次（2013）『コア・テキスト 国際金融論 第 2 版』, 新世社。
　モデルの展開を含め, 少し応用的な考察を進めるうえで有益な議論が紹介されています。

参考文献

Paul R. Krugman, Maurice Obstfeld, and Marc J. Melitz（2014）*International Economics : Theory & Policy*, 10th Edition, Pearson Education.（山形浩主・守岡桜訳『クルーグマン国際経済学―理論と政策 原書第 10 版（下 金融編）』, 丸善出版, 2017 年）

清水順子・大野早苗・松原聖・川崎健太郎（2016）『徹底解説 国際金融』, 日本評論社。

永易淳・江阪太郎・吉田裕司（2015）『はじめて学ぶ 国際金融』, 有斐閣ストゥディア。

平島真一［編］（2004）『現代外国為替論』, 有斐閣コンパクト。

藤井英次（2013）『コア・テキスト 国際金融論 第 2 版』, 新世社。

第8章

国際金融市場と国際資本移動

　金融のグローバル化の進展とともに資本は世界中を移動するようになっている。本章では国境を越えて移動する資本と国際金融市場について取り扱う。国際金融市場と国際資本移動の現状を紹介した後，国際貸借・資本移動の理論，国際分散投資の効果，金融市場の開放度の指標，資本移動規制，租税回避について説明する。

第1節　国際金融市場の役割と現状

1. 国際金融市場とは

　資金余剰部門と資金不足部門が存在する場合，余っている資金を資金不足部門で用いることでより効率的に資金を活用することができる。資金の需要と供給が出会うところに金融市場が成立することになる。資金の余剰部門と不足部門が国境を越えて存在する場合，**国際金融市場**が成立する。国際金融市場では居住者と非居住者の金融取引が行われ，多くの場合外国為替取引を伴う。通信技術の革新とともに金融のグローバル化が進んだ現在，世界には多くの国際金融の中心となる国際金融センターが存在する。2020年のグローバル金融センター指標（GFCI 28）によると，第1位はニューヨーク，第2位はロンドン，第3位が上海，第4位が東京，第5位が香港，6位がシンガポールである。このような**国際金融センター**では，短期資金，長期資金，株式，債券，銀行貸

付，外国為替，金融デリバティブ商品などが扱われている。

2.　国際収支表と資本移動

　資本移動の動向は，国際収支表の金融収支に現れる。**国際収支表**とは，一定期間における一国の居住者と非居住者との間で行われた対外経済取引を記録した統計であり，対外金融資産・負債の増減に関する取引は金融収支に記録される。**金融収支**では，非居住者に対する債権を「資産」，非居住者に対する債務を「負債」として区別する。金融収支のプラス（＋）は純資産の増加，マイナス（－）は純資産の減少を示す。図表 8 - 1 は世界全体の金融収支の合計である。2008 年に大きくマイナスとなっている。これは，アメリカのサブプライムローン問題に端を発したリーマンショックおよび世界金融危機による影響である。金融収支は，直接投資・証券投資・金融派生商品・その他投資・外貨準備の 5 項目からなる。

　このうち**外貨準備**は通貨当局が外国為替介入等の目的で保有する外貨準備の変動部分であり，民間の金融取引とは異なる。**直接投資**とは，国外の企業を買収したときや国外に設備投資をすると計上される。国際収支マニュアルでは直接投資の定義を「ある国の居住者（直接投資家）が，他の国にある企業（直接投資企業）に対して支配または重要な影響を及ぼすことに関連したクロスボーダー投資」としている。具体的には，議決権 10％以上を保有する場合を直接投資と分類している。**証券投資**は，株式や債券といった証券の取引を計上している。**金融派生商品**は金融デリバティブ商品に関する取引を計上している。具体的には，オプションの売買，先物・先渡取引の売買，スワップ取引などに関する項目である。その他投資は，現・預金，銀行貸付や借入など金融収支のうち直接投資・証券投資・金融派生商品・外貨準備に当たらない項目を計上する。なお，図表 8 - 2 は世界全体の金融収支の合計の内訳である。

　金融収支の動向は，先進国と新興国・発展途上国では大きく異なる。先進国の金融収支の合計と新興国・発展途上国の金融収支の合計を示したものが図表 8 - 3 である。2007 年から 2012 年までの金融収支は，新興国・発展途上国はプラスであるのに対して先進国はマイナスである。この時期は，先進国の純資産

図表 8-1　世界全体の金融収支

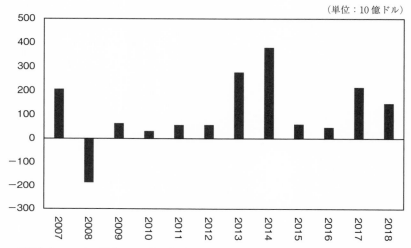

（単位：10億ドル）

（出所）International Monetary Fund. World and Regional Tables：Balance of Payments and International Investment Position by Indicator（BPM6）より作成。

図表 8-2　世界全体の金融収支の内訳

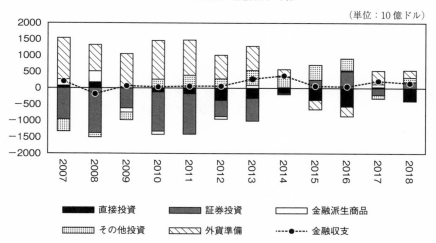

（単位：10億ドル）

直接投資　　証券投資　　金融派生商品
その他投資　　外貨準備　　金融収支

（出所）International Monetary Fund. World and Regional Tables：Balance of Payments and International Investment Position by Indicator（BPM6）より作成。

図表 8 - 3　金融収支の内訳：先進国と新興国・発展途上国

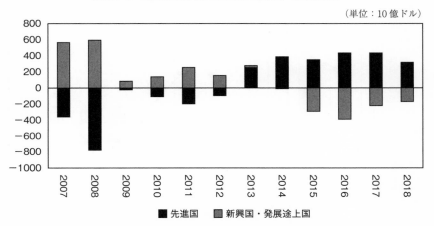

（単位：10億ドル）

（出所）International Monetary Fund. World and Regional Tables：Balance of Payments and International Investment Position by Indicator（BPM6）より。Advanced Economies および Emerging and Developing Economies の各合計より作成。

が減少し，新興国・発展途上国では純資産が増加している。このことは，先進国に資本が流入し，新興国・発展途上国から資本が流出していることを表す。一方，2013年以降は新興国・発展途上国はマイナスの傾向であるのに対して先進国はプラスとなっている。2013年以降は，先進国から資本が流出し，新興国・発展途上国に資本が流入していることを表す。なお，先進国と新興国・発展途上国の合計が図表 8 - 1 の世界全体の金融収支の合計となる。

　金融収支は外貨準備を含むため，民間部門のみの取引を反映しているわけではない。図表 8 - 4 は先進国と新興国・発展途上国の外貨準備の動向である。世界全体の外貨準備の動向は新興国・発展途上国の外貨準備の動向が大きな影響を持っていることがわかる。このことから，図表 8 - 2 の世界全体の金融収支の外貨準備からもわかる通り，2007年から2012年にかけては新興国・発展途上国の外貨準備を通じて先進国に資本が流入していることがわかる。

　外貨準備を除く民間の資本移動を見ていこう。図表 8 - 5 はグロスの資本流出を表す。**グロスの資本流出**とは，資本流出の総額という意味であり，外国に投資することによる対外資産の増加を表す。また，図表 8 - 6 はグロスの資本

図表 8 - 4　外貨準備の内訳：先進国と新興国・発展途上国

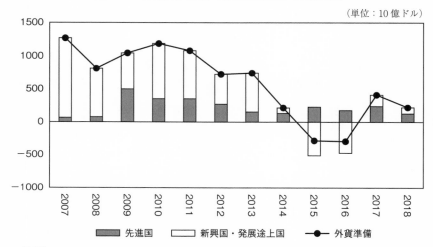

（出所）International Monetary Fund. World and Regional Tables：Balance of Payments and International Investment Position by Indicator（BPM6）より。Advanced Economies および Emerging and Developing Economies の Reserve assets の各合計より作成。

図表 8 - 5　グロスの資本流出（資産）

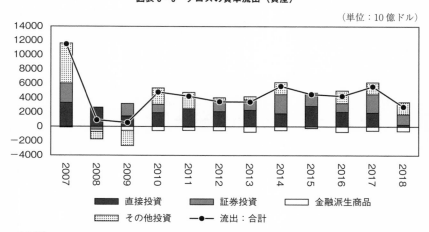

（出所）International Monetary Fund. World and Regional Tables：Balance of Payments and International Investment Position by Indicator（BPM6）より作成。

図表 8 - 6　グロスの資本流入（負債）

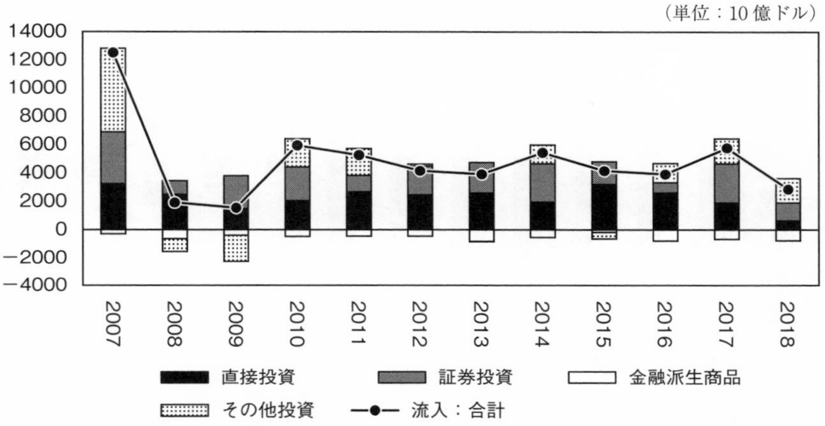

（単位：10 億ドル）

（出所）International Monetary Fund. World and Regional Tables：Balance of Payments and International Investment Position by Indicator（BPM6）より作成。

流入つまり資本流入の総額であり，外国からの負債の増加を表す。図表 8 - 5 と図表 8 - 6 を見ると，直接投資は安定的にプラスである。一方，その他投資は 2007 年には大きなプラスであったものが 2008 年と 2009 年にマイナスに転じている。世界金融危機によって金融機関が国際的な貸出や借入を大きく減らしたことを反映している。図表 8 - 5 と図表 8 - 6 を見比べると，驚くほど似ていることがわかる。資本流出も資本流入も非常に似通った動きをすることが知られている。

　図表 8 - 7 は外貨準備を除いたネットの資本移動を表している。**ネットの資本移動**は，グロスの資本流出である資産（図表 8 - 5）からグロスの資本流入である負債（図表 8 - 6）を引いた純額（net）を表している。ネットの資本移動だけに注目すると重要な情報を見逃す可能性がある。図表 8 - 5 と図表 8 - 6 を見ると，世界金融危機直前の 2007 年ではグロスの資本流入と資本流出つまり資産と負債が両建てで大きく膨らみ，世界金融危機の発生に伴い 2008 年と 2009 年は急激に縮小している。その後，2010 年にいくらか回復している。一方，図表 8 - 7 のネットの資本移動（折れ線）を見てみると，2007～2010 年は

図表8-7　ネットの資本移動（外貨準備除く）

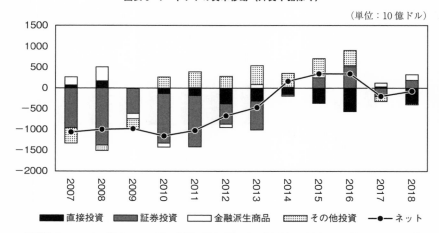

（単位：10億ドル）

■ 直接投資　■ 証券投資　□ 金融派生商品　▨ その他投資　●─ ネット

（出所）International Monetary Fund. World and Regional Tables：Balance of Payments and International Investment Position by Indicator（BPM6）より作成。

横ばいの傾向となっており，資本流入と資本流出つまり資産と負債が同時に動くことで相殺されてしまう。そのため，ネットの資本移動だけでなく，グロスの資本移動に注目することも重要である。

第2節　異時点間取引と国際貸借

1.　異時点間取引

　国際貸借が存在するとどのようなメリットがあるのだろうか。結論からいうと，外国からの借り入れや外国への貸し出しを行うことが可能となり，異時点間における消費の組み合わせを最適化することができるのである。

　国際貸借の説明の前にある個人の貸借の例から考えよう。この個人は今期（第1期）と来期（第2期）の2期間しか生きないとする。初期時点では貯蓄も借金もなく，来期の最終時点では遺産として財産も借金も残さないとする。簡単化のために金利をゼロとする。この2期間しか生きないある個人は今期の

所得が50万円，来期の所得が150万円であったとする。今期の所得は来期に比べて低く，来期は今期に比べて所得が高い状況である。仮にこの個人が1期目の今期に100万円を支出したいと思っていた場合，手持ちの資金が今期の所得の50万円しかないため，今期は50万円しか支出することができない。つまり，今期の支出の上限は今期の所得50万円に制限されることになる。もしも外部から50万円を借り入れることができれば，今期の所得50万円と借入50万円を合わせて100万円を支出することが可能となる。来期に150万円の所得から50万円を返済し，今期の支出100万円，来期の支出100万円と各期の支出を平準化することも希望すれば可能となる。

　しかし，借り入れができなければ，この個人は今期50万円を支出し，来期150万円を支出するという組み合わせしか選択できない。この個人は今期に希望していた支出水準100万円を断念するしかない。この個人は今期に過度に貧しい生活をして，来期に過度に裕福な生活を送ることになる。仮にこの個人が今期150万円を支出することを希望している場合であっても，貸借が可能な場合は今期100万円の借り入れを行うことで今期150万円を支出し，来期の所得150万円から100万円を返済し来期に50万円支出するという組み合わせも選択可能となる。貸借が可能になると今期と来期の支出の様々な組み合わせを選択可能になる。もちろん，今期借り入れを行った場合は来期返済する必要があり，返済可能な範囲で借り入れを行うある必要がある。また，実際は利子をつけて返済する必要がある。今期の支出が所得より低い場合はどうなるであろうか。利子が存在する場合は，今期余った資金を貸し出すことで利子を稼ぐことが可能となり，来期により多くの支出が可能となる。貸借が可能になることで，今期と来期の支出のバランスを調整することができるようになる。教育ローンに例えるならば，所得が低い学生時代に学費等を借り入れし，社会人になり所得が高くなってから返済することが可能になるようなものである。

2. 国際貸借がない場合

　国際貸借の話に戻ろう。ある国の今期（第1期）の所得が50，来期（第2期）の所得が155であるとする。この国も2期間のみ存在する場合を考え，初

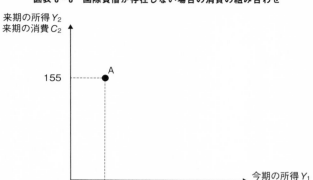

図表8-8　国際貸借が存在しない場合の消費の組み合わせ

期時点では貯蓄も借金もなく，来期末の最終時点では借金も遺産として財産も残さないとする。記号を使って今期の所得を Y_1 と表し，第2期である来期の所得を Y_2 と書くことにしよう。つまり，$Y_1=50$ であり，$Y_2=155$ である。今期の所得が低く，来期の所得が高いという傾向は成長著しい発展途上国ではよくあることである。

　また，支出は消費のみで構成されるとし，記号を使って今期の消費を C_1 と表し，来期の消費を C_2 と表す。たとえば，今期の消費が50であるときは $C_1=50$，来期の消費が155であるときは $C_2=155$ と書くことにする。ある国の今期の所得が $Y_1=50$，来期の所得が $Y_2=155$ であるとき，国際貸借がなければ一国全体の各時点の所得と同じ水準で消費を選択するしかなく，今期の消費が $C_1=50$，来期の消費が $C_2=155$ という組み合わせを選択することになる。つまり，今期は所得が50しかないため，50しか消費できないのである。

　図表8-8は国際貸借のない場合における今期の所得 Y_1 と来期の所得 Y_2 を図示したものである。横軸に今期の所得，縦軸に来期の所得を取っている。今期の所得は50，来期の所得は155であるため，図表8-8の点Aが所得の組み合わせを表している。国際貸借が存在しない場合には，選択可能な消費の組み合わせは点Aであり，今期の消費50，来期の消費155という組み合わせしか選択できない。

3. 国際貸借がある場合

　国際貸借が可能になり，外国から借り入れができる場合を考えよう。金利を r で表し，ここでは 10% であるとする（$r=0.1$）。借り入れが可能になると，外国から今期 50 を借り入れし，来期に借入 50 に 10% の利子 5 を加えて 55 を返済するという選択も可能となる。すると，今期の所得 50 に借入 50 を合わせた 100 を今期に消費し，来期は所得 155 から返済 55 を引いて 100 を消費することも可能である。

　図表 8-9 を用いてこの消費の組み合わせをみていこう。国際貸借が存在する場合でも今期と来期の所得の組み合わせは所与で点 A で同じである。一方，今期 100 を消費し，来期 100 を消費する組み合わせの場合，図表 8-9 の点 B で表される。横軸に注目すると，今期の所得 Y_1 は点 A の 50 であり，今期の消費 C_1 は点 B の 100 であり，この消費と所得の差 50 が今期の借入を表している。縦軸に注目すると，来期の所得 Y_2 は点 A の 155 であり，来期の消費 C_2 は点 B の 100 である。この来期の消費と所得の差が来期の返済 55 を表している。このように，国際貸借が可能になると点 A だけでなく点 B という消費の組み合わせも選択可能になることがわかる。

　今期の貯蓄を S という記号であらわすことにする。貯蓄 S は今期の所得 Y_1 から今期の消費 C_1 を引いたものであるため，$S=Y_1-C_1$ である。この貯蓄が

図表 8-9　国際貸借が存在する場合の消費の組み合わせ

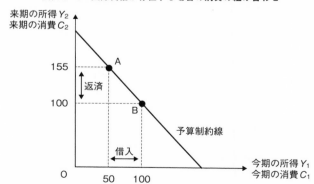

プラスである場合は貸し出し，マイナスである場合は借り入れを意味する。今期の所得が $Y_1=50$，今期の消費が $C_1=100$，という組み合わせを記号であらわすと，この国の今期の貯蓄 S は $Y_1-C_1(=50-100)$ より -50 となる。ここでのマイナスは所得以上に消費していることを表しており，借入が 50 であることを意味している。つまり，今期は所得が 50 にもかかわらず 100 を消費するため，借入を 50 行っている。

第 2 期目の来期はどうなっているであろうか。来期の所得は $Y_2=155$ であり，借り入れた Y_1-C_1 に利子をつけて返済し $Y_2+(1+r)(Y_1-C_1)$ が第 2 期に使用可能な資金となる。もしも第 1 期に借り入れではなく貯蓄を行っていた場合には第 2 期に貯蓄が $1+r$ 倍になって増えている。この第 2 期に使用可能な資金分だけ第 2 期に消費することができる。よって，第 2 期の消費 C_2 は $C_2=Y_2+(1+r)(Y_1-C_1)$ または $C_2=Y_2+(1+r)S$ となる。つまり，ここまでの数値例を代入すると

$$
\begin{aligned}
C_2 &= Y_2+(1+r)(Y_1-C_1) \\
&= 155+(1+0.1)(50-100) \\
&= 155+1.1\times(-50) \\
&= 155-55 \\
&= 100
\end{aligned}
$$

より，来期の消費は $C_2=100$ となる。ここで出てきた以下の式

$$
C_2=Y_2+(1+r)(Y_1-C_1) \tag{1}
$$

は**異時点間の予算制約式**とよばれる。この式は今期の所得 Y_1 と来期の所得 Y_2 および金利 r が与えられたとき，消費可能な C_1 と C_2 の組み合わせを表したものである。この (1) 式の予算制約式に今期の所得 $Y_1=50$，来期の所得 $Y_2=155$ および金利 $r=0.1$ を代入すると

$$
C_2=155+(1+0.1)(50-C_1)
$$

と書ける。この式を整理したものが下記の (2) 式である。

$$C_2 = 210 - 1.1C_1 \tag{2}$$

この予算制約式を図示すると図表 8-9 の右下がりの直線になる。縦軸の切片が 210 であり，C_1 の前の係数は傾きを表しておりマイナスであるため右下がりとなっている。今期の消費 C_1 を増加させると来期の消費 C_2 は減少し，今期の消費 C_1 を減らすことで来期の消費 C_2 を増やすことができるというトレードオフの関係となっている。予算制約線の傾きは金利 r の大きさによって変わってくる。予算制約線は今期の所得 Y_1 と来期の所得 Y_2 および金利 r が与えられたとき，消費可能な C_1 と C_2 の組み合わせを表したものであるため，この予算制約線上の点は国際貸借が可能になると選択可能である。

4.　効用最大化と国際貸借

　この国の**代表的個人の効用関数**が下記の式で表される例を考える。

$$U = \sqrt{C_1} + \beta\sqrt{C_2} \tag{3}$$

効用 U は満足度を表し，効用 U が大きいほど満足度が高いことを意味する。効用は今期の消費 C_1 と来期の消費 C_2 から得られ，各期の消費の平方根の合計からなる。今期の消費または来期の消費が大きければ大きいほど大きな満足を得ることを意味している。(3) 式の効用関数では，**平方根（ルート）**をとっているため，今期の消費が 1, 2, 3, 4, … と増えていった場合に今期の消費からの効用が 1, $\sqrt{2}$, $\sqrt{3}$, 2, … と増加するが，徐々に効用の増加幅は小さくなる。1 個目の消費は 2 個目の消費よりも効用の増加が大きく，2 個目の消費は 3 個目の消費よりも効用の増加が大きい。

　ビールに例えると，1 杯目のビールは 2 杯目のビールよりおいしいという効用関数を仮定している。各期によりたくさんの消費ができれば効用は高い。ただし，単純に今期と来期の消費の平方根を合計するのではなく，来期の消費を β だけ割り引いて足し合わせている（$0 < \beta < 1$）。この β は**主観的割引率**とよばれ，今期の消費と来期の消費を比較すると今期の消費を重視し，来期の消費を割り引いている。全く同じ量を消費するのであれば，来期よりも今期のほうが

図表 8 - 10　第 1 期の消費と効用

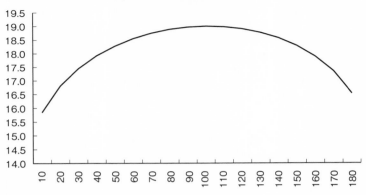

（注）横軸は第 1 期の消費 C_1,　縦軸は効用水準 U である。

満足度は高いことを意味する。主観的割引率を $\beta=0.9$ とした数値例を用いて
この効用関数を最大にする消費の組み合わせを見ていこう。主観的割引率を
$\beta=0.9$ とすると，効用関数は

$$U=\sqrt{C_1}+0.9\sqrt{C_2} \tag{4}$$

となる。この（4）式に予算制約式 $C_2=210-1.1C_1$ を来期の消費 C_2 に代入す
ると，この数値例における効用関数は

$$U=\sqrt{C_1}+0.9\sqrt{210-1.1C_1}$$

という形であらわすことができる。この式の今期の消費 C_1 に様々な数値を代
入してみた結果が図表 8 - 10 である。エクセル等の表計算ソフトを使って各自
で計算してみてほしい。図表 8 - 10 の横軸は第 1 期の消費 C_1,　縦軸は効用水
準 U である。今期の消費が 100 となったときに効用が最大となっていること
がわかる。なお，厳密にはぴたりと 100 ではなく，本章では小数点以下を切り
捨てている。今期の消費 C_1 が 100 のとき，予算制約より来期の消費 C_2 も 100
となるため，これらを（4）式に代入すると

$$U=\sqrt{100}+0.9\sqrt{100}=19$$

となり，効用の水準は 19 となることがわかる。図表 8-10 を見ると今期の消費が 100 のところで効用水準が 19 で最大値になっていることがわかる。各時点の所得と同じ水準の消費しかできないという国際貸借が存在しない場合の効用の水準を考えてみよう。国際貸借が存在しない場合には，図表 8-8 および図表 8-9 の点 A における消費を選択するため，今期の消費が $C_1=50$，来期の消費が $C_2=155$ という組み合わせとなることを前述した。この数値を（4）式の効用関数に代入すると

$$U=\sqrt{50}+0.9\sqrt{155} \fallingdotseq 18.28$$

となり，国際貸借が存在する場合の効用水準 19 より低いことがわかる。図表 8-10 の横軸が $C_1=50$ のあたりを見ると効用が 18 あたりの水準になっていることがわかるだろう。このように，国際貸借がある場合のほうが国際貸借が存在しない場合よりも効用水準が高くなるのである。

　予算制約線と効用最大化について図表 8-11 を用いてみておこう。効用水準が最大値の 19 になるような今期の消費 C_1 と来期の消費 C_2 の組み合わせを図示したものが図表 8-11 の無差別曲線と呼ばれる曲線である。この数値例では，（4）式の効用関数の U に 19 を代入し

$$19=\sqrt{C_1}+0.9\sqrt{C_2}$$

として，この式を満たすような C_1 と C_2 の組み合わせである。効用の水準を一定に保つ場合，今期の消費を増やすと来期の消費を減らすことで効用を一定に保つことが可能である。その組み合わせを図示したものが無差別曲線である。無差別曲線は右上にシフトすればするほど効用が高くなるという性質がある。予算制約のもと，効用を最大にするように今期の消費 C_1 と来期の消費 C_2 の組み合わせを選択する場合，無差別曲線が予算制約線と接する点 B が効用を最大にする消費の組み合わせとなる。

　国際貸借が存在しない場合の無差別曲線は点 A を通る図表 8-12 のようになる。国際貸借がない場合の無差別曲線は，国際貸借がある場合の点 B を通る無差別曲線より左下に存在することになり，効用水準が低くなる。先にみたように国際貸借が存在しない場合の効用の水準は約 18.28 であった。予算制約

図表8-11　効用最大化

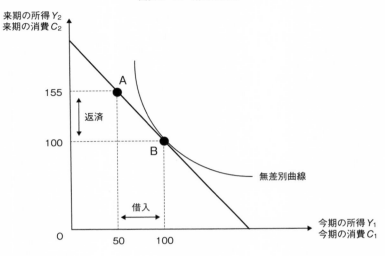

線を所与としたとき，国際貸借が存在しない場合の点Aにおいて効用が最大
になるのは，点Aにおいて無差別曲線と予算制約線がたまたま接するような
効用関数の形状をしている場合のみである。国際貸借が可能になることで各期
の所得水準に縛られることなく，より良い消費の組み合わせを選択できるよう
になり，効用が増加するのである。

　貿易との関連もふれておこう。この国がパイナップルだけを生産しており，
所得として生産したパイナップルを得ているとしよう。第1期目にパイナップ
ルを50個生産していたとしよう。このパイナップル50個がこの国の所得とな
る。仮に第1期にパイナップルを100個消費しようと思うと，国内では50個
のパイナップルしかないため外国から50個のパイナップルを輸入する必要が
ある。外国もタダでパイナップルを50個くれるわけでない。来期に利子をつ
けて返す必要がある。つまり，パイナップル50個を輸入するということはパ
イナップル50個を外国から借りていることを表している。来期にパイナップ
ルが155個生産できる場合，利子をつけて55個のパイナップルを来期に返済
する必要がある。

　このようにパイナップルの貸し借りが可能であると毎期安定的にパイナップ

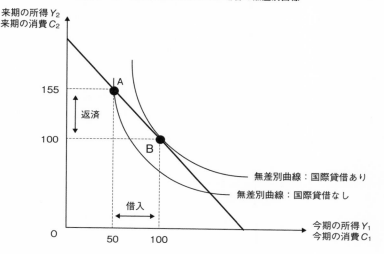

図表 8-12　国際貸借が存在しない場合の無差別曲線

ルの消費が可能になる。パイナップルの貸借ができない場合には，図表 8-12 の点 A のように今期は 50 個消費し，来期は 155 個消費することになる。第 1 期にパイナップル 50 個を輸入するということは借り入れと関連しており，貿易と国際貸借には関連があることも指摘しておく。

第 3 節　国際資本移動に関するいくつかのトピック

1. マクドゥガル・モデル

　異時点間取引の考え方の他に資本移動の理論として**マクドゥガル・モデル**がある。マクドゥガル・モデルでは，資本が豊富な A 国と資本が不足している B 国が存在する。簡単化のために，この A 国と B 国は保有している資本の量以外は全く同じ条件の国としよう。投資を行う際，たくさんある投資案のうち収益率が高い案件から順番に実行していくと考えられる。つまり，持っている資本を使って最初に投資する場合，一番収益率の高い案件に投資する。1 回目

の投資を行った後にまだ資本が残っており2回目の投資を行う場合，2番目に高い収益率の案件に投資する。2回目の投資を行った後にまだ資本が残っており，3回目の投資を行う場合は3番目に収益率が高い案件に投資する。

　このように，収益率が高い順に投資を実行すれば多くの投資を行うほど収益率は下がってくることになる。追加的に資本を使ったときに収益率が下がっていくことを収穫逓減の法則という。このことから，資本を多く保有している国では資本の収益率が低く，資本が少ない国では資本の収益率が高くなる。

　当初，資本移動がないとする。資本を多く保有している A 国では資本の収益率が低く，資本が少ない B 国では資本の収益率が高い。このように収益率の格差が国際間で発生する。資本移動が可能になると，収益率が低く資本を豊富に保有する A 国は資本が不足し収益率の高い B 国で運用する誘因が起こる。資本移動が可能になると，A 国から B 国に徐々に資本移動が発生する。その結果，A 国内で運用される資本は国外に流出することで減少し収益率が上昇する。一方，資本が流入した B 国では収益率が下落する。両国の収益率が等しくなる水準で資本移動は止まり，最終的な資本移動の数量が決定される。資本は，資本の豊富な A 国から資本不足の B 国へ移動する。それによって，A 国が当初保有する資本を A 国内で低い収益を得るような投資案の代わりに B 国のより高い収益を得る投資案が実行可能になることでより効率的になる。

　収益率の観点から見ると，収益率の低い国から収益率の高い国に資本が移動する。金利を例にとると，金利の低い国から金利の高い国へと資本は移動する。資本が余っている国では金利が低くなりがちであり，資本が不足している国では金利が高くなりがちである。最終的な収益率は A 国よりは高く B 国よりは低い水準の世界水準の収益率が決定される。

2．国際分散投資

　国際分散投資に関する資本移動も考えることができる。ある1国に集中投資を行うとその国特有の変動にさらされるため，いろいろな国に分散投資をすることでリスクを低減しより安全に運用することが可能となる。たとえば，全財産を1社の株に投資した場合その企業が倒産すると無価値になるが，複数の株

式に分散投資を行っておけばすべてを失う可能性は低い。同様に，資産をドル，ユーロ，日本円など様々な資産に分散しておくことでより安全に運用することができる。

　ここで**リスク**と**リターン（収益）**についてコイン投げの例を用いて分散投資の効果を説明しよう。次のような2つの賭けを考える。

賭けA：コインを投げて表が出たら +10 万円，裏が出たら −10 万円をもらえる。
賭けB：コインを投げて表が出たら +100 万円，裏が出たら −100 万円をもらえる。

AとBの賭けのリターンはどのように考えるとよいだろうか。また，AとBの賭けのうち，どちらがよりリスクが高いだろうか。コインにゆがみがない場合，表と裏は半々の確率で出る。賭けAの場合，表が出る確率は50%で +10 万円，裏が出る確率は50%で −10 万円である。リターンの指標として期待値が用いられる。それぞれの**期待値**は下記のとおりである。

賭けAの期待値＝表が出る確率×表が出たときのリターン
　　　　　　　　＋裏が出る確率 × 裏が出たときのリターン
　　　　　　　＝0.5×10＋0.5×(−10)＝0
賭けBの期待値＝表が出る確率×表が出たときのリターン
　　　　　　　　＋裏が出る確率×裏が出たときのリターン
　　　　　　　＝0.5×100＋0.5×(−100)＝0

どちらの賭けも期待値はゼロであることがわかる。これらの賭けの期待リターンを記号で表してみよう。リターンの期待値を $E(R)$，表が出る確率 p_1，裏が出る確率 p_2，表が出たときのリターン R_1，裏が出たときのリターン R_2 とすると，

$$E(R)=p_1R_1+p_2R_2$$

と表せる。それでは，賭けAと賭けBではどちらのリスクが高いように感じるだろうか。100万円の損得をする賭けBの賭けのほうがリスクが高いように感じるのではないだろうか。リスクの大きさの指標があると便利である。なぜ

賭けBのほうがリスクが大きいと感じるのだろうか。賭けAと賭けBの違いは，賭けBのほうが期待値0から大きく外れる，つまり散らばりが大きい。散らばりの指標として，有名なものに分散がある。

　賭けAの散らばりを考えてみよう。賭けAの期待値は0である。賭けAに参加すると，ゼロを中心に＋10万円または－10万円の散らばりがある。つまり，期待値のゼロを基準にプラスかマイナスに10だけ散らばる。期待値を基準に，確率50％で＋10だけ散らばり，確率50％で－10だけ散らばるため，散らばりの指標として $0.5(+10-0)+0.5(-10-0)$ というものがまず考えられる。しかし，このままではプラスの散らばりとマイナスの散らばりが相殺しあってしまう。どちらも10だけ期待値から外れているが，相殺しないように2乗することで分散という指標を作る。

賭けAの分散＝表が出る確率×(表のリターン－期待値)^2
　　　　　＋裏が出る確率×(裏のリターン－期待値)^2
　　　＝$0.5×(10-0)^2+0.5×(-10-0)^2=100$
賭けBの分散＝表が出る確率×(表のリターン－期待値)^2
　　　　　＋裏が出る確率×(裏のリターン－期待値)^2
　　　＝$0.5×(100-0)^2+0.5×(-100-0)^2=10000$

このようにすることで，**分散**というリターンの散らばりの指標が得られる。賭けBの散らばりのほうが大きいことが分かる。分散は2乗して指標を作っているため，単位が2乗になっている。そこで，正の平方根を取って単位をもとの単位に戻したものを標準偏差という。現代の証券投資理論では，リスクの指標として標準偏差が用いられる。**標準偏差**とは分散の正の平方根を取ったものである。つまり，賭けAの標準偏差は10，賭けBの標準偏差は100である。この標準偏差は，期待値からどのくらい外れるかをあらわしている。大きく外れる場合は標準偏差が大きく，リスクが大きい。逆に，標準偏差が小さい場合は期待値からあまり大きく離れないため，リスクが小さい。これらの賭けの分散 $V(R)$ および標準偏差 $\sigma(R)$ を記号で表してみよう。リターンの期待値を $E(R)$，表が出る確率 p_1，裏が出る確率 p_2，表が出たときのリターン R_1，裏が出たときのリターン R_2 とすると，

$$V(R)=p_1[R_1-E(R)]^2+p_2[R_2-E(R)]^2$$

と表せる。標準偏差は

$$\sigma(R)=\sqrt{p_1[R_1-E(R)]^2+p_2[R_2-E(R)]^2}$$

である。まとめると，リターンの指標は期待値を用い，リスクの指標には標準偏差を用いる。

　次に分散投資の効果を見て行こう。次のような2つのコイン投げの賭けを考えよう。

賭けC：コイン1枚を投げ，表が出れば +200 万円，裏が出れば -200 万円を
　　　　もらえる。

賭けD：コインを2枚投げ，表1枚につき +100 万円，裏1枚につき -100
　　　　万円もらえる。つまり，2枚とも表が出ると +200 万円，2枚とも裏
　　　　が出ると -200 万円，表が1枚で裏が1枚のとき0円もらえるとす
　　　　る。

　賭けCは賭けBの金額を二倍にしたケースである。賭けDはコインを2枚投げ，コインの表1枚につき +100 万円，裏1枚につき -100 万円をもらえるという賭けである。賭けBを2枚のコインで同時に行う場合である。このような賭けのリターンとリスクは同じだろうか。それぞれの期待リターンを考える。まず，賭けCの期待値を計算してみよう。50％の確率で表，50％の確率で裏が出るため

賭けCの期待値＝表が出る確率×表が出たときのリターン
　　　　　　　　＋裏が出る確率×裏が出たときのリターン
　　　　　　　＝0.5×200+0.5×(-200)＝0

となる。一方，賭けDの場合，コイン投げの組み合わせとして（表，表），（表，裏），（裏，表），（裏，裏）の4通りである。つまり，各組み合わせが発生する確率は 1/4 であり，25％である。そこで，

賭けDの期待値＝2枚とも表が出る確率×2枚とも表が出たときのリターン

　　　　　　＋1枚ずつ表と裏が出る確率

　　　　　　×1枚ずつ表と裏が出たときのリターン

　　　　　　＋2枚とも裏が出る確率×2枚とも裏が出たときのリターン

　　　　　＝0.25×200＋0.5×(0)＋0.25×(－200)＝0

となる。どちらの賭けも期待値はゼロであることがわかる。

　次にリスクをみていこう。賭けCの分散は，次のようになる。

賭けCの分散＝表が出る確率×(表のリターン－期待値)^2

　　　　　　＋裏が出る確率×(裏のリターン－期待値)^2

　　　　　＝0.5×(200－0)2＋0.5×(－200－0)^2＝40000

また，賭けDの分散は，

賭けDの分散＝2枚とも表が出る確率

　　　　　　×(2枚とも表が出たときのリターン－期待値)^2

　　　　　　＋1枚ずつ表と裏が出る確率

　　　　　　×(1枚ずつ表と裏が出たときのリターン－期待値)^2

　　　　　　＋2枚とも裏が出る確率×(2枚とも裏のリターン－期待値)^2

　　　　　＝0.25×(200－0)^2＋0.5×(0－0)^2＋0.25×(－200－0)^2＝20000

となる。賭けCのリスク（標準偏差）は$\sigma(R)=\sqrt{40000}=200$であり，賭けD
のリスクは$\sigma(R)=\sqrt{20000}=141.4214$である。このことから，賭けDのリスク
のほうが小さい。つまり，1枚のコインに集中的に2倍賭けるよりも2枚のコ
インに分散してそれぞれ賭けるほうが分散や標準偏差が小さくなる。これを分
散投資のリスク低減効果という。ウォール街には，「1つのカゴにすべての卵
を盛るな」という相場格言がある。1つのカゴにすべての卵を入れておくと，
落としたときにすべて割れてしまうため，いくつかのカゴに分散しておきなさ
いということである。

　一般に株式投資などでも，複数の株式を組み合わせて保有するポートフォリ
オを保有した方が，リスクが小さくなる。投資機関は世界の様々な金融商品に

分散投資を行っている。たとえば日本の年金基金を運用する**年金積立金管理運用独立法人（GPIF）**は2020年6月末において約164兆円の資産を運用しているが，国内債券に26.33%，外国債券に21.81%，国内株式に24.37%，外国株式に27.49%の割合で分散投資を行っている。我々が将来受け取るであろう年金もこのように国際分散投資を行いながら運用されている。

3. 金融市場の開放度

　金融市場の開放度の指標として Chinn-Ito Index という指標（以下，KAOPEN）がある。この指標は IMF の「為替取決および為替管理に関する年次報告書」から対外取引の規制に関する4つの項目をもとに作られた指標であり，KAOPEN は開放度が高いほど数値が大きくなる指標となっている。図表

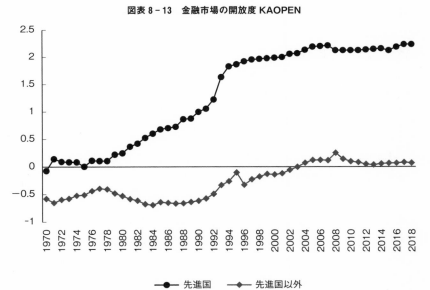

図表 8 – 13　金融市場の開放度 KAOPEN

━●━ 先進国　　━◆━ 先進国以外

（出所）Chinn and Ito（2006）をもとに作成。Chinn, Menzie D. and Hiro Ito（2006）．"What Matters for Financial Development? Capital Controls, Institutions, and Interactions," *Journal of Development Economics*, Volume 81, Issue 1, Pages 163-192（October）. http://web.pdx.edu/~ito/Chinn-Ito_website.htm　2020年10月1日アクセス。

8-13 は 1970 年から 2018 年までの先進国の KAOPEN とその他の国（新興国および途上国）の KAOPEN の指標の平均値を図示したものである。金融市場の開放度の指標は徐々に上昇し，開放度が高くなっていることがわかる。特に先進国では 1980 年代から 1990 年代にかけて急激に上昇している。新興国および途上国といった先進国以外の国では先進国と比較すると開放度が低いことがわかる。

4.　資本移動規制と租税回避

　ここまでの内容から資本移動は国際的に資本をより効率的に用いることで望ましい点を紹介してきた。資本移動の利点のみを考えると，すべての国が**資本移動の自由化**を目指すべきであることになる。しかし，資本移動にも負の側面があることを最後に取り扱いたい。資本移動は変動が激しく，1994 年メキシコ通貨危機，1998 年東アジア通貨危機といったいくつもの危機を引き起こしてきた。資本移動は好況時に資本流入が起こりやすく，資本流入によって景気の過熱を引き起こす。景気が悪くなると，資本流入から資本流出へ反転しさらなる景気悪化や金融危機の引き金になる。資本市場の自由化の拡大は，金融およびマクロ経済の不安定性を増大させる可能性がある（Erten et al. 2019）。途上国や新興国は相対的に経済の規模が小さいため，先進国の影響を受けやすい。たとえばアメリカが金融緩和を行うと米国で投資が活発となり，その投資資金の一部が途上国や新興国に流入する。市場規模の小さい途上国や新興国にとって，アメリカからの資本流入は大きな影響を持ち国内の金融市場をかく乱する。

　途上国や新興国は金融政策によって自国経済のコントロールをすることが難しくなる。国外からの資本流入で自国経済が過熱した場合，金利を引き上げて景気を引き締めようとすると，高金利によってさらに資本流入が起ってしまい景気が過熱することもある。資本流入を減少させるために金利を下げると金融緩和により国内景気が過熱することになる。金融政策によって金利を上げても下げても対処できなくなる。そのような状況では，資本流入を減少させる政策として資本規制が存在する。資本規制は資本移動による効率的な資源配分を阻害することになるため望ましくないと考えられるが，IMF が限定的に支持す

るなど近年再評価されている。

　資本規制とは具体的には外国からの投資に対する課税や外国からの投資に1年間の保有義務を課すなどの何らかの制限をすることである。

　投機的な外国為替取引抑制を目的として1978年にトービン（J. Tobin）が提唱した**トービン税**が有名である。トービン税とは外国為替の売買に対して低率の通貨取引税を課すという考え方である。このような課税をすることで短期的な売買は取引をするたびに毎回税金を払うこととなり抑制されると考えられる。トービン税の導入には世界で同一水準の課税をする必要があり，国際課税の問題がかかわってくる。仮に東京の外国為替取引だけに課税したとしてもニューヨークで取引すればよく，1国のみで導入しても意味がないのである。しかし，世界で同一水準の課税というのは租税回避地が存在するため非常に難しい。**租税回避地**とは課税がないまたは非常に低率である国や地域である。税率を下げることで企業や取引を国外から誘致することができるという国家間の租税競争が存在するため，世界で同一水準の課税の導入を難しくしている。日本の金融収支においてもケイマン諸島など租税回避地が重要な役割を果たしている。また，多国籍企業はこの租税回避地を巧みに用いている。多国籍企業の租税回避地の利用について浅野敬志の見解を引用しよう。

　「近年，多国籍企業による過度な利益移転が問題視されている。利益移転とは，高い法人税率の国から低い法人税率の国へ所得を移転させることであり，租税回避を企図した利益移転を実施する多国籍企業を名指しで批判する報道も多い。例えば，Google社，Amazon社，Apple社，Microsoft社等は，知的財産権を低税率国であるアイルランドに移転し，ライセンスについてはオランダを経由させ，最終的な利益についてはほぼ課税がないタックス・ヘイブン（租税回避地）である英領バミューダ諸島やケイマン諸島等に還流させることで，租税回避を図っているとされている。2009年におけるGoogle社の海外事業に関する実効税率は2.4%，連結ベースの実効税率は22.2%であり，Google社が拠点を置く米国カリフォルニア州の法人税率（40.75%）よりも大幅に低くなっている」（浅野敬志（2017）「多国籍企業の租税回避と所在地別セグメント情報の開示行動」金融研究，36(1)）。

　通常，直接投資については技術移転を伴い望ましいと考えられる。しかし，近年租税回避地における特別目的会社を介した事業実態のない**仮想の取引の直接投資**（"phantom FDI"）が拡大している（鷲見和昭（2020）「近年の資本フローを巡る議論」日銀レビュー）。以上のように，グローバル化した現代では投資機関や企業が世界中の税制の中から自分たちの有利な方法を探し出し租税回避を実行している。国境を越えて世界中を駆け巡るマネーには正の側面と負の側面があるのである。

練習問題

1. 国際貸借によって効用は増加するだろうか。減少するだろうか。

2. 分散投資によるリスク低減効果を説明してください。

3. 資本規制を行うことは望ましいだろうか。資本規制について討論してください。

推薦図書

藤井英次（2014）『コア・テキスト国際金融論』，新世社。
　異時点間取引などを分かり易く説明しています。また，マクロ経済学との関連についても分かり易いです。
高木信二（2011）『入門 国際金融　第4版』，日本評論社。
　図表などを用いて幅広いトピックを分かり易く紹介しています。
藤田誠一・小川英治編（2008）『国際金融理論』，有斐閣。
　国際金融に関する理論が詳しく紹介されています。上級者向けです。

参考文献

浅野敬志（2017）「多国籍企業の租税回避と所在地別セグメント情報の開示行動」『金融研究』，36(1)。
鷲見和昭（2020）「近年の資本フローを巡る議論」『日銀レビュー』，20-J-6。
藤井英次（2014）『コア・テキスト国際金融論』，新世社。
藤田誠一・小川英治編（2008）『国際金融理論』，有斐閣。
Erten, Bilge., Anton Korinek and José Antonio Ocampo, 2019. "Capital Controls : Theory and Evidence," *NBER Working Papers* 26447, National Bureau of Economic Research, Inc. (Forthcoming in *Journal of Economic Literature*)

応用編

第 9 章

国際通貨制度の変遷

　本章では，まず国際通貨制度とはどのようなものなのかについて論じる。続いて，過去の国際通貨制度の中で金本位制，IMF 体制，変動相場制を取り上げ，それぞれの特徴を押さえた上で，実際どのように機能したのかを説明する。最後に，1976 年のキングストン合意後に，固定相場制への復帰を目指して EMS を発足させた欧州諸国と，変動相場制の下での資本勘定自由化を目指した日本を始めとするアジア諸国を対比して説明する。

第 1 節　国際通貨制度

　国際通貨制度とは，国際経済取引の決済に関する通貨当局間の公式・非公式の取り決め，ルール，慣行を表している。1 国のマクロ経済政策を考える上で国際通貨制度の選択は重要である。なぜなら第 5 章で説明があるように，国際通貨制度の在り方次第で，1 国のマクロ経済政策の目標設定あるいはその政策効果が左右されるからである。国際通貨制度のルールが厳格であれば，1 国のマクロ経済政策の自由度は小さくなる。逆に，国際通貨制度のルールが緩やかであれば，1 国のマクロ経済政策の自由度は大きくなる。

　これまでの国際通貨制度を振り返ると，各国のマクロ経済政策の自由度は対称的であるというわけではなく，自国通貨が基軸通貨として機能している国（基軸通貨国）とそれ以外の国（周辺国）との間には，マクロ経済政策の自由

度に非対称性が常に存在していた。すなわち，経常収支赤字・対外投資に自国通貨を用いることができる基軸通貨国は国際収支制約が緩やかであるため，マクロ経済政策の自由度は大きいのに対し，経常収支赤字・対外投資に自国通貨を用いることができない周辺国は国際収支制約が厳しいので，マクロ経済政策の自由度は小さいということである。基軸通貨国はマクロ経済政策を自国経済のために振り向けることができるものの，それは無制限ではない。国際通貨制度の在り方によっては，基軸通貨国のマクロ経済政策の自由度が制限されることもあった。

　本章では，以上のような視点から，これまでの国際通貨制度の中で国際金本位制，ブレトンウッズ体制，変動相場制を取り上げ，それぞれの特徴を押さえて上で，実際どのように機能したのかを説明する。

第2節　国際金本位制

1. 国際金本位制の成立

　金本位制とは，自国の貨幣単位を一定重量の金と法律で結び付ける制度である。金本位制には，金貨本位制，金地金本位制，金為替本位制の3種類がある。**金貨本位制**では金貨が鋳造され，銀行券と金貨の交換も保証されている。金貨の地金への溶解のみならず，金の輸出入も自由に行われる。金貨本位制下では，為替相場が各通貨の金含有量を比較することによって算出された交換比率である金平価に金の輸送にかかる費用である金現送費を加減した幅の中で変動する。**金地金本位制**では金貨は鋳造されず，金はもっぱら地金の形態で対外支払手段として保有される。金地金本位制下でも，金貨本位制と同様に，為替相場が金平価に金現送費を加減した幅の中で変動する。**金為替本位制**では，金地金とともに，金為替（金貨本位制または金地金本位制を採用している国の通貨）を準備として保有される。自国通貨の金平価は金為替との交換性を通じて間接的に維持される。金貨本位制から金地金本位制，金為替本位制へと移行するにしたがって，国内通貨と金のつながりが緩やかになるため，1国のマクロ

経済政策の自由度は大きくなる。

　世界で最初に金本位制を採用したのはイギリスである。その後，1870年代以降にフランス，ドイツ，アメリカといった当時の主要先進国が金本位制を採用するに至って，**国際金本位制**が成立した。金本位制を採用するにあたって，先進主要国は金貨本位制あるいは金地金本位制の形態を取ったのに対し，発展途上国は金為替本位制の形態を取った。

2.　国際金本位制の機能と実際

(1)　金本位制下の為替相場

　国際金本位制は典型的な固定相場制であった。というのは，為替相場が金平価に金現送費を加減した幅の中で変動し，その変動幅は通常，金平価の上下それぞれ1パーセント以下であったからである。この点についてイギリスとアメリカとの間の為替相場で説明する。

　第一次世界大戦前のイギリスにおいては，金の公定価格が標準金1オンス＝3ポンド17シリング10 1/2ペンスであった。イギリスの標準金は品位11/12であることから，これを純金に直すと，純金1オンス＝4.247ポンドとなる。一方，第一次世界大戦前のアメリカにおいては，金の公定価格が純金1オンス＝20.67ドルであった。純金1オンス＝4.247ポンド＝20.67ドルという関係から，ポンドとドルとの間には1ポンド＝4.866ドルという為替相場が成立する。これが為替平価である。ここで金の輸送費，保険料，金利から構成される1ポンド当たりの純金の現送費を0.040ドルとすると，理論的には1ポンド＝4.866ドル（為替平価）±0.040ドル（金現送費）の範囲内に収まることになる。すなわち，為替相場の上限である金輸出点は1ポンド＝4.906ドル（4.866ドル＋0.040ドル），為替相場の下限である金輸入点は1ポンド＝4.826ドル（4.866ドル－0.040ドル）となる。為替相場が金輸出点と金輸入点との間に収まるのは，次のような金を用いた裁定取引が行われるからである。

　いま，為替相場が1ポンド＝4.826ドルよりポンド安・ドル高になったとする（たとえば，1ポンド＝4.820ドル）。この場合，裁定業者はイングランド銀行から1ポンドで金を購入し，アメリカに金を船積みして財務省に売却したと

すると，4.866 ドルが得られるが，金現送費を差し引くと，4.826 ドルとなる。
4.826 ドルを 1 ポンド＝4.820 ドルの為替相場でポンドに買い戻すと，1.0012
ポンドとなり，0.0012 ポンドの利鞘が得られるということになる。このよう
な金裁定取引は，為替相場が 1 ポンド＝4.826 ドルに上昇するまで行われるの
で，為替相場は結果として 1 ポンド＝4.826 ドルを大幅に下回ることはない。

　逆に，為替相場が 1 ポンド＝4.906 ドルよりポンド高・ドル安になったとす
る。この場合，裁定業者はアメリカからイギリスに金を現送し，その金現送に
よって得たポンドをドルに交換すると，利鞘を得られる。このような金裁定取
引は，為替相場が 1 ポンド＝4.906 ドルに下落するまで行われるので，為替相
場は結果として 1 ポンド＝4.906 ドルを大幅に上回ることはない。

(2) 金本位制と国際収支調整

　古典派経済学によれば，国際金本位制には経常収支不均衡を自動的に調整す
るメカニズムが内在しているとされた。それは，物価水準が貨幣量と生産量と
の相対的な大きさによって決まるとする**貨幣数量説**に立脚した**物価・正貨流出
入メカニズム**である。すなわち，経常収支黒字国には金が流入し，貨幣量が増
加する一方，経常収支赤字国では金が流出し，貨幣量が減少する。貨幣量の反
対方向への変化は，経常収支黒字国の物価上昇と経常収支赤字国の物価下落を
引き起こし，実質為替相場の変化が経常収支を均衡に向かわせるというもので
ある。このようなメカニズムが機能するためには，金の流出入が貨幣量の増減
に結び付くことが必要である。したがって，各国の通貨当局には，金準備の増
減を不胎化せずに貨幣量を増減させるという**金本位制のゲームのルール**が求め
られた。

　しかし，実証研究によると，主要各国の物価は景気循環の同調性を反映して
同調的な動きを見せていた。また，各国は金本位制の「ゲームのルール」を必
ずしも遵守せず，各国の貨幣量は金準備の動きと反対方向に動くこともあっ
た。

(3) 国際金本位制と基軸通貨国イギリス

　国際金本位制期にイギリスは各国にポンド決済サービスを提供するととも

に，その原資となる短期・長期のポンド信用を供与する基軸通貨国として機能していた。確認できるところでは，ポンドのシェアが最も高かったのは契約・取引通貨，資産通貨，準備通貨の機能である（図表 9 - 1 参照）。

　当時のイギリスは金貨本位制を採り，金が国内・対外両面で流出入したので，イングランド銀行は金準備の増減に応じて金融政策を変更せざるをえなかった（主にイングランド銀行の手形割引率であるバンクレートの変更による）。国際金本位制期には，バンクレートの引き上げはポンド相場を上昇させ，イギリスへの金流入を引き起こす効果が高かったことが実証的に明らかにされている。

　ここで見過ごしてならないのは，バンクレートの引き上げによってイギリスに資本・金を流入させるためには，ポンド相場が必ず金平価に戻ると市場が予想していることが必要となるということである。ポンド相場が必ず金平価に戻ると市場が予想していたのは，イングランド銀行が金本位制維持を最優先する金融政策運営を行っていたからである。古典的な自由主義観に基づいて均衡財政主義，自由貿易主義もまた堅持された。このように，イギリスは金平価維持と整合とするマクロ経済政策を採っていたため，基軸通貨ポンドに対する信認も維持することができたと考えられる。実際，国際金本位制期にはポンド危機が生じなかった。

図表 9 - 1　公的当局の短期資産保有状況（1913 年末）

（単位：100 万ドル）

債権国	短期資産所在国		
	イギリス	フランス	ドイツ
欧州	76.4	262.1	115.5
北米，中南米	34.3	–	34.8
アフリカ，アジア，オセアニア	344.8	13	2
合計	431.6	275.1	152.3

（出所）Lindert, P.H.（1969）*Key Currencies and Gold : 1900-1913*, Princeton Studies in International Finance, No. 24, Princeton Univ. Press, Table2 より作成。

3. 再建金本位制とその崩壊

　第一次世界大戦の勃発によって，各国は金本位制を停止した。第一次世界大戦が終了した後，各国は金本位制復帰を模索し，迅速な復興措置を取ることができたアメリカは 1919 年 7 月に早々と金本位制に復帰したが，イギリスは戦争遂行による国債残高の累積，イングランド銀行の財政従属による貨幣量の拡大，戦後直後のインフレとポンドの対ドル相場の低下という問題がなかなか解決しなかったため，金本位制に復帰したのは 1925 年 4 月のことであった。

　そもそもイギリスの政策担当者は金本位制にさえ復帰すれば，為替相場の安定化によって輸出が増加し，失業問題は解決されると考えていた。また，金との再リンクによってイングランド銀行はバンクレート政策の決定権を回復し，基軸通貨ポンドに対する信認も高まるはずであった。しかし，金本位制復帰後も貿易収支は好転せず，失業問題もなかなか改善しなかった。したがって，第一次大戦後のイングランド銀行は金準備の減少だけではなく，失業問題も考慮せざるをえなくなったと考えられる。

　この問題をさらに複雑にしたのは，基軸通貨国イギリスに対抗する国際通貨国としてアメリカが台頭したことである。確認できるところでは，再建金本位制期には，ポンドの契約・取引通貨の機能は維持されたものの，資産通貨の機能はドルに取って代わられたため，取引通貨全体ではドルがポンドを一時的に上回った（図表 9 - 2 参照）。

図表 9 - 2　再建金本位制期のポンド残高とドル残高

（年末残高，100 万ポンド）

年	1927	1928	1929	1930
ポンド残高	419	503	451	434
ドル残高	637	595	632	573
ポンドシェア	39.7%	45.8%	41.6%	43.1%

（注 1）ポンドシェア＝ポンド残高÷（ポンド残高＋ドル残高）×100%
（注 2）ポンド残高，ドル残高は外国人勘定のロンドン，ニューヨークで保有されている預金，手形から構成されている。
（出所）Committee on Finance and Industry (1931) *Report*, London, p. 113 より作成。

　アメリカの金融政策はイギリスに圧力をかけることとなった。具体的には，第一次世界大戦後のアメリカは大規模な金流入を経験し，その貨幣量の拡大効果をどのように相殺するかが課題となり，金不胎化政策を採用するに至った。再建金本位制期にもアメリカの金融政策のスタンスに変わりがなく，金流入が続いていた局面でさえ株式ブームを抑制するために，自国金利の引き上げを行った。金準備の減少だけではなく，失業問題を抱えていたイギリスはこのようなアメリカの金利引き上げへの対応にも苦慮せざるをえなかった。

　こうしたことから，イギリスが金本位制を維持していくのは困難であると見なした市場はポンド相場が必ず金平価に戻ると予想しなくなり，基軸通貨ポンドに対する信認も低下したと考えられる。実際，イギリスは投機攻撃を受け，ポンド危機に再三直面した。イギリスは独力でポンドを防衛することができなかったため，主要各国との国際通貨協力・政策協調に頼らざるをえなかった。再建金本位制期には，国際通貨協力・政策協調なしに，イギリスは金本位制を維持できなくなっていた

　結局，イギリスは 1931 年 9 月に金本位制を停止した。再建金本位制は，世界恐慌が深刻化する中で，各国もこぞって金本位制を停止したため，短期間で崩壊した。各国は変動相場制を採用することになったが，為替切り下げ競争やブロック経済化が展開された。なお，1930 年代変動相場制期には，ポンドの

図表 9 - 3　1930 年代のポンド残高

（年末残高，100 万ポンド）

年	対外純債務	海外スターリング地域	非スターリング地域
1932	468	246	222
1933	538	275	263
1934	580	316	264
1935	600	346	254
1936	721	358	363
1937	808	387	421
1938	598	339	259

（注）対外債務の中には外貨建ても含まれている。
（出所）上川孝夫（2015）『国際金融史』日本経済評論社，p. 177 より作成。

図表 9 - 4　1930 年代のドル残高

(年末残高，100 万ドル)

年	総額	その内，欧州
1932	745.6（213.0）	469.1（134.0）
1933	392.0（92.6）	155.7（36.8）
1934	610.6（121.4）	245.0（48.7）
1935	1,227.3（250.5）	717.7（146.5）
1936	1,491.6（300.1）	814.3（163.8）
1937	1,729.6（350.1）	1,017.1（205.9）
1938	2,042.0（418.4）	1,237.8（253.6）

（注1）ドル残高は外国人勘定のニューヨークで保有され
　　　ている預金，手形，短期証券および外国銀行保有の引
　　　受手形債権から構成されている。
（注2）カッコ内は各年平均のポンド相場で換算したもの。
（出所）Board of Governors of the Federal Reserve System
　　　（1943）*Banking and Monetary Statistics 1914-1941,*
　　　Washington, D.C, pp. 575-581, 681 より作成。

　契約・取引通貨，資産通貨の機能は一定程度維持されたが，ドルのそれらの機
能は著しく低下した（図表9 - 3および図表9 - 4参照）。イギリスは**スターリ
ングブロック**を形成し，ポンドの基準通貨，介入通貨，準備通貨の機能が高
まった。それに対し，アメリカもドルブロックを形成したが，その規模はス
ターリングブロックにはるかに及ばなかったため，ドルの基準通貨，介入通
貨，準備通貨の機能が高まったとはいえない。したがって，戦間期には基軸通
貨がポンドからドルに交代することはなかった。

第3節　ブレトンウッズ体制

1. ケインズ案とホワイト案

　戦間期に再建金本位制が崩壊した後に為替切り下げ競争とブロック経済化が
展開された結果，世界貿易が著しく縮小した。このような経験を鑑み，第二次

世界大戦後の国際通貨制度はどのようにあるべきかについて，連合国のアメリカ，イギリスを中心に対策が考えられた。国際流動性の供給問題を重視していたイギリスは国際中央銀行を設立して，**バンコール**とよばれる新国際通貨を創出し，加盟国はそのバンコール勘定を利用して多角的決済を行うというケインズ案を提案した。イギリスがこのような案を提示したのは，戦争遂行によって疲弊した自国経済の立て直しを図るために，経常収支赤字を継続的に計上することが予想されたからである。一方，戦後世界を再建するリーダーとしての立場を確立したかったアメリカは貿易・為替自由化を推し進めるために為替相場の安定問題を重視し，国際的為替安定基金を設立するホワイト案を提案した。

　当時，イギリスを凌駕する，経済・政治・軍事いずれの超大国であったアメリカの主張が通り，ドルを中心とする国際通貨制度が志向された。ホワイト案による協議を行うため，1944年7月よりアメリカのブレトンウッズで連合国44カ国代表による連合国通貨金融会議が開催され，**国際通貨基金（IMF）**と**国際復興開発銀行（IBRD）**に関する協定，いわゆる**ブレトンウッズ協定**が調印された。

2. ブレトンウッズ体制の機能と実際

(1) ブレトンウッズ体制下の為替相場

　加盟国は自国通貨のIMF平価を金またはドルで表示し，為替相場がIMF平価から±1%以上乖離しないように外国為替市場に介入する義務を負った。アメリカは1934年金準備法によって公的ドル残高を1オンス＝35ドルの公定価格で金と交換することに応じていたから，IMF協定の平価維持の義務を果たしているものと見なされ，外国為替市場への介入義務は免除された。一方，アメリカ以外の加盟国は第2次世界大戦によって経済的に疲弊していたため，対ドル平価の維持を選択した。

　国際収支に一時的な不均衡が生じた国にその通貨のIMF平価を維持できるように，加盟国通貨をプールした基金であるIMFが短期貸付を行った。ただし，国際収支に**基礎的不均衡**が生じた場合には，加盟国はIMFに対して平価変更を提議することができ，その変動幅が10%以内であれば，IMFは異議を

唱えることができないとされた。このように，ブレトンウッズ体制は平価変更が可能な固定相場制であるため，**アジャスタブルペッグ（調整可能な釘付け制度）** ともよばれるようになった。

　IMF協定の第6条は，固定相場制を維持するために，国際資本移動規制を認めていた。一方，IMF協定の**第8条**は，加盟国がIMFの承認をなくして，経常取引に伴う通貨取引を規制することを禁じていた。当初は大半の加盟国が広範囲の為替規制を第二次世界大戦中から引き継いでいたことから，IMF協定の**第14条**は，加盟国が暫定的に為替規制を保持することを許容した。ただし，**第14条国**は速やかに為替規制を撤廃し，**第8条国**に移行することが期待された。欧州主要国は1961年にかけて第14条国から第8条国に移行した。日本は1964年4月に第14条国から第8条国に移行し，経常取引を自由化した。大半の発展途上国は1960年代以降も第14条国に留まっていた。

(2) ブレトンウッズ体制と基軸通貨国アメリカ

　ブレトンウッズ体制は明示的なルールによって国際経済取引の枠組みを定めるという点で画期的なものであったが，アメリカとそれ以外の加盟国との間には次のような政策的非対称性が存在した。すなわち，ブレトンウッズ体制下では，IMF平価を維持するために必要となる政策調整費用をもっぱら負担していたアメリカ以外の加盟国のマクロ経済政策には制約がかかったのに対し，アメリカはその負担を免れていた分，マクロ経済政策に自由度が与えられていたということである。ただし，アメリカは自国経済にマクロ経済政策を無制限に振り向け続けることはできなかった。というのは，アメリカ以外の加盟国が公的ドル残高の金交換を請求すれば，アメリカの金準備が減少し，アメリカに政策節度の遵守を強制できたからである。したがって，アメリカは金ドル交換性の維持と整合的なマクロ経済政策を採る限りにおいて，基軸通貨ドルに対する信認は維持することができたと考えられる。

　ブレトンウッズ体制期には，ポンドが基軸通貨の地位から降りて，ドルが基軸通貨の地位を確立したが，その確立は第二次世界大戦後，即座に生じたわけではなかった。ドルを中心とする国際通貨制度が構築され，ドルの潜在的需要は大きかったにもかかわらず，**ドル不足**が1950年代後半まで解消されなかっ

たので，ポンドが代替的に使用された。1950年代後半にようやくドル不足が
解消されたことを契機に，ドルとポンドの通貨シェアが逆転し，その差が拡大
する一方となった（図表9-5参照）。基軸通貨の機能がポンドからドルにシフ
トしたのは次のような順であった。まず，アメリカ以外のIMF加盟国がドル
平価を設定したことによって，ドルの基準通貨，介入通貨，準備通貨の機能が
ポンドのそれらの機能を上回った。続いて，アメリカがイギリスの2倍以上の

図表9-5　第二次世界大戦後のドル残高とポンド残高

(年末残高，100万ドル)

年	ドル残高	ポンド残高	ドルシェア
1945	6,883	14,516	32.2%
1946	6,475	14,871	30.3%
1947	5,519	15,999	25.6%
1948	6,327	14,710	30.1%
1949	6,329	10,738	37.1%
1950	7,340	11,878	38.2%
1951	7,978	12,309	39.3%
1952	9,258	11,127	45.4%
1953	10,266	11,749	46.6%
1954	11,354	12,292	48.0%
1955	11,895	12,001	49.8%
1956	13,797	12,166	53.1%
1957	14,383	11,712	55.1%
1958	15,367	11,908	56.3%
1959	17,261	12,608	57.8%

(注1) ドルシェア＝ドル残高÷(ドル残高＋ポンド残高)×100%
(注2) ドル残高は外国人勘定のニューヨークで保有される預金，財務
　　　省証券等，その他短期債務等から構成されている。
(注3) ポンド残高は外国人勘定のロンドンで保有される預金，大蔵省
　　　証券，商業手形，約束手形，イギリス政府・政府保証債から構成さ
　　　れている。
(注4) ポンド残高は当時のドル相場で換算している。
(出所) Board of Governors of the Federal Reserve System (1976) *Bank-
　　　ing and Monetary Statistics 1941-1970*, Washington, D.C., pp. 932,
　　　1046, Bank of England (1970) *Satistical Abstract*, London, p. 125 より
　　　作成。

対外投資を行ったことによって，ドルの資産通貨の機能がポンドのその機能を上回った。最後に，ドルがポンドを上回ったのは，契約・取引通貨の機能であった。なお，ポンドは基軸通貨の地位を降りたものの，ロンドン金融市場である**シティ**は**ユーロ市場取引**に活路を見出し，世界有数の国際金融センターとして発展し続けている。

3.　ドル危機と国際通貨制度改革案

(1)　ブレトンウッズ体制下のドル危機

　1960年代に入って，ドル危機が頻発するようになった。その基本的原因としては，アメリカが完全雇用の達成とベトナム戦争の遂行を目的とし，金ドル交換性の維持と整合しない需要喚起政策（具体的には政策投資減税，所得減税を始めとする財政政策と低金利政策）を継続的に採用したことに求められる。金交換性を有する公的ドル残高が累積したのは，日本と欧州諸国の政策当局であったが，アメリカの需要喚起政策への反応は両者の間で次のように異なった。すなわち，日本の政策当局は成長志向が強かったため，アメリカの需要喚起政策を受け入れ，公的ドル残高の金交換をアメリカに全く請求しなかったのに対し，反インフレ志向の欧州諸国の政策当局はアメリカの需要喚起政策をインフレ政策と見なし，アメリカに政策節度の遵守を求めるべく，公的ドル残高の金交換を請求した。

　1960年代に入って，断続的に生じるようになった金投機，通貨投機はいずれも公的ドル残高の金交換請求につながるものであった。1950年代末にアメリカの国際収支赤字（経常収支黒字を上回る公的・民間資本輸出）は拡大し，アメリカの金準備も急減していたため，金の公定価格の引き上げ（ドルの切り下げ）が予想され，1960年10月にロンドン自由金市場で金の市場価格が40ドル以上に高騰した。その後も金投機は断続的に生じた。アメリカが金の公定価格を上回る金の市場価格の高騰を放置すると，金の公定価格の引き上げを画策していると加盟国が見なし，アメリカに公的ドル残高の金交換を請求しかねなかった。IMF平価の切り上げが予想された加盟国通貨も投機攻撃を断続的に受けた。当該加盟国の通貨当局はそのような通貨投機に自国通貨売り・ドル

図表 9-6 アメリカの対外短期債務（対公的当局）の金準備カバー率

年	対外短期債務（対公的当局）（年末残高，100万ドル）	金準備（年末残高100万ドル）	金準備カバー率（％）
1960	10,320	17,804	102.5
1961	10,940	16,947	90.2
1962	11,963	16,057	80.8
1963	12,467	15,596	73.1
1964	13,224	15,471	64.9
1965	13,066	13,806	57.4
1966	12,539	13,235	50.5
1967	14,034	12,065	45.8
1968	11,319	10,892	36.0
1969	11,054	11,859	30.7
1970	19,293	11,072	27.4
1971	39,018	10,206	19.0

（出所）佐久間潮（1976）「アメリカの新国際収支表示法」『東京銀行月報』第28巻第11号の第15表より作成。

買い介入によって対抗し，積み上がった公的ドル残高についてはアメリカに金交換を請求した。

　ドル危機に直面したアメリカは資本輸出を抑制する**金利平衡税**，対外直接投資規制，対外投融資規制といった**ドル防衛策**を展開した。金利平衡税は非居住者の起債に課税して，借入費用を高め，資本輸出を抑制するというものであった。また，アメリカは主要各国に次のような国際通貨協力も要請した。金投機に対しては，欧米8カ国が金を拠出し，イングランド銀行が代理人としてロンドン自由金市場に介入するという**金プール制度**を設けるとともに，アメリカは主要各国に公的ドル残高の金交換請求の自粛も要請した。通貨投機に対しては，アメリカが為替市場に直接介入を行った。アメリカは外貨資金を調達するために，一定期間後に買い戻しあるいは売り戻しの条件付きで外貨を貸借する**スワップ協定**，アメリカ，イギリス以外の主要10カ国から当該国通貨を借り入れるIMFの**一般借入取り決め**を結んだ。アメリカは，外貨準備に余裕のある国が購入する**ローザボンド**とよばれる中期の財務省証券も発行した。

　このようなドル防衛策と国際通貨協力が展開されたが，アメリカは依然として金ドル交換性の維持と整合しない需要喚起政策を採用し続けたため，基軸通貨ドルに対する信認の低下を抑制することができなかった。

(2) 国際通貨制度改革案と SDR の創出

　ドル危機が頻発し，ブレトンウッズ体制が動揺する中，国際通貨制度改革が活発に議論された。① 多数派意見，② 少数派意見，③ 金価格引上げ論，④ 変動相場制論がその代表的な意見であるが，ここでは ① と ② を取り上げる。

　国際通貨制度改革を巡る論争を引き起こし，**多数派意見**としてリードしたのが，アメリカの経済学者トリフィン（R. Triffin）が主張した，いわゆる**流動性ジレンマ論**である。具体的には，世界貿易の拡大に必要な国際流動性供給を金生産に依存できない以上，アメリカが国際収支赤字によってドルを供給することが必要であるが，アメリカの国際収支赤字の継続は金交換性という基軸通貨ドルに対する信認を危うくするというものである。多数派意見はブレトンウッズ体制を国際金為替本位制と見なし，1 国通貨を基軸通貨として使用することの限界を指摘した上で，長期的解決策として IMF による新準備資産の創出を手がかりに，世界中央銀行の設立を提案した。

　この多数派意見を批判したのがキンドルバーガー（C. Kindleberger）ら 3 名の経済学者の**世界の銀行論**である。彼らは自ら**少数派意見**と称し，アメリカの国際収支赤字は周辺国のドル需要の反映であるとする。具体的には，アメリカが流動性の高い金融資産を提供することによって周辺国からの資本流入を促す一方で，流動性は低いが，より高いリターンに再投資するという国際金融仲介機能を果たしているため，基軸通貨ドルに対する信認には中立的であるというものである。少数派意見はブレトンウッズ体制をドル本位制と見なし，ドルを基軸通貨として使用し続けることにいささかも疑問を抱かない。アメリカが国際金融仲介機能を果たしているからこそ，公的主体の国際流動性需要だけではなく，民間主体の国際流動性需要を満たすことができ，世界経済の成長を促進している。金・ドルを補完する新準備資産を創出したとしても，この国際金融仲介機能を果たさないので，逆に世界経済の成長を阻害すると主張した。

　国際通貨制度改革を巡る議論は G10 蔵相代理と IMF 理事との合同会議に舞

台を移し，1969年のIMF協定の第1次改定によって金，ドルを補完する新準備資産として創出されたのが **SDR（特別引き出し権）** である。SDRとは，IMFの一般勘定とは別に設けられた特別勘定を通じて，他のIMF加盟国から外貨を引き出す権利である。SDRは，IMFへの出資割合に応じて加盟国に配分される。SDRの価値は当初，純金0.888671グラムに相当し，また当時の1ドルと等価値であると決められていた。ブレトンウッズ体制の崩壊に伴い，SDRは **通貨バスケット** として再定義された。SDRを構成する通貨バスケットは，先進主要国通貨の相対的な重要性を反映するために，5年ごとにIMF理事会によって見直しが行われる。ただし，バスケット構成通貨間の為替相場が変動するのに応じて，各通貨の実際の構成比は変動している。SDRは金，ドルを補完する **新準備資産** として期待されたが，SDRの保有はIMF加盟国の公的当局に限られ，民間取引では使用されていないので，その役割は限定的である。

第4節　変動相場制下のドル体制

1. ブレトンウッズ体制の崩壊と変動相場制への移行

　ドル危機が深刻化する中，主要各国のドル支援体制に綻びが生じ，1968年に金プール制度が解体された。金の公定価格は維持する一方で，金の市場価格は維持せず，市場に任せるという金の二重価格制の採用を経て，1971年8月に **ニクソンショック**（金ドル交換性停止を含む新経済政策）によって，ブレントウッズ体制は崩壊した。

　1971年12月にワシントンのスミソニアン博物館で10カ国蔵相会議が開かれ，金価格の引き上げと西ドイツマルク，円の切り上げを含む多角的通貨調整が合意され，平価（セントラルレート）の±2.25％というワイダーバンドによる固定相場制が復活した。これは **スミソニアン体制** とよばれている。このような多角的通貨調整が行われたにもかかわらず，主要国間の国際収支不均衡は解消されなかった。1973年2月の金価格の引き上げをきっかけに，主要国通

貨は変動相場制に移行したため，スミソニアン体制は短命に終わった。IMF
協定の第2次改定によって，為替制度は各国の選択に任され，変動相場制も追
認されたのは1976年1月にジャマイカのキングストンで開催されたIMF理事
会においてであった（いわゆる**キングストン合意**）。変動相場制移行後の1975
年に先進主要国は単独または共同してフロートに移行したが，途上国の大半は
先進国通貨またはSDRのような通貨バスケットに対してペッグした。

2.　変動相場制の機能と実際

(1)　変動相場制への評価

　変動相場制下では，経常収支は為替相場の変動によって自動的に均衡すると
期待されていた。しかし，現実には為替相場の経常収支調整効果は限定的であ
り，各国間の経常収支不均衡もむしろ拡大した。また，変動相場制下では投機
の安定化効果が働き，為替相場は安定化すると期待されたが，急激な為替変動
が将来の見通しを不透明にし，投機家を不安定的な投機に走らせることがあっ
た。為替相場はニュースを受けて絶えず乱高下し，ファンダメンタルズの変化
以上に変動する**オーバーシューティング**もしばしば見受けられた。さらに，為
替相場の経常収支調整効果と投機の安定化効果が円滑に働くのであれば，対外
準備の保有が節約され，ドルとそれ以外の通貨との間の非対称性は消滅するは
ずであった。しかし，現実には各国間の経常収支不均衡が拡大し，不安定的な
投機も生じたため，基軸通貨ドルはやはり必要とされた。変動相場制の実態は
ドル体制であった。

(2)　変動相場制と基軸通貨国アメリカ

　変動相場制下でも，アメリカと周辺国との間には次のような政策的非対称性
が存在している。

　アメリカは経常収支赤字・対外投資を通じてドル残高を累積させたとしても，
周辺国がドル建て資産に投資する限りにおいて，ドル相場は差し当たり維持さ
れる。民間経済主体はリスクを考慮した金融資産の予想収益率を比較しなが
ら，ストックのポートフォリオを組み替えるだけに，何らかのショックによっ

て，ドル建て資産の投資条件が相対的に不利になると，周辺国の民間経済主体はドル建て資産投資を控える（あるいは回収する）ため，ドル相場が下落するのは避けられない。このとき，ドルペッグ（事実上を含む）を採用している国の通貨当局は，ドル買い介入によってドル相場を維持しているのは当然として，ドル相場の変動を許容している国の通貨当局も，ドル相場の下落が急激に進行する場合には，ドル買い介入を行い，ドル相場の安定化を図っている。このように，変動相場下でも，ドル相場の安定化のために必要となる政策調整コストをもっぱら負担している周辺国のマクロ経済政策には制約がかかるのに対し，アメリカはその負担を免れている分，マクロ経済政策に自由度が与えられているということである。

　とはいえ，アメリカは自国経済にマクロ経済政策を無制限に振り向けることができるわけでない。これまでドル相場の大幅な下落がしばしば生じた。ここで留意する必要があるのはドル相場の大幅な下落によって，アメリカはドル防衛策の発動を迫られるわけではないということである。なぜなら，アメリカの対外債務の大部分はドル建てなので，ドル相場が下落しても，対外債務負担は増大しないからである。ただし，ドル相場の大幅な下落が輸入インフレを通じて国内インフレにつながるのであれば，高金利・株安を通じて景気は後退しかねない。このようなインフレ危機が生じたときに，アメリカははじめてドル防衛策を発動する。いいかえれば，変動相場制下では，アメリカがインフレ政策を採らない限りにおいて，基軸通貨ドルに対する信認は維持することができると考えられる。

3.　ドル危機と国際通貨協力・政策協調

　変動相場制に移行して間もなく，第一次石油ショックが発生するに伴い，ドル相場が反転し，1976年まで上昇傾向が続いた。ところが，1976〜79年は逆に，カーター政権の総需要政策によってドル相場の下落が続き，国内インフレも発生した。ドル相場の下落が輸入インフレを引き起こして，国内インフレを加速させるという悪循環に陥ったため，カーター政権は，1978年11月にドル防衛策を発動した。1979年8月に連邦準備制度理事会（FRB）は強力な金融

引き締めを開始し，またレーガン政権の「強いアメリカ，強いドル」も標榜したマクロ経済政策を採用したため（いわゆる**レーガノミックス**），国内インフレは沈静化するとともに，1980～85年にはドル相場が急激に上昇した。しかし，レーガノミックスの経済的帰結として発生した**双子の赤字**（経常収支赤字と財政赤字）が問題視され，1985年9月にアメリカのプラザホテルで先進5カ国蔵相・中央銀行総裁会議が開催され，ドル高是正に向けた協調行動への合意（いわゆる**プラザ合意**）が発表された。この合意を契機に，市場でドル安予想が支配的になり，ドル相場が大幅に下落した。ドル相場の大幅な下落が輸入インフレを引き起こし，国内インフレが再燃したため，レーガン政権は，1987年1月に，ドル防衛策を発動した。

　このように，ドル相場は1970～80年代に不安定な動きを示し，ドル危機も発生した。ドル安・自国通貨高の急激な進行が輸出鈍化を引き起こし，経済低迷につながることを憂慮した先進主要各国は国際通貨協力・政策協調に応じたが，ドル相場をただひたすら買い支えたわけではない。為替変動リスクを回避するために，または基軸通貨ドルに代替する通貨として選好されたために，自国通貨が国際通貨化を果たした先進主要国もあった。ドイツと日本がそれにあたる。

4.　ドル体制下の欧州とアジア

(1)　国際通貨としてのドイツマルクの歩み

　ブレトンウッズ体制の崩壊によって，西ドイツ（当時），ベルギー，フランス，イタリア，ルクセンブルグ，オランダが加盟した当時の欧州共同体（EC）内の為替相場が不安定になった。また，ブレトンウッズ体制の崩壊，スミソニアン体制の成立と崩壊，変動相場制への移行によって，為替相場の変動幅が拡大し，共同農業政策に基づいた統一価格を維持することが困難になった。

　そこで1972年4月に欧州為替相場同盟（いわゆる**スネーク制度**）が創設された。具体的には，フランス，西ドイツ，イタリア，ベルギー，オランダ，ルクセンブルクの6カ国通貨の間では為替介入により一定範囲内に抑えるとともに，自国通貨をドルや円に対して変動させるというものである。その後，イギ

図表 9-7　1989 年 4 月の外国為替市場の通貨構成

(単位：10 億ドル)

ドル	ドイツマルク	円	ポンド	ECU	その他	全通貨のグロス出来高
838	247	253	138	138	8	382

(注1) グロスの1日平均出来高
(出所) BIS (1990), *Survey of Foreign Exchange Marrket Activity*, Basel, pp. 10,
　　14-16 より作成。

リス，アイルランド，デンマーク，スウェーデン，ノルウェーが参加した。マ
クロ経済政策の運営を巡ってイギリス，フランス，イタリアが西ドイツと対立
してスネーク制度を相次いで離脱した。結局，西ドイツ，ベルギー，オラン
ダ，ルクセンブルク，デンマーク，ノルウェー，スウェーデンのみが欧州為替
相場同盟にとどまり，事実上の西ドイツマルク圏の為替相場制度に変質して
いった（いわゆる**ミニスネーク制度**）。

　西ドイツはミニスネーク制度で中心的な役割を果たしていたものの，西ドイ
ツマルク相場の独歩高を経験し，輸出が不振に陥った。一方，スネーク制度か
ら離脱し，変動相場制に移行したイギリス，フランス，イタリアでは，為替相
場が下落したとしても，輸出にドライブが思うようにかからず，逆に輸入イン
フレを引き起こし，それが賃金と物価を押し上げ，国内インフレを忌避した資
本流出によって為替相場がさらに下落するという悪循環に陥った。

　欧州主要国は等しく景気後退に直面し，必ずしも良好な経済パフォーマンス
を残さなかった変動相場制に失望し，固定相場制に復帰して通貨不安を抑えた
いという機運が高まった。西ドイツ，フランスが域内諸国に働きかけ，加盟国
間の介入資金の相互融通制度の拡充，各国通貨相互間の基準相場のベースとな
る**欧州通貨単位（ECU**：第 12 章を参照）の導入を主な内容とする**欧州通貨制
度（EMS）**を 1979 年 3 月に発足させた。

　EMS は 1980 年代前半にインフレ率格差から域内通貨の平価変更を繰り返し
たが，1980 年代半ばから安定期を迎える。平価維持介入は初期にはもっぱら
ドルが用いられていたが，安定期以降はドイツマルクが用いられるようになっ
た。また，為替介入も西ドイツ以外の中央銀行が実施し，ブンデスバンクは対
ドル相場にのみ介入するようになった。ドイツ以外の域内各国は外貨準備とし

てドイツマルクの保有を進めた。このようなドイツマルクによる為替介入の増加とともに，急激なドル安・域内通貨高を受けて，西ドイツを中心とした域内投資・貿易を増加させたため，域内の外国為替市場ではドイツマルクを相手にしたものが主流を占めた。

(2) 国際通貨としての円の歩み

　1950〜60年代の日本は米国の援助を受けながら，アジア諸国の中でいち早く重化学工業化を果たし，高度経済成長を遂げた。日本はドル圏に参入したため，1960年代に日本の外国為替市場の銀行間取引ではポンドが駆逐され，ドルに収斂していった。日本が1973年に変動相場制に移行した後，為替相場は円高・ドル安が基調となり，円高・ドル安がしばしば急激に進むこともあったが，その際はもっぱら日本が為替介入を行い，ドル相場の安定化を図った。

　一方で，日本はこのような経済成長の過程でアジア諸国との貿易を増加させるとともに，急激な円高・ドル安を受けて，アジア諸国に向けた直接投資も増加させたため，円の国際通貨化が少なからず進んだ。しかし，それはドイツマルクに及ぶものではなかった。日本が諸外国への円信用の供与と自国金融市場への投資資金の受け入れにそれほど積極的ではなかったところに，アジア諸国も従来と同様にドルを選好したため，アジア地域の外国為替市場では依然としてドルが主流を占めた。イギリスの植民地であったという歴史的経緯から，アジア諸国は概してポンド圏に属していたが，基軸通貨ポンドの衰退という事態を受けて，1960年代末から1970年代にかけてドル圏に移行していった。アジア地域の中で，NIEs（韓国，台湾，香港，シンガポール）とASEAN4（インドネシア，タイ，マレーシア，フィリピン）が開発戦略を輸入代替工業化から外資を積極的に導入する輸出指向工業化に転換し，経済成長を軌道に乗せたので，為替規制下でドル相場を安定化させる政策を採り続けた。

(3) 国際通貨の多様化とドルの為替媒介通貨機能の独占

　1980年代以降，域内レベルではあるもののが，ドイツマルク，円がそれぞれ国際通貨として機能し始め，国際通貨の多様化が生じていた。

　しかし，外国為替市場の銀行間取引ではドルが依然として為替媒介通貨の機

能を独占していた。外国為替市場はノンバンクの外国為替取引を意味する対顧
客市場と為替銀行の銀行間市場に区分できる。変動相場制下では中央銀行の平
衡操作がないので、為替銀行は「国内－国内」取引で為替持高をスクエアでき
る保証はない。そこで為替銀行はカバーを取るために「国内－国外」取引を行
う必要がある。この「国内－国外」取引は、対ドル取引を媒介にした為替取引
であった。このように、ドル相場は不安定な動きを示していたものの、外国為
替市場の銀行間取引ではドルが依然として為替媒介通貨の機能を独占していた
から、基軸通貨ドルの地位は揺るがなかった。次章で詳しく説明されるよう
に、金融のグローバリゼーションが進み、世界を巻き込む金融問題をしばしば
引き起こしながらも、基軸通貨ドルの地位はさらに強化されることになる。

練習問題

1. 変動相場制下で国際通貨の多様化が進んだにもかかわらず、基軸通貨ドルの地位
が揺るがなかったのはなぜでしょうか。

2. 国際本位制が長期間維持されたのに対し、再建金本位制が短期間で崩壊したのは
なぜでしょうか。

3. ブレトンウッズ体制に存在していた非対称性はどのようなものでしょうか。ま
た、ブレトンウッズ体制が崩壊したのはなぜでしょうか。

推薦文献

金井雄一（2004）『ポンドの苦闘　金本位制は何だったのか』、名古屋大学出版会。
　イギリス当局の一次資料に基づいて戦間期の金本位制の実態と同時代人の政策認
　識を明らかにした上で、管理通貨制や第二次世界大戦後に生じた諸事態に関する
　通説的見解を批判的に考察しています。
金井雄一（2014）『ポンドの譲位　ユーロダラーの発展とシティの復活』、名古屋大学
　出版会。
　１次資料の中から、イギリス当局の現状認識や政策構想を丹念に追って、第二次世
　界大戦後にポンドが基軸通貨の地位を降りたことについて「ポンド維持からポン
　ド譲位への政策転換」という斬新な解釈を提示しています。
上川孝夫・矢後和彦編（2007）『国際金融史』、有斐閣。

　金本位制から変動相場制までの国際通貨システムの歴史，各国金融史，国際銀行と国際金融機関の歴史といった幅広く網羅されたテーマの主要な論点を叙述するとともに，豊富な研究サーベイも提供しています。

参考文献

上川孝夫（2015）『国際金融史 国際金本位制から世界金融危機まで』，日本経済評論社。

高屋定美（2009）『EU 通貨統合とマクロ経済政策』，ミネルヴァ書房。

西村閑也（1980）『国際金本位制とロンドン金融市場』，法政大学出版局。

平島真一［編］（2004）『現代外国為替論』，有斐閣。

前田直哉・高屋定美（2019）「ポンド・ネットワークの盛衰—国際通貨のネットワーク効果，協働効果，履歴効果の観点から—」『信用理論研究』第 37 号，63-82 ページ。

山本栄治（1997）『国際通貨システム』，岩波書店。

第10章

基軸通貨ドルの不安定性

本章では，変動相場制移行後のドル体制の不安定性について論じる。ドル体制の不安定性の根源は，基本的にはアメリカの経常収支赤字が持続可能かどうかという点にある。ここでは，この問題が特に大きく注目された 1980 年代の国際政策協調期と 2000 年代の世界的経常収支不均衡（グローバル・インバランス）期を中心に，当時，ドル体制の不安定性がどのように議論されたかを紹介する。さらに，現在のドル体制が抱える不安定性，基軸通貨交代の可能性についても解説する。

第1節　変動相場制への移行とドル体制

1. 国際通貨制度の役割と基軸通貨

変動相場制への移行は，ドルの基軸通貨性に対する大きな衝撃であった。なぜなら，ブレトンウッズ体制下におけるドルの基軸通貨性の根拠は，1 オンス＝35 ドルとの金兌換保証を基礎として各国が自国通貨の対ドル相場を固定する「ドルを基軸とする固定相場制」という点にあったからである。金とドルとの関係が断たれたことで，基軸通貨ドルはその根拠を失い，各国通貨は原理上，平等な（対称的な）立場になるはずである。しかし，現実には，ドルが基軸通貨として機能する体制（ドル体制）が，現在に至るまで継続することになる。それゆえ，このドル体制は「**ドル本位制**」ともよばれる。

　従来，国際通貨制度は，調整・流動性供給・信認の3つの問題を解決することを要求されてきた。**調整**とは，各国が経常収支（貿易収支）の不均衡に直面する場合に，どのようなルールでこれらを解決するかという問題である。**流動性供給**は，狭義には為替相場安定のための介入資金をどのように融通し合うかという問題であるが，より広義には世界経済全体の成長に伴う国際取引に必要な国際通貨をどのような主体がどのような経路で供給するかという問題である。**信認**とは，供給される国際通貨の受領性に対する確信と，制度の安定性と維持可能性に関する各国の意思を，どのように維持するかという問題である。つまり，国際通貨制度が解決すべき問題とは，各国間の経常収支や貿易収支不均衡の調整を達成する諸手段に一定のルールを与え，国際流動性としての国際通貨の供給を適正に保つことを通じて，国際通貨の価値の安定性を図ること，また制度の維持可能性に関する各国の信認を確保することにある。

　基軸通貨制度とは，これら3つの問題を基軸通貨国と非基軸通貨国との間の非対称的な関係で解決しようとするものである。各国が基軸通貨との為替相場を安定させる場合，その程度に応じて，基軸通貨国と非基軸通貨国との間には，次のような非対称性が生じる。世界にNカ国が存在する場合に，独立した為替相場の数はN−1通りしかないため，Nカ国すべてが勝手に為替相場目標や経常収支目標を設定しようとすると非整合が生じてしまう（**「N−1」問題**）。したがって，特定国の通貨がN番目の通貨となり，他のN−1カ国はN番目の国の通貨に対する固定相場制と整合的な金融政策を実施し，N番目の国が他のN−1カ国が設定する為替相場と経常収支目標に対して受動的であることでこの問題が解決される。一方，制度内での唯一の金融政策の自由度はN番目の国に与えられ，残りのN−1カ国は金融政策の自立性を保持できず，N番目の国の金融政策に追随しなければならない。

　基軸通貨制度の下では，国際流動性，すなわち公的流動性（外貨準備）と国際決済に必要な民間の流動性は基軸通貨国によって供給される。国際流動性の主たる供給ルートは，基軸通貨国による当該通貨建ての輸入，基軸通貨国による公的あるいは民間ルートを通じた長期・短期資本の貸付である。また，周辺国が国際流動性を調達・運用するための場の提供（すなわち金融市場の開放と発達）が，基軸通貨国にとっては必須条件となる。さらに，信認の問題は，基

軸通貨の価値安定ないし需要に応じた安定的供給の問題と同義である。したがって，基軸通貨国たるN番目の国は，制度全体からみて適切な（自国本位ではない）金融政策の維持を要求される。このような意味で，基軸通貨国に与えられる自由度は決して無制限という訳ではない。これらの条件が矛盾なく満たされる時に，基軸通貨制度は安定的に維持される。

2.　変動相場制と調整，流動性問題

　ところで，変動相場制は，どのようにして3つの問題を解決すると予想されたのであろうか。おそらく，変動相場制には調整問題の解決以外，何も期待されていなかったと思われる。当初の予想としては，経常収支不均衡が為替相場変動によって調整されることから，各国は対外均衡の維持という目標に金融政策を従属させることなく，自国の経済目標のために用いることができると考えられた。さらに，他国で発生した経済的攪乱や政策の変化も為替相場変動によって吸収され，自国には波及しないという隔離効果が作用し，金融政策の自立性は一層高まると考えられた。つまり，調整問題に関しては，すべて為替相場変動による解決が期待されていたといってよい。

　しかし，この期待は大きく裏切られることになる。変動相場制移行後，資本移動の自由化，あるいは金融のグローバル化は急速に進展し，為替相場は経常取引よりもむしろ資本取引を反映して変動するようになる。このため，為替相場はしばしば乱高下し，均衡水準からの乖離（ミスアラインメント）が実体経済に悪影響を及ぼすことも次第に明らかになった。また，経常収支不均衡は当初の予想とは異なり，むしろ拡大することになる。この理由は，資本移動が活発化するなかで経常収支を決定する各国の貯蓄・投資バランスの不均衡が常態化し，かつ拡大していったからである。

　また，金融のグローバル化は各国間の金利連動性を高め，各国の通貨当局は金融政策と為替相場の関係に，より注意しなければならなくなった。たとえば，自国の金融引締め政策は，国内金利への上昇圧力とともに海外からの資本流入を引き起こし，為替相場の増価，外需の縮小を通じて予想された以上の緊縮効果をもつ。つまり，変動相場制への移行の結果，経済政策の相互依存が高

まり，各国は国内の状況と海外の状況に配慮しつつ，以前より複雑な政策運営を迫られるようになっていく。

　公的部門における流動性に関しては，原理的に変動相場制の下では外貨準備を保有する必要はないが，各国は為替介入（以下，介入と表記）を通じて対ドル相場安定を図る目的から，ドルを準備通貨として保有せざるをえなかった。一方，民間部門で必要とされる流動性供給については，第9章で解説されたように，変動相場制移行前にすでにアメリカは国際的な金融仲介機能を完成させていたと考えられている。

　ただし，国際通貨の諸機能に照らしてみると，民間部門の契約・決済通貨としての利用に関してドルは必ずしも有力な通貨とはいえないということが，グラスマン（S. Grassman）によって1970年代初頭に指摘されていた。グラスマンは，1968年と1973年のスウェーデンの貿易における各国のシェアと契約・決済通貨構成について実証研究を行った結果，貿易取引の3分の2が売手国通貨，4分の1が買手国通貨で決済されており，第3国通貨としてのドルの役割は予想外に低いこと，また世界全体の貿易の4分の1はドルで決済されているものの，それは世界貿易に占めるアメリカのシェアを反映したものに過ぎないことを明らかにした。輸出入契約では為替リスクが存在するため，自国通貨建てで契約しようとする誘因が強く作用し，通貨選好パターンとして特に輸出国通貨が選択されるというこの傾向は，**グラスマンの法則**（Grassman's Law）とよばれる（主要国の中で日本だけは自国通貨建て輸出比率がそれほど高くなく，グラスマンの法則の例外であるとしばしば指摘されてきた）。

　また，マッキノン（R. McKinnon）は，1970年代の後半に，貿易財を価格差別化が可能な財（貿易財Ⅰ）と一次産品のような同質性が高く世界市場で価格が決定される財（貿易財Ⅱ）に分類し，それぞれの決済通貨の構造を分析した。その結果，貿易財Ⅰについては，生産者側が価格決定力をもち，自国通貨建てで輸出することによって為替リスクを輸入者に押し付ける傾向のあること，また輸出に際して輸入者に貿易信用を供与する場合が多いことから，輸出国通貨が決済通貨として選択されることが多いことを明らかにした。一方，貿易財Ⅱについては，石油や穀物等の商品価格が慣習的に国際的な商品取引所においてドル建てで表示され取引されるため，輸出国，輸入国いずれの通貨を

使っても為替リスクをヘッジすることができず，第3国通貨ドルを使って取引されることを明らかにした。ただし，現在では，半導体のように工業品であっても企業が価格支配力を持つことが難しく，マッキノンの分類が妥当しない財も出現している。とはいえ，グラスマンやマッキノンによって見出されたこれらの事実は，現在でも日本を除く主要国に関しては適用可能である。

　一方，銀行間市場での為替媒介通貨として，ドルが圧倒的な地位を保持していることは，当時から指摘されていた。ただ，ここで指摘しておかなければならないのは，もし民間部門の契約・決済通貨としてドルが支配的な第3国通貨ならば，銀行と顧客との間の外貨取引は自国通貨とドルとの交換しか生じず，そもそも為替媒介通貨としてのドルの役割は不要になるという点である。為替媒介通貨としてのドルの機能がクローズアップされた経緯は，契約・決済通貨がある程度多様化している（銀行からみれば顧客が多様な外貨との交換を必要とする）なかで，ドルの利用度が相対的に高いことを反映している。つまり，民間の契約・決済通貨として必ずしも優位な第3国通貨とはいえないことが判明するなかで，一体，他通貨と明確に異なるドルの特徴はどこにあるのかという議論から登場したのが，為替媒介通貨ドルという地位である。

　とはいえ，銀行間市場における取引通貨としてドルの圧倒的な地位は，現在に至るまで他の通貨とは完全に差別化される特徴であり，ドルの基軸通貨性の新たな根拠とさえ主張する向きもある。確かに，為替媒介通貨がドルであるという事実は，通貨当局が介入通貨としてドルしか選択できないことも意味する。たとえば日本の通貨当局が円・ユーロ市場に直接介入しようとしても市場が狭溢で介入が困難であるため，原理的にはドルを使って間接的に円・ユーロ相場に影響を与えるしかない。このような意味で，為替媒介通貨の地位の獲得は公的介入通貨，さらには準備通貨の選択にも影響を与えうる（ただし，後述するEMSのケースのように公的介入通貨の選択が為替媒介通貨を規定するという効果もある。第2章の協働効果も参照されたい）。

3.　変動相場制の信認問題と国際政策協調

　結局，変動相場制移行後も，調整問題においては各国が対ドル相場の安定を

求めざるをえないという状況は大きくは変わらず，流動性に関しても基本的にドル依存の構造に大きな変化はなかった。これらの状況を背景として，アメリカは変動相場制移行後も基本的に為替相場政策に対して無関心な態度をとり続けることが可能であったし（**ビナイン・ネグレクト政策**），逆に，各国は過度の対ドル相場変動を抑制する目的でしばしば介入を実施し，ドルを準備・介入通貨として保有せざるをえないという非対称的な関係も継続する。アメリカの側からみると，自国通貨で対外決済が可能という負債決済の特権も，周辺国がドルを受取る限りは継続して享受することが可能であった。したがって，ドルの流動性供給に対する制約は，事実上，緩やかなものでしかなかった。

　実際，1975年には1400億ドル以上の対外純債権を保有していたアメリカは，1985年には純債務国となり，1980年代末には世界最大の純債務国に転落する。つまり，変動相場制移行後も自国本位の金融・財政政策を継続した結果，膨大な対外純債務を積み上げ，アメリカの債務返済への不安は高まる。また，ドルの過剰供給はドル価値の低下に直結する。これを回避するために，アメリカは金融政策の引締めを行うが，国内金利の上昇はドル高による外需の低迷と国内投資の減退等を引き起こす。アメリカの経済政策が行き詰まるなかで，**経常収支不均衡の維持可能性（サステイナビリティ）とドル暴落（ハード・ランディング）**に対する危機感の高まり，低下したアメリカの世界経済に対する影響度の補完と対ドル相場の安定を図るために主要国は国際政策協調路線へと向かう。すなわち，変動相場制移行後，不安定化するドル体制の信認問題に対して，最初の実効力のある国際的対応を迫られるのである。

第2節　1980年代の国際政策協調と国際通貨制度改革案

1. 国際政策協調路線の確立

　国際政策協調路線という表現が一般的になったのは，1979年のボン・サミットにおいて，アメリカの経常収支赤字拡大と世界的な景気後退から，新たな主要国として台頭した日本とドイツ（当時，西ドイツ）に対して内需拡大が

求められたいわゆる「機関車論」以降である。1980 年代に入ると，レーガノミクスの結果，アメリカでは財政赤字による高金利とドル高，ドル高の結果としての経常収支赤字の拡大という双子の赤字が発生し，経常収支赤字の持続可能性とドル暴落の危険性が指摘されるようになる。そこで，ドル暴落を回避するためにはドル高の是正が必要であると認識され，G5（先進 5 カ国財務相・中央銀行総裁会議）の合意の下に，ドル安誘導のための大規模なドル売り協調介入が行われた。これが 1985 年 9 月の**プラザ合意**である。その後，1986 年 5 月の東京サミットでは，為替相場安定のための政策協調の重要性が確認され，G7 の設置，各種経済指標を用いて各国が相互に経済状況を監視するサーベイランス（多角的監視）の導入が合意される。また，1987 年 2 月の**ルーブル合意**では，ドル高是正の目的は達成されたとの認識からドル買い協調介入が実施された。さらに，為替安定のためには協調介入だけでなく，金融・財政政策の協調が必要であるとの認識が定着し，サーベイランスの手法が確立されることになる。

　この政策協調をめぐる議論の中で，ドル体制の欠陥を修正するために，アメリカも含めた主要国間に何らかの対称的ルールを導入しようとする試みが生まれる。マッキノンの新三国通貨協定案や，ウィリアムソン＝ミラー（J. Williamson and M.H. Miller）のターゲット・ゾーン（目標相場圏）構想などである。これらの提案は実現には至らなかったものの，この時期の不安定なドル体制の構造に対する重要かつ建設的な問題提起であった。

2. マッキノンの新三国通貨協定案

　マッキノンは，変動相場制移行後もアメリカとアメリカ以外の国の間で非対称性が存在したことから，これらの諸国間で「**ゲームのルール**」を設定することの必要性を主張した。三国通貨協定という名称は，1936 年に米英仏の 3 カ国によって締結された国際通貨問題に関する紳士協定に由来している。マッキノンの認識は次のとおりである。1970 年代後半に米国の急速な貨幣供給量増加に直面した際，日本とドイツは自国通貨高を回避するために，ドル買い自国通貨売りの介入を行った。その結果，両国で貨幣量は増加したものの，アメリカは介入を実施しなかったので，貨幣量はこれに見合うだけ縮小しなかった。

このため，世界的な貨幣量は増大し，世界的なインフレにつながった。一方，1979年以降は，ドル高傾向を食い止めるために両国がドル売り自国通貨買い介入を実施したため，これら諸国の貨幣量は減少したが，アメリカは介入を行わなかったために，これに見合う貨幣量が拡大しなかった。したがって，世界的な貨幣量は縮小し，世界的景気後退を助長する要因となった。

　このように世界的貨幣量が不安定化したことが世界の景気循環の振幅を大きくしていることを指摘したうえで，マッキノンは，ドル，円，マルク（後にはユーロ）の主要3通貨を貿易財価格でリンクさせた固定相場制を提唱した。その内容は，①米国，日本，ドイツの3国が，共通の通貨バスケットを安定化させるような金融政策を実施すること，②ドル，円，マルクの主要3通貨間に貿易財価格で測った購買力平価に基づく中心相場を設定すること，③中心相場から市場の相場が乖離する場合には不胎化されない介入によって固定相場を維持すること，④ドルが事実上，基軸通貨であるという現状を認め，日本とドイツの通貨当局は連邦準備預金の形態でドル準備を保有し，対ドル相場の維持のためドルを使って介入を行うこと（アメリカは介入を実施しないが，日本とドイツがアメリカの連銀（FRB）にドル準備を預託することによって，介入の影響は対称的になるとマッキノンは主張している），⑤その他の国の通貨当局は主要3通貨に対して何らかの為替相場制を採用すること，などからな

図表10-1　マッキノンの「ゲームのルール」

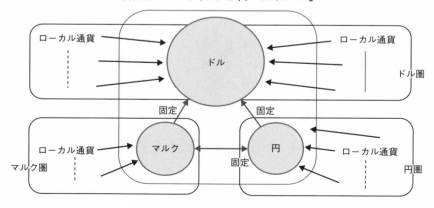

る（図表10-1参照）。これは金平価ではなく購買力平価に基づく固定相場制であることから，「**金なき金本位制**」ともよばれた。

　マッキノン提案の目的は，第1に金融政策の唯一の目標は物価（貿易財価格）の安定であり，同一のルールで各国が協調してこの義務を負うこと，第2に非不胎化原則によって3カ国の貨幣量を対称的に変動させ，世界レベルでの貨幣量を安定すべきとするものである。それゆえ，グローバル・マネタリズムともよばれるが，金融政策を物価の安定と為替相場の維持にのみ向けなければならないことから，景気安定のために金融政策を用いることできなくなる。また，経常収支不均衡の調整は，もっぱら貯蓄・投資バランスに影響を与えるような内需の増減にのみ委ねられることになる。このような問題を持ちつつも，弱体化するドル体制の現実を受け入れたうえで，複数基軸通貨体制の原型を提示したこと，通貨協力によってドルの安定性を回復するためには，基軸通貨国である米国にも一定のルールを課す必要があることを（アメリカの経済学者が）示唆した重要な提言であった。

3. ターゲット・ゾーン構想

　ターゲット・ゾーン（目標相場圏）構想は，為替相場を安定させるために中心相場から数％の変動可能幅を設定し，為替市場介入によって為替相場の変動をそのバンド内に抑制しようとするものである。しかし，中心相場の設定の仕方や変動可能幅の大きさ，あるいはゾーンを公表すべきかどうかなどについては，論者によって見解が分かれている。

　最も体系的に政策ルールを明確にしたのは，ウィリアムソン＝ミラーの主張であり，以下の諸点からなる。すなわち，① 各国の時間選好と投資の収益性を反映した基調的資本収支（金融収支）に等しい経常収支を実現する為替相場を基礎的為替相場とよび，これを中心相場とする，②中心相場から上下10％以上乖離させないという目標相場圏を設定する，③為替介入を補強するために，短期金利の国際的格差を利用する，④中心相場と目標相場圏は，経済構造の変化に応じて変更可能とする，⑤財政政策は国内需要成長率目標に充てる，というものである。

　ターゲット・ゾーン構想では，各国間で為替介入や金融政策の協調が必要とされる。したがって，金融政策の自立性はある程度制限されるが，固定相場制と比べると相対的に自立性の余地を残している。また，ゾーン内に維持するためにすべての国が原則として調整負担を負うので，対称性も備えている。財政政策は国内総需要の管理に向けられるが，中長期的には経常収支目標と矛盾しない節度がすべての国に求められる。このような意味でも，各国は対称的な立場にある。さらに，為替相場が変動幅の限界に達する前に中心相場の調整を行ったり，特別な場合には為替相場がゾーン外に動くのを許容したりすることで，攻撃的な為替投機にさらされる危険も回避できると考えられていた。

　ただし，対称性は担保されるものの，この方法で為替投機を回避できるかどうかについては，技術的にこれを疑問視する見解もあった。たとえば，アイケングリーン（B. Eichengreen）は，投機が発生する前にゾーンがシフトしたり，ゾーン外への為替相場の変化が許容されたりするようでは，実質的には変動相場制と変わりなく，逆に厳格なターゲット・ゾーンを採用すれば調整可能な固定相場制（アジャスタブル・ペッグ）と変わりないことから，為替投機の問題を回避できないと指摘した。

4.　国際政策協調路線の問題点

　2 提案の目的は，機能不全に陥った変動相場制の調整問題をいかにして解決するかという 1 点に置かれていたと考えられる。マッキノン提案は対称的メカニズムを内包した固定相場制への回帰によって，ターゲット・ゾーン構想は対称的介入により為替相場の安定を目指す目標相場圏の設定によって，アメリカに一定の自制を促すことにより，機能不全の解決を図ることを目論んでいた。

　しかし，現実の国際政策協調路線は，これらの提案よりも遥かにマイルドでアメリカに有利な方向へと進む。協調達成のためには強力なリーダーシップを発揮する国が必要となるが，そもそもリーダーシップを取るアメリカ自体が自国の利害にこだわる状況では，対称的な立場に基づく政策協調の実現は容易ではなかった。事実，アメリカは自国が危機的状況に陥らない限り，経常収支不均衡や為替相場の安定といった対外問題は，基本的に外国が是正すべき問題で

あるというスタンスを変えなかった。プラザ合意以降の協調介入によるドル相場の安定も，本来，アメリカが全面的に負担すべき調整を，国際政策協調という名目のもとに，半ば強制的に各国に分担させたというべきものである。しかも，協調介入によって是正されるべきアメリカの経常収支不均衡問題は，結局，解決されなかった。経常収支不均衡は，国内の貯蓄・投資バランスという構造的問題の結果であり，為替相場の経常収支調整能力には限界があるからである。著しい経常収支不均衡の是正には，為替相場の修正やマクロ経済政策の協調では不十分であるということが判明したものの，問題の抜本的解決は棚上げされる。また，当のアメリカの関心も，政策協調というマクロ・レベルの手段よりも，商取引に関する制度や慣行といったミクロ・レベルでの構造調整を周辺国（特に日本）に強制する方向へと向かうのである。

第3節　欧州通貨制度（EMS）下のマルクの基軸通貨化とドルの侵食

1. EMSにおけるドイツマルクの非対称的地位

　ところで，同時期の大きなトピックは，ドルの優位性の有力な論拠とされた為替媒介通貨としての地位でさえ盤石ではないことが明らかにされたことである。これは，1980年代半ばから1990年代初頭にかけてのEMS域内におけるドイツマルクの基軸通貨化の過程によって説明される。EMSにおいては，為替介入義務を加盟国間で対称的にするために，バスケット通貨である欧州通貨単位（ECU）から計算される各国通貨のECU中心相場からの乖離を特定するバスケット方式と，任意の2国間為替相場を ±2.25％に維持し相互介入を行うパリティーグリッド方式という二段構えの介入方式が採用された。ただし，バスケット方式によって乖離の限度に達した場合に要求される是正措置は必ずしも強制的ではなく，ある通貨の乖離が検出される場合にも，どの通貨に対して乖離が生じているのかが不明瞭であるなどの理由から，結局，パリティーグリッド方式による介入方式が主流となる（第12章参照）。

　パリティーグリッド方式は，限界点に達した場合に，両国通貨当局が互いの

図表 10 - 2　EMS におけるマルク本位制

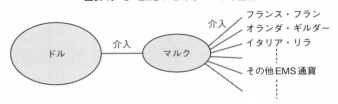

通貨を使って介入を行う義務的介入であり，介入に必要な通貨を融通し合う融資制度を備えていたものの，現実には限界点に達する前に行われる予備的介入（変動幅内介入）が主流となっていく。当初，EMS 諸国はドル準備しか保有していなかったため，この予備的介入は自国通貨の対ドル相場をドル建て介入によって動かすことで，自国通貨の対マルク相場に間接的に影響を与えるという方法で行われたが，次第にマルク建て介入がドル建て介入を凌駕するようになる。

　この理由は主として2つあり，第1はドイツが極めて低インフレ指向の国であったために，他の EMS 諸国が固定相場関係を通じてドイツの金融政策の信認や名声を輸入することによりインフレ抑制を図ったこと，第2は，ドル価値の変動がマルクと他の EMS 通貨に与える影響が基本的に異なったことである。EMS 内で相対的にプレゼンスの大きいマルクはドルの代替的な資産通貨とみなされるため，ドル価値の変動はまずマルクに影響し，その結果，マルクと他の EMS 通貨との間の為替相場に変動をもたらす。1980 年代前半のドル高期にはマルクはドルに対して減価傾向にあり，ドイツも含めた EMS 諸国はドル売りマルク買い介入を行う。その結果，各国の外貨準備の内訳もドルからマルクに移行する。ドル相場が反転する 1987 年以降にはマルクはドルに対して増価傾向となったため，EMS 諸国は蓄積したマルクを用いて介入を行うようになった。しかも，ドイツは EMS 通貨を用いた介入はほとんど行わず，ドル介入のみを実施し，EMS 通貨による介入はほとんどドイツ以外の EMS 諸国によって実施されるようになる。つまり，ドイツは対ドル相場を安定させることにより，ドル価値の変動が EMS 内部に及ぼす影響を緩和し，他の EMS 諸国は対マルク相場を目標として介入を行うという役割分担ができ上がったのである（図表 10 - 2 参照）。

2. 基軸通貨マルクの成立

　マルクの EMS 域内における準備・介入通貨化は，域内の外国為替市場における為替媒介通貨の選択にも影響を与える。マルクはそもそも価値の安定した通貨であることに加えて，他の EMS 諸国が固定相場関係を維持しており，かつ，域内の貿易取引，資本取引の規模も他の EMS 通貨と比べて相対的に大きいことから，銀行間市場におけるマルクと他の EMS 通貨との間のビッド・アスク・スプレッド（第 3 章参照）は急速に低下する。この結果，EMS 諸国の銀行間外国為替市場では，ドルに代わってマルクが為替媒介通貨として選択されるようになる。

　EMS の経過において重要なのは，為替媒介通貨としてのドルの地位でさえ絶対的なものではなく，条件さえ整えば他の通貨に代替される可能性のあることが明らかにされた点である。しかし，EMS がユーロへと発展したことで，為替媒介通貨マルクの地位も解消されてしまう。ユーロ圏内の貿易・資本取引についてはそもそも外貨交換が必要ないからである。現状，ユーロに対して固定相場制を採用する国は小国が多く，しかもユーロへの加盟を果たしてしまうともはや通貨の交換が不要となるため，今後，ユーロが為替媒介通貨としてドルの地位を侵食する余地は非常に小さいと考えられる。

　EMS 域内に限定されるもののマルク基軸通貨の過程は，基軸通貨の交代に関するヒントを与えてくれる。一般に，国際通貨は，民間レベルでの契約・決済通貨，投資・調達通貨として機能することが求められる。これらの通貨の選択は，対顧客市場における取引通貨の選択を規定するが，対顧客市場における外貨需要の受け手である銀行同士の市場（銀行間市場）では特定通貨による間接交換が行われる。このときの当該通貨の機能が為替媒介通貨である。また，公的レベルにおいて，国際通貨は基準通貨，準備・介入通貨として機能する。公的レベルの国際通貨の選択は，各国の採用する為替相場制度に大きく依存する。それゆえ，特定の通貨が国際通貨として機能していく過程を考えると，民間レベルでの国際通貨としての利用を基礎とする場合と，公的レベルでの基準通貨，準備・介入通貨であることを基礎とする場合がありえる。戦前のポンド体制は前者の例であり，戦後の IMF 体制におけるドルは後者の例であった

（第9章参照）。EMSにおけるマルクの国際通貨化・基軸通貨化は，まさに後者の例である。したがって，今後，特定国通貨による基軸通貨ドルの交代が進むとすれば，当該通貨との固定相場関係を基礎として次第に民間での利用度を高め，オセロゲームのように次々と国際通貨の機能の代替が促進され，最終的に為替媒介通貨の交代に到達するというのが，有力なシナリオの1つとして考えられるのである。

　ところで，EMSの経過をモチーフに，アジア通貨危機後の金融協力では，ECUの同様の通貨バスケットと相互介入のメカニズムをアジア各国通貨間に導入することにより，マルク基軸通貨化と同様のルートで，東アジア地域における円の基軸通貨化を期待する論調がみられた。しかし，構想は頓挫し，円との固定相場関係を重視する傾向は明確には見られなかった。また，ドル依存度の高い（日本を含めた）アジア諸国では，円を契約・決済通貨として用いる慣習は根付かず，円を国際的に供給するルートも十分に確立できなかった。

第4節　グローバル・インバランス問題とドル体制

1.　グローバル・インバランスの拡大

　再び，アメリカの経常収支赤字の維持可能性が大きくクローズアップされるのは，**グローバル・インバランス問題**をめぐってである。グローバル・インバランスとは，2000年代以降顕著になったアメリカの大幅な経常収支赤字の拡大と，これと表裏一体の関係としてのアジア諸国（特に中国）および資源輸出国の大幅な経常収支黒字の拡大を意味している。アメリカの経常収支赤字自体は1980年代，1990年代にも拡大しているが，この赤字に対する黒字側は主として日本であり，インバランスは日本との2国間の（バイラテラルな）関係にあった。これに対し，2000年代以降は，アメリカ対中国，その他のアジア諸国，資源輸出国といった新興国との多国間の（マルチラテラルな）不均衡の構図が明らかになってきたのである。アメリカの経常収支赤字の規模は1990年代後期あたりから徐々に拡大し，2006年にはアメリカの名目GDP比6%台の

危険水域に達した。しかし，その後，世界経済危機の発生により国際貿易が縮小し，アメリカへの資本流入も抑制されたことから，2009 年には大幅に縮小（リバランス）した。

　2005 年当時，連邦準備制度理事会（FRB）の議長であったバーナンキ（B. Bernanke）は，アメリカの経常収支赤字拡大は，中国を初めとするアジア諸国の**貯蓄過剰（Global Saving Glut）**によるものであり，むしろ経常収支黒字国側に原因があると説明した。1990 年代のタイ，インドネシア，韓国などのアジア諸国は，アジア通貨危機発生以前には国内投資が国内貯蓄を超過し，経常収支は赤字の状態にあった。これらの諸国は不足する資金を海外からの資金流入でファイナンスしたために，対外債務が増加し，通貨危機発生の原因となった。アジア通貨危機後，IMF に強烈な緊縮政策を強制された経験と，通貨危機に備えて多額の外貨準備を用意しなければならないという教訓から，アジア諸国は危機後には貯蓄不足から貯蓄過剰へ，すなわち貿易収支赤字国から貿易収支黒字国へと転換するようになり，アメリカを中心とする先進諸国に余剰資金を投資する行動パターンをとるようになった。同様に中東諸国やロシアなども，資源価格高騰によって貿易収支黒字が拡大し，貯蓄超過の状態が定着した。

　このように世界的に潤沢な貯蓄をもつ国が増える一方，これらの諸国はそれに見合った国内投資を増加させなかったことから，世界的な資金余剰と低金利が発生した。アメリカでは 2000 年 4 月に IT バブルが崩壊，2001 年 9 月に同時多発テロが発生したことから国内景気が低迷し，FRB は 2001 から 2003 年まで政策金利である FF レートを段階的に引き下げた。この引下げによってアメリカの景気は回復したが，住宅価格の高騰が顕著となったため，2004 年には FF レートを引き上げた。しかし，本来ならば短期金利の上昇によって上昇するはずの長期金利は依然として低水準のままであった。2004 年当時，FRB 議長であったグリーンスパン（A. Greenspan）は，これを「コナンドラム（謎）」とよんだが，アジアの新興国や資源輸出国からの余剰資金のアメリカへの流入が長期金利を上昇させなかったことが，その原因であるとバーナンキは指摘している。結果として住宅価格の高騰に歯止めがかけられず，低金利のもとでより高い収益性を求めて投資家がサブプライム関連の証券化商品を購入し

たことが，大手金融機関の破綻を招き，2008 年の世界金融危機を引き起こす
結果となった。一方，不動産や株式など資産価格の高騰によって，アメリカで
は過剰消費が促され，経常収支の赤字幅が拡大した。世界経済危機の発生はそ
れ自体グローバル・インバランスが維持不可能であったことを示しており，当
然のことながら危機発生後はアメリカへの資本流入が激減し，グローバル・イ
ンバランスは縮小した。

　つまり，アメリカの経常収支赤字は，世界的な貯蓄過剰の発生とともに，こ
れをアメリカが資本流入の形で受け入れたために発生したものに過ぎないとい
うのがこの見解である。したがって，アメリカの経常収支赤字（貯蓄不足）
は，国内政策によって解決すべき問題ではなく，経常収支黒字（貯蓄過剰）国
が，国内投資や消費といった内需の調整によって改善すべき問題であるとした
のである。

2. ブレトンウッズ体制の再生

　一方，ドゥーリー（M. Dooley）らは，アメリカとアジア諸国の間の経常収
支不均衡とアジア諸国が採用する実質的なドル・ペッグ制が戦後のブレトン
ウッズ体制の安定期に類似しているとし，現状はブレトンウッズ体制の再来で
あって，むしろ安定的なシステムであるとする**ブレトンウッズⅡ（BW Ⅱ）**と
いう仮説を提唱した。

　ドゥーリーらによれば，現状（当時）の世界には，① 中心国であるアメリ
カ，② 中国，香港を含む NIES，マレーシア，日本といった「貿易収支国」，
③ 欧州諸国，カナダ，オーストラリア，中南米諸国といった「資本収支国」
に分けられる。貿易収支国はアメリカを重要な輸出先とみなしており，アメリ
カの旺盛な国内需要に依存して外需で経済成長を図る国である。一方，資本収
支国はむしろ対外投資に関心があり，アメリカを重要な対外投資先とみなす国
である。アメリカの経常収支赤字は，貿易収支国の（主として政府による）対
米投資と資本収支国の民間部門の資本流入によってファイナンスされる。資本
収支国の対米投資が株式・証券投資中心で収益性を重視するのに対し，貿易収
支国の対米投資は国債中心である。アメリカの経常収支赤字が悪化した場合，

資本収支国からアメリカへの資本流入は減少するであろうが，貿易収支国からアメリカへの資本流入は減少しない。なぜなら，貿易収支国の経済構造はアメリカへの輸出に依存しており，自国通貨の対ドル相場が増価することを嫌うからである。その結果，アメリカの経常収支赤字が増加しても，貿易収支国が米国債の購入によって赤字をファイナンスしてくれる限り，ドルの大幅な下落は生じず，アメリカの経常収支赤字も持続可能（サステイナブル）であるというのが，彼らの主張である。また，貿易収支国の対米投資が米国債に偏っていることは，アメリカの長期金利の上昇を抑制するメリットもあるとしている。このように，アメリカと貿易収支国が互恵関係にあることから，ドゥーリーらはBWⅡ体制が安定的であると主張した。

　アメリカの対外債権・債務構造の特異性から，経常収支赤字の持続性について楽観視する見方もあり，BWⅡ仮説を補強する形でしばしば主張された。アメリカの債務は国債が中心であって，一国全体で低利で資金調達する一方，新興国を含む外国への直接投資や株式，債券，投資信託などで再投資し，高い収益率で運用することによってインカムゲインを得ている（**金利効果**）。リスクを負って高い収益を追求するこのようなバランスシート構造から，アメリカは世界の銀行というよりも，むしろ**世界のベンチャーキャピタル**として機能している。このような債権・債務構造は，純債務国であるにもかかわらず所得収支が黒字であるいう奇妙な国際収支状況を生み出した。また，アメリカの対外債務はその性格上，債務についてはほとんどがドル建て中心であり，債権については大部分が外貨建て中心である。その結果，趨勢的なドルの減価傾向は対外債務を目減りさせる一方，対外債権を膨張させ，アメリカにバランスシート上のキャピタルゲイン（評価益）を発生させるという効果がある（**評価効果**）。この評価益の効果は甚大であり，2001年以降，米国の経常収支は拡大し続けているにもかかわらず，対外純債務は安定的に推移するという奇妙な状況が継続したのである。

3.　世界金融危機とドル

　2007年にアメリカで始まった**サブプライム危機**は，2008年9月のリーマン・

ブラザーズの経営破綻を契機に世界金融危機へと発展する。この最中，欧州の金融市場を中心にドルの流動性不足問題が発生し，ドルの対ユーロ相場は急騰する。アメリカで始まった危機であるにも関わらずドルが高騰した原因は，欧州諸国とアメリカの間のグロスの資本移動にあると考えられている。図表10－3(a) は，世界金融危機が起きる直前の2007年第2四半期の主要国・主要地域間の資本フローを示したものであるが，米欧間の資本流出入が際立って大きいことがわかる。この時期の欧州の銀行は，アメリカの銀行から短期資金を借入し，アメリカに対して多くの証券投資を行っていたと考えられる。証券投資の対象の多くは，アメリカで住宅ローンを担保にして発行された不動産担保証券であった。一方，アジア諸国から米国への資本流入はほぼ米国債での運用であったことから，先述のドゥーリーらの指摘は適切であったとことを確認できる。

　危機前の欧州の銀行は，次のような方法でドル建ての資金調達を行っていたと考えられる。A銀行が第0期から第t期にかけてB銀行と直物ドル買い，先物ドル売りのスワップ取引を行うとしよう。ここでA銀行がB銀行との先物ドルの受け渡しの期日（第t期の期末）にさらにC銀行との間で第t+1期にかけての直物ドル買い，先物ドル売りを行うとしよう。A銀行は第t期の期末に直物で買ったドルをB銀行への支払いに充てればよいので，こういった取引を繰り返すことにより，当初借入れたドル資金をより長期の運用に回すことができるのである。つまり，ユーロ圏も含めて欧州の銀行は，ドルの影響から逃れるどころか，むしろドル対ドル取引の世界に浸かりきっていたといえる。

　さて，A銀行が行っていることはスワップ取引による短期借入資金の長期運用（満期転換）である。この取引の大きなリスクは，各期末に新たなスワップ取引に応じてくれる銀行を探さなければならないということである。このリスクは，サブプライムローンの焦げ付きの拡大によって現実となる。銀行間市場では**カウンターパーティリスク**（取引先が破綻する場合に契約が履行されず損失を被るリスク）が高まり，スワップ取引によるドルでの資金調達が困難（あるいは不可能）になったことからドルは高騰したのである。図表10－3(b)は，世界金融危機発生直後の資金フローを表している。米欧間の資金フローは大きく縮小し，欧州からアメリカへの矢印も流入超（▲は資本の純流入）になっていることから，欧州の銀行がいかに慌てて資金の回収，つまり証券化商

図表 10 − 3 世界金融危機前後のグローバル資金フロー

(a) 2007 年第 2 四半期

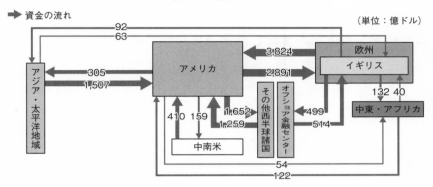

(b) 2008 年第 3 四半期

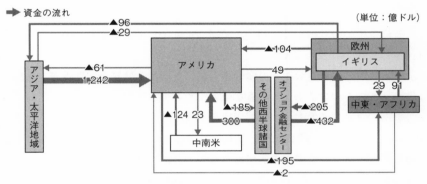

(注) ① 投資収支（直接投資，証券投資等の合計）から見た資金の流れ。▲（マイナス）は流れ
が逆方向（リパトリエーション）であることを示す。② データの制約から，アジア・太平
洋地域，中東・アフリカおよびオフショア金融市場は，イギリスとの銀行部門のみを記載。
③ オフショア金融市場は、Aruba, Bahamas, Bahrain, Barbados, Bermuda, Cayman Islands,
Guernsey, Isle of Man, Jersey, Lebanon, Macao, Mauritius, Netherlands Antilles, Panama and
Vanuatu の計 14 カ国・地域。
(出所) 通商白書（2012）。

品の売却に走ったかが見て取れる。因みに，このドルの流動性危機に際して
「最後の貸し手」 としてドル資金を供給したのはアメリカの中央銀行である
FRB であった。欧州各国の中央銀行は，FRB とのスワップ協定に基づき，ド
ル資金を大量に借り入れることによって，ドルの流動性不足からようやく脱し

たのである。

第5節　ドル体制の変容と基軸通貨交代の可能性

1.　ドル体制の変容と継続

　ところで，すべての国が変動相場制を志向するようになったわけではないという BWⅡ 論者の指摘は重要である。現実には，程度の違いこそあれ，対ドル相場を意識しつつ変動相場制へと向かった主要国（あるいは成熟国），主要国に遅れて登場したアジア諸国や中南米諸国のようにドルとの固定相場関係を志向する新興国，さらに全体としてドルからの影響を脱する目的で固定相場（共通通貨）を志向したユーロ圏と，為替相場制度そのものが次第に分化していく。特に主要国の変動相場志向，新興国の（主としてドルとの）固定相場志向は，極めて顕著になっていく。その結果，新興国の世界経済での台頭とともに，ドル体制の在り方も次第に変動相場制移行当初とは異なった性質をもつようになっていくのである。BWⅡ 仮説は，アメリカの国益を重視した楽観的な主張であったが，このドル体制の変容を端的に指摘した点は重要である。図表 10-4 は，いわゆる**国際金融のトリレンマ**の文脈で，この二分化を示したものである。資本移動の自由化を前提とすると，もはやトリレンマではなく，各国には為替の固定を取るか金融政策の自立性を取るかのどちらかの選択（ジレンマ）しか残されていないとさえいえる。ドル体制は，主要国との関係ではドルは基軸通貨としての根拠を失いつつも，新興国との関係では明らかに基軸通貨

図表 10-4　主要国，新興国とドル体制

	為替相場の 固定	金融政策の 自立性	資本移動
主要国	変動相場へと移行	自立，ただし 相互依存	自由化
新興国	基軸通貨への 固定指向	基軸通貨国に 追随	次第に自由化

として機能するという重層構造へと変化していく。しかも，その主たる軸足を，次第に主要国との関係から新興国（特に南米やアジア新興国）との関係へと移していった訳である。

　直近におけるドルの利用状況については，第 2 章を改めて参照されたい。図表 2 - 8 に示されるように，明らかな特徴は，近年の南米およびアジア新興国の貿易取引において，圧倒的にドルが貿易における建値通貨（決済通貨）として選択される比率が高いことである。新興国の貿易決済においてドルの比率が高い理由は，先述のドゥーリーが指摘するように米国の国内需要に依存した外需依存型経済である点もあるが，近年，新興国が主要国企業のサプライチェーンの一部に組み入れられ，最終的な輸出先が欧米諸国であることから，サプライチェーン内部の契約・決済通貨としてドルが用いられているという要因も重要である。特に（日本も含めた）アジア諸国ではこの傾向が強い。

　ドルとの為替相場の安定を図るこれらの新興国は，当然，公的準備通貨としてドルを保有する。通貨投機にさらされるかも知れないという一種のトラウマ（fear of floating）の中で，新興国は多額の外貨準備を積み増していく。同じく第 2 章の図表 2 - 11 は近年の世界の外貨準備の内訳を示しているが，やや低下しているもののドルのシェアは約 60％程度以上を保っている。しかも，このシェアは，外貨準備の通貨別配分を IMF に報告している主要国の外貨準備総額（allocated reserves）に対する比率を表している。一部の新興国は，外貨準備の内訳を IMF に報告しておらず，未分類の外貨準備（unallocated reserves）として扱われている。近年は，全体に占める未分類の外貨準備の比率が高まりつつあり，新興国の外貨準備の大部分はドルと考えられるので，実際の外貨準備に占めるドルのシェアは，数字以上に評価すべきかも知れない。

　また，図表 10 - 5 に表されるように，近年（全体的傾向としては世界金融危機以降），アジア新興国ではドル建て信用の持続的な膨張が確認されている。新興国の企業への貸付けは新興国の銀行によって行われるが，新興国の銀行の資金調達は主として欧州の銀行からの短期資金借入れによるものとみられている。また，欧州の銀行はユーロダラー市場（アメリカ国外にあるドル市場）でドル資金を調達するが，ユーロダラー市場におけるドル預金自体の保有者は新興国の通貨当局であるという報告もある（経済産業省『通商白書』2020 年）。

図表 10-5　アジア各国へのドル建て信用の拡大

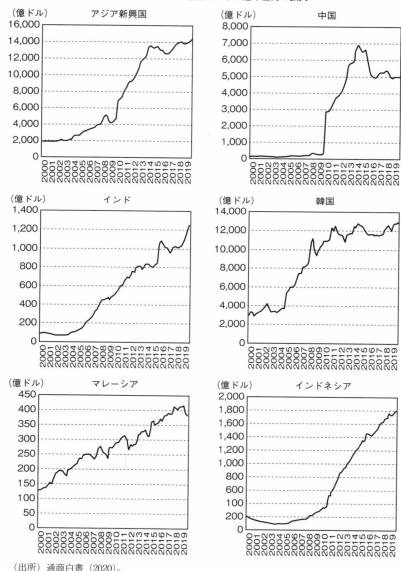

（出所）通商白書（2020）。

つまり，主たる供給源が依然として米国の経常収支赤字であることは確かである。この資金フローは，欧州におけるゼロに近い低金利と，新興国における相対的に高いドル建て金利に基づいて発生しており，明らかにグローバル・インバランス期と資金フローが変化していることを示している。しかし，取引相手が代わったとはいえ，依然として欧州の金融機関がドル対ドル取引に従事している可能性は高い。

　さらなる問題は，この再生したドル体制の安定性である。この体制はアメリカにとって当面，ドル需要が減少しないことを意味するので，アメリカの経常収支赤字の垂れ流しには自制が掛かりそうにない。しかも，アメリカの金融政策（たとえばアメリカでの長期金利上昇）次第では新興国に債務負担の増大を引き起こしかねない懸念もある。また，（今般のコロナショックのような）甚大な実体経済のショックによって世界中でドルの流動性重視の傾向が高まる場合に，新興国への債券・株式投資が引き上げられ，かつてないドル不足や債務危機すら引き起こしかねない。新興国はこれに備えてアメリカとの**スワップ網**を拡充しているが，新興国を軸足とするドル体制の再生が再び金融危機を引き起こすリスクを内包していることは，ほぼ間違いないであろう。これは，明確に歯止めのないドルの供給側，経済成長のためにはドルを必要とせざるをえない需要側，仲介する金融機関による急激な信用膨張と収縮の可能性という危険な構造の上に，現状のドル体制が相変わらず依拠していることを意味している。

2.　基軸通貨の交代はあり得るのか？

　新興国に基盤を置いたドル体制の再生ともいえる現状が真の再生なのか，実は延命に過ぎないのかは，判断が難しい。だが，もし基軸通貨の交代があるとすれば，① 複数基軸通貨体制への移行，② 人民元の台頭，③ 暗号通貨による代替の3つのシナリオが考えられる。

　複数基軸通貨体制は，現行のドル一極体制（**ガリバー型基軸通貨体制**）に対し，2つないし3つの基軸通貨を並立させ，各通貨間の為替相場を変動相場とすることで，通貨間競争を促すものである（この点は既述のマッキノンの考え方とは基本的に異なる）。したがって，アメリカの経常収支赤字に対して改善

を促す効果が期待されるが，決済通貨が複数になることから交換の効率性が低下し，通貨間のポートフォリオのシフトが為替相場を不安定化させるという欠点もある。ドルと並ぶ基軸通貨としてもっとも期待されたのはユーロである。ユーロ圏はアメリカと並ぶ経済規模を持っており，ドルに匹敵する金融・資本市場でのユーロの使用が期待されたが，現状第 2 位の国際通貨とはいえドルとの格差は大きく，欧州での「地域的な基軸通貨」にとどまっている。また，欧州の銀行が，依然としてドルでの金融仲介に従事していること，ユーロ圏諸国の実体経済の格差問題も未解決であることから，今後も急激にユーロが存在感を増すことはないと思われる。一時は，ドル圏，ユーロ圏に，アジアにおける通貨圏（円圏あるいは人民元圏）を加えて 3 極の基軸通貨体制が形成されるという予想もあったが，日本の経済力の後退もあって円の国際化は進んでいない。また，アジア諸国においてドルへの集中傾向が見られることから，アジア圏での独立した通貨圏の形成は前途多難である。

　一方で，中国は，人民元の基軸通貨化に野心的である。実体経済においては，中国から南アジア，ユーラシア大陸を経て欧州，アフリカにまで及ぶ広域経済圏構想（一帯一路構想）を提唱し，同地域でのインフラ整備，貿易と資本移動の促進を進めるとともに，スワップ網の拡充，公的借款，民間への信用供与などを通じ，人民元建て取引比率を高めるための方法を次々と打ち出している。さらに，中国人民銀行は 2015 年から **CIPS** という人民元の国際銀行間決済システムを稼働させている。このシステムに参加すれば，アメリカ政府の影響下にあるといわれる **SWIFT**（国際銀行間通信協会，第 2 章を参照のこと）のシステムを介在させずに人民元建ての貿易・資本取引の決済を行うことができ，ドルの影響からの離脱を図ることができる。中国政府は人民元建ての取引・決済に CIPS を使うよう促しており，CIPS を用いる取引は急速に拡大している（2019 年 5 月時点で 89 カ国・地域の 865 行が参加）。この目論見が成功すれば，人民元は今後，民間ルートからの国際通貨としての利用度をも高め，その経済圏のなかでドルと並ぶ基軸通貨として成長する公算は高い。ただし，貿易決済における人民元利用はさておき，中国の志向する管理社会と基本的に矛盾するであろう資本取引の自由化を推進できるかどうかという大きな課題もある（第 11 章参照）。

　さらに，**暗号通貨**（crypto currency）が国際決済においてドルの有力なライバルとなる可能性もある。Bitcoin に始まる暗号通貨は，Ripple や Ethereum のような第 2 世代，ADA のような第 3 世代を経て，急激に進化している。暗号通貨はそもそも低コストでの国際送金が可能という特徴を備えているが，近年，もっとも衝撃的であったのは旧 Facebook 社（現 Meta 社）が発表した **Libra**（**Diem**）構想である。Libra は，バスケット化された法定通貨に裏付けされたステーブル・コインであるということ（もっとも最初のステーブル・コインという訳ではない），巨大 SNS である Facebook のアクティブユーザーを基盤としていること，さらにこれまで銀行口座を持てなかったアンバンクト（unbanked）とよばれる金融弱者を救済する（**金融包摂**：financial inclusion）という大義名分の下に，決済での利用を前面に押し出してきたことなどに特徴がある。ただし，Libra 構想はアメリカの金融当局や議会のみならず，G20 財務省・中央銀行総裁会議からも猛反発を受ける。表向きの反対理由は，金融システムへの悪影響やマネーロンダリングへの懸念であるが，根底には中央銀行を含めた既存の金融システム全体の既得権益を侵害するものであるという認識があると思われる。同様に，もし民間経済主体が発行する暗号通貨が国際決済に使用され，事実上の国際通貨として機能するならば，アメリカが享受してきた通貨発行特権は大きく侵害されることになる。また，たとえ Libra（Diem）構想が実現しないとしても（2022 年 1 月に Meta 社は Diem サービスの提供を断念した），今後，民間サイドから同様の計画が提唱される可能性は十分にありえる。

　いずれにせよ，基軸通貨ドルに対抗する勢力が複数，出現しつつあることは間違いない。アメリカはこれらの勢力に対して激しく抵抗し，様々な圧力を掛けるであろう。基軸通貨の争奪をめぐる対立は，国家間のみならず，政府と民間の間でも生じている。これらの対立は，基軸通貨を保有することから生じる利益がそれだけ「とてつもない」（アイケングリーンの著作の邦題）ものであることをも表しているのである。

練習問題

1. ここでは十分に触れられなかったものの，ドル体制と通貨危機との間には密接な関係があると考えられます。変動相場制移行のドル体制において，特に新興国において通貨危機が頻発した理由を考察してみてください（第 7 章も参照のこと）。

2. 円はなぜアジアの基軸通貨になれなかったのかを，考察してみてください。

3. 民間部門の発行する暗号通貨が基軸通貨ドルを代替する可能性を，国際通貨の諸機能に（第 2 章参照）に照らして考察してみてください。

推薦図書

中條誠一（2019）『ドル・人民元・リブラ：通貨でわかる世界経済』，新潮選書。
　初学者にもわかりやすく国際通貨問題を解説した好著です。著者の主張が比較的色濃く表れていて，議論の題材としても適切です。
バリー・アイケングリーン著，小浜裕久監訳（2012）『とてつもない特権：君臨する基軸通貨ドルの不安』，勁草書房。
　特別なことを主張しているわけではありません。非常に常識的な解釈だと思いますが，膨大な歴史的知識に裏づけされています。
経済産業省『通商白書』各年号。
　世界経済の最新動向を知るためには目を通しておくべきかと思います。

参考文献

岡本惠也，揚枝嗣朗（2011）『なぜドル本位制は終わらないのか』，文眞堂。
小川英治編（2019）『グローバリゼーションと基軸通貨：ドルへの挑戦』，東京大学出版会。
経済産業省『通商白書』各年号。
田中素香・藤田誠一編（2003）『ユーロと国際通貨システム』，蒼天社。
中島真志（2020）『アフター・ビットコイン 2 仮想通貨 vs. 中央銀行：「デジタル通貨」の次なる覇者』，新潮社。
藤田誠一・岩壺健太郎編（2010）『グローバル・インバランスの経済分析』，有斐閣。
松浦一悦（2019）『（改訂版）現代の国際通貨制度』，晃洋書房。
ロナルド・マッキノン著，日本銀行「国際通貨問題」研究会訳（1994）『ゲームのルール：国際通貨安定への条件』，ダイヤモンド社。
山本栄治（1997）『国際通貨システム』，岩波書店。

第11章

東アジアの国際金融協力と
人民元の国際化

　本章では，東アジア地域での国際金融協力の状況や，近年，台頭著しい中国の人民元の国際化についての解説を行っていく。なお，ここでは東アジア地域には日中韓以外に，ASEAN 現加盟国 10 カ国も含むものとする。国際金融協力は，一般的には金融政策の協調・協力や国際的な資金提供を含むものの，東アジアでの国際金融協力では金融政策の協調ではなく，緊急時における資金提供から始まり，金融市場の育成のための技術協力などの広範囲にわたり，これらの現状を検討する。また，国際化が著しい中国人民元が今後，どのように発展するのかも考えていく。

第1節　なぜ国際金融協力が必要なのか
　　　　　——東アジア通貨危機の経験

　この章では，東アジア地域での国際金融協力の状況や，近年，台頭著しい中国の人民元の国際化についての解説を行っていく。国際金融協力は，一般的には金融政策の協調・協力や国際的な資金提供を含むものの，東アジアでの国際金融協力では以下に述べるように，金融政策の協調ではなく，緊急時における資金提供から始まり，金融市場の育成のための技術協力などの広範囲にわたる。

　現在，世界各国の経済や金融資本市場は相互連関が深まっており，また国際資本移動も活発になっている。この背景には，いわゆる**金融の国際化**とよばれ

る，1990 年代後半からの先進国や新興市場国での国際的な金融取引の自由化が段階的に行われてきたことがある（第 8 章参照）。金融の国際化によって資金余剰国から資金不足国への活発な国際資本移動がおき，国際的に効率的な資本配分が行われるようになった。一方で，国際的に展開する短期的な投機的行動も活発となり，各国の金融資本市場の資産価格を乱高下させる要因にもなっている。この端的な例が 1997 年の**東アジア通貨危機**である（第 7 章参照）。ここで通貨危機とは，大規模な資本流出によって固定相場制が維持できない事態をさす。固定相場制を選択している国から大規模な資本流出が起き，それによってその国の為替相場は減価しようとするので，為替介入によって政府は対

図表 11 - 1　ASEAN 5 カ国の対ドル為替相場

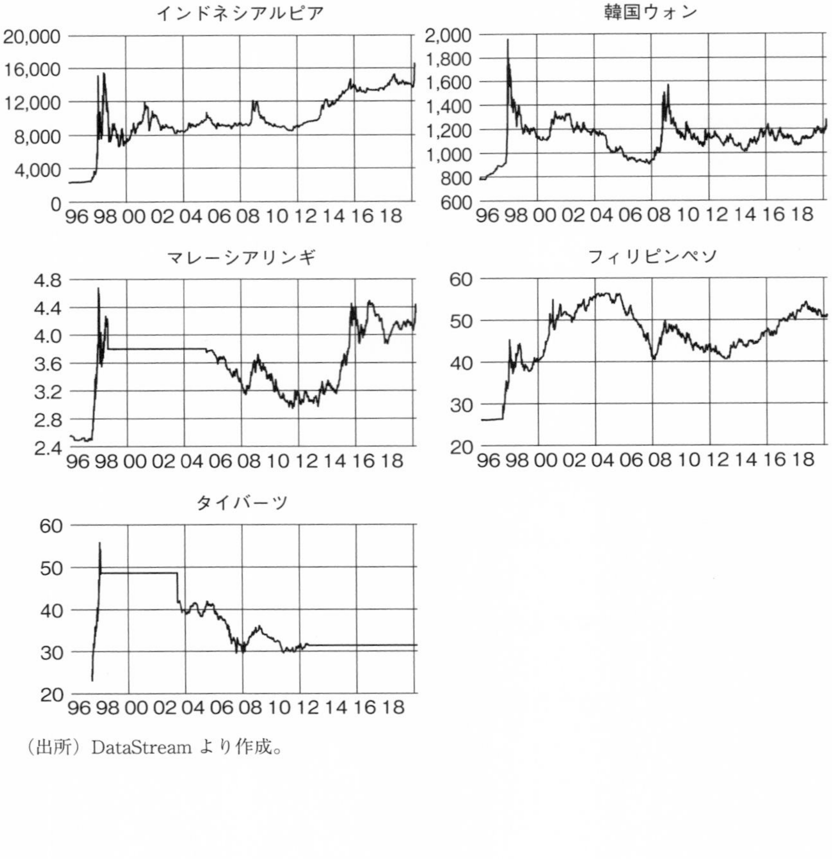

（出所）DataStream より作成。

抗する。しかし，為替介入のための外貨準備が枯渇すると，介入を実行することができず，固定相場制を維持できなくなり，変動相場制に移行せざるをえなくなる。そのため，その国の為替相場は大幅に減価し，それにともなって経済混乱が引き起こされる。たとえば，為替相場が大幅に減価することによって，輸入物価が上昇するが，主要な消費財を輸入に依存している国にとっては，消費者物価が上昇し，国民生活を脅かすことがある。通貨危機は，固定相場制の崩壊だけでなく，国内経済に深刻な被害を与えることが懸念される。

　通貨危機前には，東アジア諸国は基軸通貨ドルに対する変動をできるだけ抑制することを目標とし，為替介入を行っていた。これは，成長資金を海外に依存し，安定した輸出を実現したい東アジア諸国にとって対ドル相場を安定させる必要があった。そのような政策のもと，東アジア通貨危機は，新興市場国であるタイ国に投資していた短期的な利潤追求行動を採用する先進国の投機家が，将来への不安を呼び起こす事態の変化によって投機家達はそのタイから先進国に資金をいっせいに引き揚げたことによって，ドルを安定させるための為替介入資金が枯渇し，通貨危機がまずタイで発生した。

　さらに，そのような動きはタイだけではなく東アジア諸国にも起きた。すなわち，**伝染効果**（contagion effect）とよばれるように，タイで起きた通貨危機は近隣諸国であるインドネシア，フィリピン，韓国に次々と拡大していった。このようにある特定の地域で通貨危機が拡大する状況は，1992年の欧州通貨危機が示すように，金融の国際化が進展した1990年代から始まっている。欧州通貨危機は，その後のユーロ導入を促し，その導入により欧州での通貨危機を抑え込むことに成功した。一方，東アジアでは通貨統合を選択することをせず，地域的な協力によって通貨危機に備えることを選んだ。すなわち，東アジア各国での通貨協力によって，通貨危機に備えようとした。

　欧州通貨危機と東アジア通貨危機に共通するのは，国際資本移動によって小国経済は大きな攪乱を被ることである。詳しいメカニズムは第7章を参考にしてもらいたいが，活発に動く国際資本移動の一部は投機を目的にしており，ある国に大規模に流入したかと思えば，何かの経済事情をきっかけに，一気に流出するということがある。さらに，その流出が近隣諸国に波及し，地域的な通貨危機へと拡散することも共通している。ここで地域とは何であろうか。投資

家や投機家は各国金融市場に関する情報を収集して金融資産の最大化を図っているものの，近隣諸国をグループと扱って判断し，資金の引き揚げもグループとして行うことがある。また，ある国が減価すれば貿易上，競争関係にある近隣諸国は積極的に自国通貨を減価させる誘因になる。そのため国際資本移動がグローバルに活発となった現在でも，資本移動の地域性が残っているといえる。

　このような流出により，通貨危機が発生し経済困難をもたらすとすれば，それを回避することが求められる。その回避への希求が地域間の通貨協力を促すこととなった。東アジアの場合，通貨危機による経済の痛手は大きく，東アジア全体で再び通貨危機を引き起こさない協力が必要であるという合意が，危機直後に得られた。そのため，危機後の早い段階から東アジアでの通貨協力の機運は盛り上がった。さらに，東アジアでは通貨協力だけでなくより広い国際金融協力へと発展させた。日本，韓国を除く東アジア諸国は，金融インフラが十分でなく金融市場が発展していない新興市場国である。そうでありながら，金融の国際化を行い，先進国の投機資金を受け入れたため，急速な資金の引き揚げによって東アジア諸国の金融市場は大きく混乱した。そのため金融インフラを整備するための協力も必要となった。

　また，東アジア諸国だけでなく多くの国では，国際金融市場から自国通貨建てで借入を行うことができない。現実に，国際金融市場で銀行から借入をしたり，債券を発行したりできる建値通貨（表示通貨）は基軸通貨か，国際通貨である（第2章参照）。そのため東アジア諸国の政府や民間企業が海外から借入をしようとすれば，基軸通貨ドルで建値した借入契約をせざるをえない。この非基軸通貨国あるいは非国際通貨国が直面する国際金融市場での制約は，キリスト教の「原罪」に例えられることもあるほど，東アジア諸国ではどうしようもない制約と考えられてきた。この「原罪」をなんとか地域的金融協力で打破しようとする取り組みも出ている。

　ただし，ここで取り上げる地域金融協力とは公的機関が実施する地域的な広範囲の金融協力を含んでいる。地域金融協力の特徴を区分するには，まず金融協力を行う主体が誰なのかを区別する必要がある。主体が中央銀行なのか，政府なのか，あるいは両者を含むのかということになる。一般的には協力しようとする主体と同等の役割を担う主体が国家間のカウンターパートになる。ま

た，協力する目的も違いもあげられる。たとえば，地域的に為替相場を安定さ
せるための協力なのか，あるいは金融政策を協調して行うための協力となるの
かによって協力の主体や目的も異なる。また，協力の方法も多様である。欧州
の場合には，為替相場安定のための**欧州通貨制度（EMS）**を構築し，その後，
共通通貨ユーロを導入するという協力を実行してきた。一方，東アジア諸国で
は，**スワップ協定**（ASA：1977年締結）とよばれるような為替相場安定のた
めの為替介入資金の相互融通の仕組みや，債券市場の育成のための協力といっ
たように様々なレベルでの協力が行われている。そこで，次節では通貨危機以
降の東アジア地域での具体的な通貨・金融協力の取り組みを紹介しよう。

第2節　金融協力のレベルと東アジア金融協力の現状

1. チェンマイ・イニシアティブ

　前節では東アジア地域での金融協力の必要性を説明した。この節では東アジ
アでの通貨・金融協力の具体的な取り組みを解説する。まず通貨・金融協力の
あり方として，資金を相互に融通する協力方法と，資金供与を行わない協力方
法がある。東アジアでの前者の具体策として，ASAと，それを拡充させた
チェンマイ・イニシアティブ（CMI）がある。ASAは1977年に発足した
ASEAN5カ国の間でドルと自国通貨を交換することによって，保有するドル
を相互に融通する枠組みである。ASAは何回か発動されたものの，資金不足
が当初より指摘されており，来る通貨危機に対応するには資金不足の懸念が
あった。実際，97年の東アジア通貨危機では資金不足のため発動されず，
ASAの拡充が切望された。

　そのためアジア通貨危機直後の1997年11月にASAを拡充して危機に対応
するため，ASEAN9カ国（当時）と日中韓（ASEAN＋3）で合意され，2000
年に立ち上げられたドル資金を融通し合う枠組みがCMIである。具体的には，
対外支払いが困難となった政府に対し，短期的に外貨準備として協定に参加し
た各国が保有するドルを融通する2国間の通貨スワップの取り決めネットワー

クである。これは 1977 年に発足した ASEAN 5 カ国の間でドルと自国通貨を
交換することによって保有するドルを相互に融通する枠組みである ASA を拡
大するため，日中韓が参加する 2 国間スワップ網を構築した。これにより，通
貨危機に対抗するためには ASA では不十分であった資金を拡充することがで
きた。ただし，80 年代以降に ASEAN に加盟したブルネイ，ベトナム，ミャ
ンマー，ラオス，カンボジアは従来の ASA で対応し，CMI には加盟せず日中
韓との 2 国間協定は結ばれなかった。

　また，CMI は IMF による支援を保管するという位置づけとされ，CMI が発
動する条件として，**コンディショナリティ**に関して IMF との間で合意がなさ
れているか，あるいはされる予定であることが必要とされる。ここで，コン
ディショナリティとは IMF が融資するに当たって，当該国の政府が，IMF の
求める経済政策の遂行を約束することである。そのため当該国の経済改革が求
められ，危機からの回復を促すことになる。IMF のコンディショナリティが
課されるスワップ額は全体の 80％となり，課されないスワップ額は 20％とし
ている。

　また，コンディショナリティを満たすためには，定期的な域内サーベイラン
ス（多角的監視）が必要とされる。東アジアでの域内サーベイランスに関して
は，1997 年に ASEAN＋3，米，加，豪，IMF，世界銀行，アジア開発銀行，
国際決済銀行がフィリピン・マニラに集まり合意した枠組みがある。これはマ
ニラフレームワークとよばれ，域内サーベイランスの強化のほか，金融部門強
化のための技術支援などで合意された。この合意を受けて 98 年より，サーベ
イランスの仕組みが稼働している。

　CMI はそもそも 2 国間の取り決めであり，規模や利用する通貨に関しては 2
国間交渉に委ねられる。また取り決めの発動を決めるのは，貸出国側にある。
このように CMI ではスワップ網全体を管理する主体はいないため，危機が発
生したときの発動が遅れるのではないかという欠点が早期から指摘されてい
た。そのため，スワップ協定を発動する際に，複数の参加国と交渉しなくても
いいように，スワップ協定を一つの契約に基づくものとする必要があった。こ
れは**スワップ協定のマルチ化**（多極化）とよばれ，それによって結ばれた協定
が **CMI のマルチ化契約（CMIM）**である。CMIM には，ブルネイ，ベトナム，

図表 11-2　チェンマイ・イニシアティブ

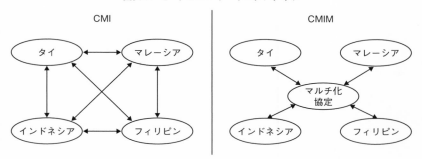

（出所）中林（2018）より一部修正。

ミャンマー，ラオス，カンボジアも参加して拡大された ASEAN＋3 によって運用されている。また 2014 年の改訂により総額が 2400 億ドルに増額され，さらに IMF のコンディショナリティを除外した割合も 20％から 30％に引き上げられた。

　図表 11-3 には，CMIM の概要を掲げている。**貢献額**とは各国の貸出可能額であり，**買入乗数**とは，貢献額の何倍までを借り入れられるのかを示した係数である。これを見ると，日中韓の貢献が 80％となっているが，これは主に日中韓が貸出国，ASEAN 諸国が借入国であることを想定している。それを示すのが日中の買入乗数は 0.5，韓国は 1 と低いのに対し，ASEAN 諸国，特に途上国であるベトナム，カンボジアなどでは買入乗数は 5 とされていることである。また CMIM の意思決定は貢献額に比例して投票権が与えられるため，日本と香港を合わせた中国が同じ投票権を保有している。

　CMIM を発動させたことは現時点ではまだない。しかし，CMIM のような多国間でのスワップ協定に加盟しているという事実によって，通貨危機を防止する枠組みになる。投機家による投機の攻撃が起きたとしても CMIM があることによって，通貨切り下げが困難であると投機家に予想させれば，投機の攻撃を行う意思をくじくことができる。そのような機能をスワップ協定は持っているものと考えられる。しかし，CMIM は通貨統合を実現させた欧州の金融協力ほど強力なものではない。欧州では通貨統合を実現する前には**収斂（れ**

図表 11 - 3　CMIM の概要

			貢献額 (億ドル)		貢献割合 (%)	買入乗数	引出可能総額 (億ドル)	投票権合計			投票権率 (%)
								基本票	貢献額票		
日中韓			1,920.0		80.00		1,173.0	9.60	192.00	201.60	71.59
	日本		768.0		32.00	0.5	384.0	3.20	76.80	80.00	28.41
	中国	香港を除く中国	768.0	684.0	32.00	28.50	0.5	342.0	3.20	68.40	71.60	25.43
		香港		84.0		3.50	2.5	63.0	0.00	8.40	8.40	2.98
	韓国		384.0		16.00	1	384.0	3.20	38.40	41.60	14.77
ASEAN			480.0		20.00		1262.0	32.00	48.000	80.00	28.41
	インドネシア		91.04		3.793	2.5	227.6	3.20	9.104	12.304	4.369
	タイ		91.04		3.793	2.5	227.6	3.20	9.104	12.304	4.369
	マレーシア		91.04		3.793	2.5	227.6	3.20	9.104	12.304	4.369
	シンガポール		91.04		3.793	2.5	227.6	3.20	9.104	12.304	4.369
	フィリピン		91.04		3.793	2.5	227.6	3.20	9.104	12.304	4.369
	ベトナム		20.0		0.833	5	100.0	3.20	2.00	5.20	1.847
	カンボジア		2.4		0.100	5	12.0	3.20	0.24	3.44	1.222
	ミャンマー		1.2		0.050	5	6.0	3.20	0.12	3.32	1.179
	ブルネイ		0.6		0.025	5	3.0	3.20	0.06	3.26	1.158
	ラオス		0.6		0.025	5	3.0	3.20	0.06	3.26	1.158
合計			2,400.0		100.00		2,435.0	41.60	240.00	281.60	100.00

（注）香港は IMF に加盟していないため，引出し可能額は IMF デリンク部分のみに限定される。
（出所）財務省ホームページより，一部修正。

ん）**基準**を加盟国に課したが，それは各国のマクロ経済政策を強く拘束するものであった。その拘束を課すことによって各国のマクロ経済の足並みを揃うようにする協定であったが，東アジアではそのような強力な協定には踏み込んでいない。東アジア諸国はマクロ経済政策への拘束を望まず，ひとまず通貨危機への対応のみに通貨・金融協力をとどまらせているといえよう。

2. アジア債券市場イニシアティブ

　東アジア通貨危機が深刻になった一因には，東アジア地域での債券市場の整備が不十分であり，そのため外貨建て（主にドル建て）で短期対外借入を行い，この資金を自国通貨建てで長期投資のために利用したということがあった。東アジア諸国の金融市場が未整備であり，旺盛な資金需要を満たすためには銀行を仲介して，海外からの短期借入に依存せざるをえなかった。特に短期資金を外貨建てで借り入れて，それを自国通貨に転換する必要があり，**期間と通貨のダブルミスマッチ**が発生していた。もし自国通貨の対ドル相場が大幅に下落すれば，返済すべき債務負担が大幅に増加する。通貨危機による債務負担によって経済困難に陥ることが多い。

　以上の理由より，売買の厚みがある，すなわち流動性が高く，効率的な債券市場を育成することが必要であると認識された。そこで，2003年のASEAN＋3財務相会議で**アジア債券市場イニシアティブ**（ABMI）が合意された。それにより，国際的な債券担保証券（CDO）の発行，国際協力銀行や日本貿易保険による信用補完による日系現地合弁企業の起債などの例がある。また傍証となるが，ASEAN諸国の現地通貨建て長期債券市場のビッド・アスク・スプレッドを見ると（図表11-4），2007年以降，しだいに低下していることがわかる。これは各市場の流動性が高まり，長期債の売りと買いの価格差が小さくなっていることを示唆している。また債券の売買額も増加傾向にあるといえる（図表11-5）。

　このようにアジア債券市場の育成は進められ，債券発行も次第に増加しているが，それをあと押ししたのが国際機関による信用補完である。信用力の劣るASEAN諸国の現地通貨建て債券を流通させるためには，信用力の高い機関による信用補完が必要である。信用補完とは発行する主体の信用力が劣る場合，信用力の高い主体が発行する主体の信用を保証し，もし債券発行主体が返済不能に陥れば，信用補完した主体が発行主体に代わって返済するというものである。これによって投資家は安心して信用力の劣る債券でも購入しようとする。東アジアでは，ABMIによって**信用保証・投資ファシリティ（CGIF）**がASEAN＋3諸国とアジア開発銀行から7億ドルの出資金を受けて設立された。

図表 11 - 4　アジア債券市場の流動性指標（現地通貨の債券市場流動性サーベイより）

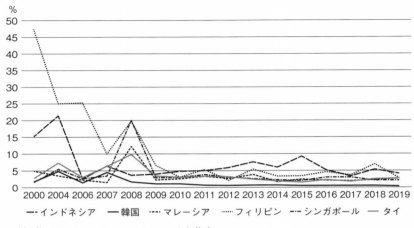

（出所）AMRO data liquidity_bid ask より作成。

図表 11 - 5　アジアでの債券市場の取引額（政府債＋社債）

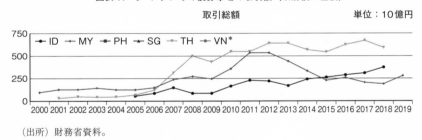

（出所）財務省資料。

　これにより，東アジア諸国の企業が社債に信用保証を与え債券発行を支援して
いる。現時点で，その保証可能額は 30 億ドルとなっている。
　さらに，ABMI とは異なるが類似した取り組みとして，**アジア債券基金
（ABF）** があげられる。これは日本，オーストラリア，ニュージーランドを除
くドル建て国債に投資するために，東アジアとオセアニアの 11 カ国中央銀行
によって総額 10 億ドルの基金が設立された（これは ABF1 とよばれた）。ま
た現地通貨建ての国債等に投資する基金も ABF2 として総額 20 億ドルの基金
も設立された。ただし，ABF1 は目的が達成されたとして 2016 年 4 月に閉鎖

され，基金の残額は **ABF2** に引き継がれることとなった。このような，アジアでの債券市場の流動性を高めてゆく努力により，債券発行が今後も東アジアで進展していくことが期待される。

3.　その他

　東アジアでは以上の取り組み以外にも，国際機関の設立や定期的な情報交換，地域通貨創出の試み，そして災害リスク保険などでの協力が行われている。国際機関に関しては，**ASEAM＋3 マクロ経済リサーチオフィス（AMRO）** が 2011 年 4 月に設立された。当初はシンガポール法人であったが 2016 年 2 月に国際機関となった。AMRO は CMIM の枠組み中でサーベイランス（各国マクロ経済政策の監視）を行い，加盟国のリスクの早期警戒監視を行っている。アジア通貨危機直後に IMF からの政策的助言があったものの，それは東アジアの実情に沿ったものではないとの声が加盟国の中ではあり，東アジア独自の国際機関をもつ必要性を感じ，設立されたという背景がある。しかし，AMRO は IMF とは協力関係にあり，世界的な支援を行う IMF とアジア地域での金融協力を行い，IMF を支援する役割という位置づけにある。また AMRO はアジア諸国の政策当局との情報交換を行ったり，CMIM の事務局を支援したりする役割も持っている。

　さらに，アジアでは通貨危機の経験から，**地域通貨単位（RMU）** を創設する機運もあった。通貨危機が東アジアで拡大した一因にはこれら諸国が貿易・投資の際にドルに大きく依存していることがある。ドルの変動によって，東アジアの貿易・投資が影響を受けるというドル依存から脱却するためには，アジア地域に独自の共通通貨単位を創設し，それでもって貿易決済を行うことが望ましいという考えが沸き立った。それを受け ADB は，EU でのユーロの前身の欧州通貨単位と同様の**アジア通貨単位（ACU）** という域内通貨バスケットの作成を検討したものの，ACU によって自国のマクロ経済政策の足かせになるのではないかというアジア諸国の思惑により，実現には至っていない。また，同様の試みとしてわが国の経済産業研究所も**アジア通貨単位（AMU）** を作成，公表している。RMU の創設が成功すれば，次に欧州のユーロのような

アジア共通通貨を導入するという思惑も浮かぶ。しかし，たとえ ACU が実現したとしても，共通通貨導入までには欧州の経験を見ると困難な問題が立ちはだかる。なによりもユーロを利用しているユーロ加盟国間の経済格差よりも，アジア諸国間の経済格差は格段に大きい。そのため，10〜20 年以内に共通通貨を導入して，それをアジア地域で利用することは難しいものと考える。そのため，図表 11-1 が示すように，現時点でも東アジア諸国の為替相場はドルに対して安定させる政策を行っている。

第3節　中国人民元の国際化と東アジア
――人民元は東アジアの基軸通貨になりえるのか？

1. 人民元国際化の経緯

　第2節では東アジアでの通貨・金融協力について解説したが，現段階では地域的通貨単位を創出するまでには至っておらず，対ドル相場を安定させている。その一方で，中国通貨人民元の国際化が注目されている。中国政府が人民元を国際化させようとした背景には，2008 年のリーマンショックがある。ただし，資本管理を行っていた中国はリーマンショックによる影響は大きくはなかったものの，ドルに依存によるリスクから脱却するためには，自国通貨である元での国際決済を行うことが望ましいと判断した。

　ここでリーマンショック前の中国経済と金融市場の状況を概観しておこう。中国経済は 1990 年代からの改革開放政策により，市場経済を導入し，高い経済成長を実現するため輸出指向型成長を目指すようになった。実際，毎年，高い成長率を記録し，世界の製造業の中心地となるまでの地位についた。したがって中国経済の成長には貿易，特に輸出が大きな役割を果たしてきた。しかし，その貿易代金を受払するための通貨，あるいは貿易契約の通貨は，基軸通貨ドルで行われることが続いてきた。また，自国の通貨，人民元を用いた貿易決済に関して，中国政府は長い間，慎重であった。そのため，人民元とドルとの為替相場をほぼ固定とする**管理フロート制**が続いた。その為替相場安定のため，資本取引に関しては規制をかけている。

　中国が人民元の国際化に慎重であった理由は，海外との資本取引が盛んになることにより，中国国内の金融市場が海外から流出入する資金によって攪乱され，それにより金融政策の実行が難しくなることと，輸出を維持するために安定させたい対ドル為替相場の操作が難しくなることを避けたいからであった。そのため，資本取引の内外取引に規制をかけている。

　しかし，人民元の国際化の第一歩は香港返還によってもたらされた。1997年に香港が中国に返還され，中国本土と香港との間での経済交流が盛んになり，香港ドルと人民元の交換需要が高まっていった。それと同時に在香港の銀行は人民元の保有が増加することとなった。本来なら，香港の銀行は手元の人民元を香港ドルに交換しようとするのだが，当時，香港の銀行は中国本土の銀行に預金口座を保有することができず，人民元の交換が不便であった。これを解消するため，2003年に**クリアリング銀行**を設立することを認めた。在香港銀行は，クリアリング銀行に人民元建て口座を保有し，顧客から持ち込まれた人民元をクリアリング銀行に預金したり，香港ドルに交換したりすることができるようになった。クリアリング銀行は中国本土の銀行に人民元建て預金口座を保有しているので，クリアリング銀行自体は人民元を保有しても問題はない。

　さらに，2009年7月に，中国の中央銀行である人民銀行は，対外決済（クロスボーダー決済）を人民元で行うことを認めた。これが人民元の国際化を推進することとなった。中国政府は，人民元の国際化として次のような施策を行った。2009年7月から上海と広東省の4都市で**人民元のクロスボーダー決済**を試行した。人民元のクロスボーダー決済によって，一部の中国企業や個人事業主が経常取引である財・サービス貿易の決済時に人民元を決済通貨として，中国と香港・マカオ，ASEAN10カ国との間で利用することができるようになった。2010年6月からは，海外の地域制限が撤廃され，同年8月には国内地域の制限と企業制限も撤廃された。これより，中国と香港との間の人民元利用は進展し，特に中国から香港への支払いに人民元が利用されるようになった。そのため香港では人民元が蓄積され，それにともない**オフショア人民元市場**が成立した。すなわち，香港を中心とした中国本土以外で利用される人民元を**オフショア人民元**とよばれ，それに対し中国本土内で利用される人民元を**オ**

ンショア人民元とよばれるようになった。このクロスボーダー人民元取引によって，オンショア人民元の対ドル相場と，オフショア人民元の対ドル相場が異なる人民元の二重相場が発生することとなった。これは，クロスボーダー人民元取引は経常取引に限定され，またオンショア人民元は中国の規制が働きやすい。それによって，オンショア人民元とオフショア人民元の各対ドル相場では裁定取引が働きにくく，二つの相場が成立しやすい。また2015年10月に中国政府は人民元建ての貿易投資のための人民元決済を促すため，**クロスボーダー人民元決済システム（CIPS）**の運用を開始している。CIPSを使うと，中国以外の外国銀行は米銀を中心としたSWIFTを使わずとも，直接，中国の銀行と取引できる。すなわち，中国に現地法人を置く外国銀行であれば，その現地法人を通じて直接，中国人民銀行決済できるようになる。それにより，人民元の利用が促されることを中国政府は期待している。

　また，直接投資での人民元利用を促すため，2011年1月に人民元建て対外直接投資，同年10月に中国国内向け人民元建て直接投資を，また13年9月には海外投資家による中国国内金融機関への人民元建て投資が認可された。さらにはクロスボーダーでの証券投資での人民元利用を促すため，2010年8月に銀行間債券市場を海外の金融機関に段階的に利用を認め，11年12月に**人民元適格海外機関投資家（RQFⅡ）**と14年11月に**人民元適格国内機関投資家（RQDⅡ）**という認可制度を導入し，人民元を利用した機関投資家による人民元建て投資を促そうとしている。

2．各国の金融協力による人民元国際化

　また，各国の金融協力による人民元の国際化も近年，中国は進めてきた。2011年に日本との間で，①日中間のクロスボーダー取引における円・人民元利用の促進と②円・人民元間の直接交換市場の発展支援に関しての協力合意がなされた。①は，日中間の貿易取引などで円建てと人民元建ての取引を増やし，ドル建て取引を減らしてゆこうというものである。従来，日中間の貿易取引でも基軸通貨であるドル建て取引が60〜70%であるため，その比率を下げることは日中ともに為替リスクやと取引費用の面から有利なものとなる。

　②については次のとおりである。中国の銀行間での外貨交換市場である**外貨交易センター（CFETS）**では人民元の相手方となる通貨はほぼ基軸通貨ドルであった。円・人民元取引でも，ドルを媒介通貨とした取引が通常であった。この時，二重の通貨交換があるため取引費用が高いということ以外に時差による，いわゆるヘルシュタット・リスクが存在する。ドルと人民元取引の決済がニューヨークで行われる場合，時差の関係上，ニューヨークでドルの受け取りを銀行が確認する前に，中国では人民元の支払いをしなければならない。もしニューヨークでの受け取りが何らかの状況でできなければ，人民元を支払った側は損失を被る。そのため時差の小さい相手と取引できるとこのリスクは小さくてすむ。これらより，円・人民元の取引が銀行間でも直接行えるようになると，双方に便益がある。中国ではもともとCFETSに銀行間の通貨交換を集中させねばならないが，2012年以降は，人民元・円取引はドルを媒介させることなく行うことが義務づけられた。一方，東京市場でも2012年以降，大手銀行では人民元の直接取引を行っている。ただし現時点でも人民元・ドル取引は95％以上となっており，ドル取引が中心である。また直接交換している通貨は，ドルや円だけでなく，21通貨にのぼる。

　さらに，中国の中央銀行である中国人民銀行は，33カ国の通貨当局と2国間スワップ協定を結び，公的な人民元の利用を各国で促そうとしている。これは協定を結んだ相手国で決済のための人民元が不足した時，相手国の中央銀行が人民銀行に自国通貨を提供し，その代わりに人民元を受け取るという協定である。受け取った人民元を用いて，相手国中央銀行は自国銀行に人民元を貸し付けて，自国銀行は決済に人民元を必要とする企業などに貸し付けを行う。このスワップ協定は，第2節で説明した通貨危機防止のためのアジアにおけるチェンマイ・イニシアティブとは異なり，このスワップ協定は人民元を用いることの安心感を取引相手国に与えて，貿易などを促進することを目的としている。

　2016年10月にはIMFによるバスケット通貨単位である**SDRの構成通貨の1つに採用**された。このSDR構成通貨への組み入れは，人民元の国際化を表す象徴的な出来事としてとりあげられた。SDR構成通貨の1つに人民元が組み入れられるということは国際的に人民元が利用できることをIMFが認めた

図表 11 - 6　人民元対ドル相場（1995 年 1 月 2 日～2020 年 3 月 31 日）

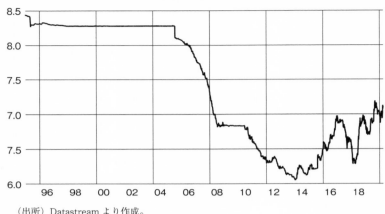

（出所）Datastream より作成。

ものと受け取られ，人民元の国際化を推進するものである。構成比率は英ポンド，円を上回りドル，ユーロの次の 3 番目の比率である。しかし，人民元取引には資本取引が緩和されてきたとはいえ，いまだ規制が存在し，自由に行えるとはいえない。特に中国からの資本流出には警戒をしている。そのため SDR 構成通貨になったとはいえ，国際的な利用が格段に広まるとまではいえない。そうではあっても，人民元の国際化の様々な方策によって，各国の準備通貨として採用されることも予想され，国際通貨への一歩とみる向きもある。

　以上のように，中国政府は人民元の国際化を推進してきたことにより，一部の政府は外貨準備に人民元を採用するようになった。このことを示しているのが第 2 章にある図表 2 - 11 である。これによると，2016 年から 19 年までの外貨準備における人民元のシェアは，ユーロ，円のシェアの上昇とともに，わずかではあるが上昇している。それにより，ドルのシェアは低下している。

　また，国際決済に用いられる人民元の割合も 2018 年と 2020 年とを比較すると，増えていることがわかる（第 2 章図表 2 - 7）。その順位は英ポンド，日本円に続く 5 位となっている。ただし，ユーロとの差は大きく，さらにドルとは比べるまでもない。人民元の利用は高まりつつあるものの，アジアの中での中心的な通貨にはまだ至っていない。

　ただ，人民元がアジアでの中心的な通貨になることをあと押しするのが，一帯一路構想であるかもしれない。一帯一路構想とは，2013 年に打ち出された中国と，東南アジア，中央アジア，南アジア，中東，欧州とを陸路と海路でつなげた大規模な経済圏を構築しようというものである。これにより中国経済の影響力を西方に拡大し，環太平洋経済に対抗する経済圏に育てていこうと政治的な思惑もある。

　一帯一路構想を実現するためのインフラ整備を金融面で支援するため，2015 年 12 月に**アジアインフラ投資銀行（AIIB）**が 57 カ国を創設メンバーとして発足した。これまで既存の国際機関である世界銀行，アジア開発銀行，欧州復興開発銀行などと協調して，インフラ投資への融資を行っている。一帯一路構想ではできるだけ基軸通貨国ドルではなく周辺国の現地通貨の利用を促している。さらに，先に述べたスワップ協定や，人民元の直接交換等も活用しながら，一帯一路構想にあげられた諸国との取引において人民元の活用を積極的に行おうとしている。

　これまで述べてきたように，2000 年代に入ってから中国は人民元の国際化を段階的に行ってきたといえる。しかし，海外との資本取引について自由に行うことはできないため，人民元建ての国際金融取引は制限がある。そのことが人民元の利便性を高められない要因となっている。そのような中で，人民元はアジアでの中心的な通貨になりえるのであろうか。次節では，まとめとして，その点を考察しよう。

第 4 節　これからの課題——人民元の役割とアジア地域

　以上，アジアの通貨・金融協力と，中国・人民元の国際化について解説してきた。最後に，アジアの中で，人民元が地域的な基軸通貨となりえるのかどうか，考えてみよう。まず，第 2 章で説明した基軸通貨の条件を確認しておこう。基軸通貨となり得る条件は，1）貿易中心となりえるだけの経済規模，2）国際金融取引の利便性を提供できるだけの豊富な流動性と金融技術，3）自由市場を保証する政治的な安定性等があげられる。また，第 9 章と第 10 章で説

明された。かつてのドイツ通貨マルクは欧州の地域的な基軸通貨であった。マルクがそのような地位にあった条件は，1）ドイツが欧州の中心的経済であったことや，2）ドイツ経済が低インフレである信頼が高くマルク保有は価値安定にとって適切であったこと等があげられる。

　人民元がドルに置き換わるような基軸通貨になり得るためには，世界の中心となるだけの経済規模，世界で最も利便性の高い国際金融市場をもち，自由取引の保証があることが必要である。しかし，現時点ではその条件は満たされていない。では，人民元はアジアでの地域的な基軸通貨になりえるのだろうか。中国はアジアでは最大のGDPを誇る存在である。しかし，金融取引に関しては自由に海外の投資家や企業が利用できるとはまだいえない。たしかに第3節でも解説したように，人民元の国際化政策を推進してきたものの主に貿易取引を中心にした国際化で，金融取引の完全自由化はまだ実現していない。そのため，海外の企業や投資家が人民元を利用する利便性はそれほど十分ではない。また，中国の政治体制も一党独裁体制のため政府の意向で金融規制が変更されるリスクがある。そのため，地域的にも人民元が基軸通貨となるには，まだ十分な条件を備えているとはいえないだろう。

　しかし，その状況が今後変われば，人民元のアジアでの台頭も可能である。たとえばアジアでの貿易中心の地位を補強するために，中国がサプライチェーンをより強固にしたり，輸出だけでなくアジア諸国からの輸入を増加したりして，それらの代金を人民元建てで行うことを推進してゆくことは予想できる。一帯一路構想やAIIBによって，人民元の貿易での利用は高まることは考えられる。また，アジア諸国との人民元によるスワップ協定を締結してゆけば，決済手段としての人民元需要を満たすこともでき，それが人民元の利用を高めることもできる。

　ただし，貿易あるいはサービス貿易取引のみで人民元の国際化が進展しても，アジアの基軸通貨にはなりえないだろう。中国の金融市場で海外との取引が自由に行えないために，投資の自由だけでなく，為替リスクを回避するための種々のヘッジ手段も十分には活用できないため，人民元を利用する動機が高まらない。依然として，アジアでもドルを活発に利用する状況が続く。図表11−1で見たように，現在でも，アジア諸国がドルに対して自国通貨を安定さ

せる政策を採用するのも，アジアでもドルが基軸通貨として機能しているからである。人民元が地域的な基軸通貨となりうるには，中国が金融市場を対外的に開放することである。ただし，そうすると現在のように，人民元の対ドル相場を安定させることは難しくなるため，為替相場制度を現在の管理フロート制から変動相場制に移行させることも必要となろう。このような大胆な政策転換を行えるのかどうかが，人民元の将来にも関わってくるといえる。

練習問題

1. 東アジア諸国が金融協力を進めてきた要因はなにかを説明してください。

2. 中国が人民元の国際化を進めてきた理由はなにかを説明してください。

3. 人民元が国際化することによって中国が享受する便益と，負担すべき費用がなにかを説明してください。

推薦図書

小川英治［編著］（2019）『グローバリゼーションと基軸通貨—ドルへの挑戦—』，東京大学出版会。
　　基軸通貨ドルに対抗できる通貨があるのかを理論・実証面から専門的に考察した論文集です。東アジアでの金融協力や人民元の国際化についても考察されています。
梶谷懐（2018）『中国経済講義—統計の信頼性から成長のゆくえまで』，中公新書。
　　中国の金融以外の経済，格差，政府債務など，広範囲に中国経済を解説しています。
中條誠一（2011）『アジアの通貨・金融協力と通貨統合』，文眞堂。
　　やや古い書籍ですが，東アジアでの通貨・金融協力の意義や方法について詳しく解説しています。

参考文献

関志雄（2018）「人民元の国際化に向けての課題—中国・地域・グローバルという視点に基づく考察—」『フィナンシャル・レビュー』，133号，65-87ページ。
中川利香（2007）「地域金融協力とは何か？—世界各地域における金融協力に関する

　　一考察」国宗浩三編『IMF と開発途上国』調査研究報告書，アジア経済研究所，
　　159-184 ページ。
中林伸一（2018）「アジアの金融経済協力」アジア資本市場研究会編『環南シナ海の
　　国・地域の金融・資本市場』，日本証券経済研究所，11-35 ページ。
奥田宏司（2020）「米中摩擦と人民元」奥田宏司・代田　純・櫻井公人編著『深く学
　　べる国際金融』，法律文化社。

第 12 章

通貨統合の理論と欧州通貨統合

　通貨統合とは，複数国（地域）が単一通貨の共有に合意している状況と定義される。欧州では，2020 年現在，EU 加盟国 27 カ国のうち 19 カ国においてユーロが導入され，その他にも，アンドラ，モナコ，サンマリノ，バチカンといった諸国が法定通貨としてユーロを採用している。アンドラ以外の国では独自のユーロ硬貨発行について EU との間で合意がなされているが，通常，ユーロ圏とよぶときには前者の 19 カ国を指す。本章では，通貨統合の理論的背景とされてきた最適通貨圏の理論の意義と，ユーロ導入からユーロ危機を経た欧州通貨統合の展開と問題点を解説する。

第 1 節　通貨統合の便益と費用

1. 経済統合の段階としての通貨統合

　通貨統合は，本来，経済統合の諸段階の 1 つとしてとらえられるべきものである。バラッサ（B. Ballasa）は，1961 年の著書において，地域経済統合の諸段階を統合の深化の程度に応じて 5 段階に分類した。

① 自由貿易地域（FTA）

　加盟国間で関税その他の貿易に関する障壁を撤廃する段階。ただし，加盟国以外の国に対する関税の設定は各国に委ねられる。現在では，**経済連携協定**

(EPA) というものもの存在するが，これは貿易の自由化に加えて，サービス取引の自由化，資本や労働の移動の自由化も認めるより広義の概念である。

② **関税同盟**（Customs Union）

　域内関税を撤廃すると同時に，域外に対して共通関税を設定する段階。

③ **共同市場**（Common Market）

　関税同盟に加えて，加盟国間のサービス取引の自由化が行われ，資本，労働の移動制限が撤廃される段階。このために，資本移動規制に解除や税制の調整，資格・学位の相互承認，労働移動に関わる法制や社会政策の調和が行われる。

④ **経済通貨同盟**（Economic and Monetary Union）

　共同市場に加えて共通通貨が導入され，共通金融政策が実施される段階。

⑤ **完全な経済統合**（Economic Integration）

　金融政策のみならず，財政政策，社会政策の統一が図られる段階。

　この分類によれば，ユーロ圏は ④ の段階に位置し，⑤ への進展が模索されている段階と考えられる。ところで，ユーロ圏とよく比較されるのは，連邦制を採用するアメリカであるが，アメリカにおいてさえ，各州は外交権こそもたないものの，かなりの政治的権限を有しており，財政政策や社会政策が完全に統一されているわけではない。このような意味では，アメリカといえども完全な経済統合の段階まで達していると評価することはできない。

2. 通貨統合の便益と費用

　しかしながら，各国が通貨主権を放棄するということは，経済統合への諸段階において非常に重要なステップである。一般に，通貨統合は加盟国に次のような便益と費用をもたらすと考えられている。まず，通貨統合に加盟することによって，各国が享受できる便益には次のようなものがある。

① 取引費用の削減

　第1は，もちろん域内の為替取引が不要になることである。削減されるのは通貨交換手数料だけでなく，通貨交換に従事するすべての生産要素が不要となる。これらをより生産的な業務あるいは産業に活用することは，経済全体の生

産性・効率性を高めることになる。

② 価格の透明性向上

　共通通貨の導入は，各国間の諸価格の差異を明確にする。その結果，より効率的な生産へのインセンティブが高まり，域内全体の生産性が底上げされる可能性がある。

③ 不確実性の低下

　為替相場の変化に関する不確実性，為替リスクが除去される。これは固定相場制の採用によってもある程度可能であるが，民間経済主体が固定相場制の維持に対して十分に信認をおいていなければ，将来の平価切下げ予想やリスクプレミアムに応じて，国内金利は上昇することになる。共通通貨の導入はこのようなリスクを排除するので，各国は国内金利の低下による資金調達の容易化・投資の活性化を通じ，長期的な経済成長に対する正の影響を享受できる可能性がある。

④ 外貨準備保有にかかわる費用の低下

　域内取引比率の上昇は，外貨準備保有の重要性を低下させる。もちろん，対域外取引については外貨準備が必要になるが，各国が別々に外貨準備を保有するのではなく域内で外貨準備をプールすることで，過大な外貨準備を保有する必要もなくなる。

⑤ 国際通貨としての地位の向上

　通貨統合によって生まれた新しい共通通貨は，域外での利用度も高めることになると予想される。もし，域外諸国が国際通貨として当該通貨を利用するようになれば，その程度にはよるものの国際通貨としての特権を享受できる可能性があることを意味する。

　一方，通貨統合に加盟することで各国が被る費用は，第一義的に**通貨主権を放棄せざるをえない**ことから生じる。

① 金融政策の独立性の放棄

　独立した通貨を持たないということは，もはや自立的な金融政策を行えないことを意味する。統合された通貨圏の中央銀行による金融政策が，各国にとって最適な金融政策に近い場合には問題ないが，各国が個別の政策目標を持っている場合，あるいは各国が異質の経済的ショックに見舞われる場合，その程度

に応じて各国には費用が発生する。逆にいえば，統合された中央銀行は各国の経済ショックの異質性から，金融政策の実施に際して麻痺状態に陥ることも予想される。

② 為替相場という調整手段の消滅

通貨統合では，域内の通貨価値は恒久的に固定されるため，もはや為替相場の調整によって経済的ショックを緩和することは不可能になる。これには次のようなケースも含まれる。たとえば，ある国における労働生産性の上昇が当該国の財価格を低下させ価格競争力を向上させたとする。もし，為替相場が（購買力平価に基づいて）調整されるならば，この国の通貨の増価し実質為替相場の水準は元に戻ることになる。しかし，名目為替相場が恒久的に固定される通貨統合の下では，実質為替相場は調整されず，価格競争力の差が残存してしまう恐れがある。

③ 通貨発行益（シニョレッジ）の放棄

独立した通貨の発行は，各国にとって財源の1つである。中央銀行は銀行券（中央銀行にとっては無利子の負債）の発行と引き換えに保有する有利子の資産（国債や貸出金）から発生する利息を得る。この結果得た利益を政府に提供している。通貨統合は，このような財源の放棄を意味する。あるいは，統一的な中央銀行が通貨発行から得た利益をどのように各国に配分するかという問題が生じる。ただし，この配分をどうするかは，通貨圏に属する各国の協調で解決しえる問題ではある。

第2節　最適通貨圏の理論

1.　古典的な最適通貨圏の理論

通貨圏への参加によって，各国が金融政策や為替相場による調整を放棄しなければならないという費用を被ることは明白である。したがって，問題は，通貨統合から生じる便益はさておき，費用が比較的軽微で済むためにはどのような経済的条件が各国に要求されるのかという点にある。**最適通貨圏**（Optimum Currency Areas：OCA）の理論は，A国では正のショック，B国では負のショックというような非対称的な経済ショック（需給ショック）に各国が見舞われる場合に，金融政策や為替相場による調整を政策手段として用いずにこれらを解決できるとすれば，一体どのような属性が各国に必要とされるのかという問題意識の下に展開された理論である。

(1) マンデルの問題提起

　最適通貨圏の理論の嚆矢であるマンデル（R. Mundell）は「東部ドル」,「西部ドル」という例を使って，米国とカナダの間を米ドルとカナダ・ドルという2つの通貨で分けるよりも，同質の経済構造をもつ経済圏がそれぞれの通貨を保有する方に経済合理性があると主張した。このとき，1つの通貨によって形成される通貨圏をマンデルは最適通貨圏とよんでいる。マンデルによれば，最適通貨圏であるためには，両国間で**非対称ショックが発生しにくいような経済構造**を備えている，あるいは所得（産出量）水準の共分散（変動の同調性の程度）で測定される**景気循環の同調性**が高くなければならない。

　これに対して，この条件が満たされない場合の代替的条件として，マンデルは**生産要素価格の伸縮性**と**生産要素の移動性**という2つをあげた。もし生産要素価格（賃金）が伸縮的であれば，非対称ショックは当該2国（以下，A国とB国）にそれほど大きな問題を引き起こさない。当初のショックを消費者の嗜好の変化による需要ショックと仮定し，A国でインフレ圧力，B国でデフレ圧力という非対称ショックが発生したとする。この場合，A国では生産要素に対する超過需要に応じて生産要素価格が上昇し，B国では逆に低下する。この結果，B国では生産物価格が低下するので価格競争力が高まり需要が刺激される一方で，A国では逆のことが起きる。

　ただし，一般に賃金には下方硬直性があるため，生産要素価格の伸縮性には期待できない。しかし，両国間で生産要素が自由に移動するならば，B国からA国へ生産要素が移動することで，A国における生産要素価格上昇圧力も解消され，B国においても生産要素価格を切り下げる必要がなくなる。もっとも，A国とB国の産出量が非対称的に変動することは免れられないが，A国とB国が単一の通貨圏（国家）にそれぞれ一地域として所属する場合には，

これで問題解決である。

(2) 経済の開放性条件

　マンデルの条件に反論する形で，マッキノン（R. McKinnon）は**経済の開放性の高さ**を条件としてあげた。経済の開放度の高い国では，貿易財の生産，消費に占める割合が大きいため，名目為替相場の変化によって貿易財価格が変化しやすくなる。したがって，変動為替相場制の採用は国内物価水準を大きく変動させる可能性がある。それゆえ，物価安定のためには国際貿易の上で結び付きが強く，かつ物価の安定している国の通貨に対して固定相場制を採ることが望ましい。逆に，非貿易財の割合が高い閉鎖的な国では，名目為替相場の変化が貿易財価格の変化を通じて国内物価水準を大きく変動させることはない。したがって，域内の経済開放度は高いが域外に対して相対的に開放度が低い諸国の場合，域内については通貨圏を形成し，域外に対しては変動相場制を採用することが望ましい。マッキノンはまた，経済が開放され**相互貿易の依存度**が高ければ，非対称な需要ショックによってある国の総需要が増加し別の国の総需要が減少したとしても，後者から前者への輸出の拡大によって，ショックの影響は緩和されるとしている。ただし，このような調整は，需要ショックの場合に限られる

(3) 生産物の多様性条件

　一方，ケネン（P. Kenen）は**生産物の多様性**を条件としてあげた。多種類の財を生産する国では，たとえある財に対する需要が減少したとしても，その産業で発生する余った生産要素を他の財の生産で吸収することが比較的容易である。また輸出財が多様化していれば，外国の需要の変化などの与件によってある財の輸出が攪乱されても総輸出は比較的安定するため，為替相場変動の必要性は減少する。したがって，生産物の多様化した先進国間では固定相場制を，多様化していない発展途上国では変動相場制を採用することが望ましいということになる。ケネンの条件に対しては，生産物の多様性はショックの対称性を高めるとしても，どの程度の多様性が必要かについて明確な基準がないという反論がある。ただし，明確な基準がないという点は，マッキノンの条件も同じ

である。また，開放性条件との矛盾もしばしば指摘される。開放度の高い国
は，一般的に多くの種類の財を輸入に頼るため，生産物の多様性という基準は
満たされない。極端なケースとして，モノカルチャー経済にある国は，開放性
条件では通貨圏への参加が推奨されるが，多様性条件では逆に不向きというこ
とになる。

2. 諸条件のフロー化

　ボールドウィンとワイプローズ（R. Baldwin and C. Wyplosz）は，古典的な
諸条件の因果関係を整理するとともに，その後に展開された諸条件を取捨選択
し，政治的条件として古典的条件と区別することで，最適通貨圏の理論のフ
ロー化を行った（図表 12 - 1 参照）。彼らによると，経済の開放性条件と生産
物の多様性条件は，非対称ショックが頻繁に発生するかどうかの第 1 段階で
あって，開放度が高く互いの貿易取引が密接で，かつ生産物の多様性が高い諸
国間では，そもそもショックが対称的になる可能性は高いとしている（この理
由については後述する）。しかし，これらの条件が満たされない場合，ショッ
クの調整は，賃金の伸縮性や労働の移動性といった労働市場の構造に求められ
る。さらに，これらの条件も満たされない場合，通貨圏の維持には**政治的サ
ポート**が必要となる。彼らは，政治的サポートとして，以下の 3 つの条件をあ
げている。

（1）財政移転

　両国間で財政移転がスムーズに行われるならば，非対称ショックはさほど大
きな問題を引き起こさないかも知れない。なぜなら景気の過熱した A 国にお
いて増税が実施され，増加した税収が景気の落ち込んだ B 国に移転されれば，
両国における産出量の変動を抑制することができるからである。もっとも，こ
れが可能となるためには，財政移転が円滑に機能するための当該国間の**予算の
集権化ないし連邦化**が必要になる。

図表12-1　諸条件のフローチャート

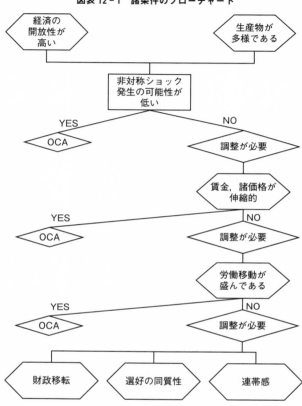

（出所）Baldwin, R., and C. Wyplosz（2015）, *The Economics of European Integration*, Fifth Edition, McGrawHill. より作成。

（2）選好の同質性

　選好の同質性とは，参加国間のインフレ率と失業率に関する**政策選好が均質であること**を意味している。通貨圏においては為替相場の変動は許されないから，参加国のインフレ率は1つに収束していかなければならない。もし，各国の政策選好が異なり，インフレ率と産出量に関して異なる目標を持っていると，単一の金融政策を各国に強制することはどちらかをより重視する選好を持つ国に費用を発生させることにならざるをえない。

(3) 連帯感 (solidarity)

　最終的に必要とされるのは，連帯感である。つまり，通貨圏全体の利益を追求するために，各国がどれだけ国家としての独立性を放棄し，**運命共同体**と考え得るかが，通貨圏の成否に大きく関わっている。つまり，通貨圏の形成は，安全保障，外交，税制や労働市場の規制の調和と同様に，連邦化への一ステップであって，経済的なバックグラウンドによってのみ，評価されるべきものではない。

3.　財政による解決は万能か？

　このようなフローチャートによる理解には問題がなくもない。フローチャートによれば，通貨圏の形成に際して非対称ショックが発生する場合，労働市場の柔軟性で調整するか，さもなくば財政移転（あるいは財政同盟の深化）で調整しなければならないので，前者があまり満たされない場合，後者が十分に満たされなければならないという意味で，両者は代替的な関係にある。図表 12-2 に表されるように，この代替関係は右下がりの直線（OCA ライン）で表され，この線の右側の領域では最適通貨圏の条件が満たされるということになる

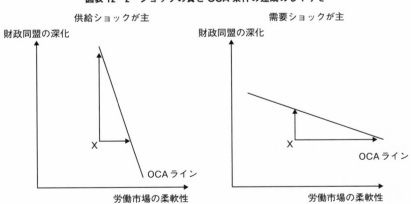

図表 12-2　ショックの質と OCA 条件の達成のしやすさ

供給ショックが主　　　　　　　　　　需要ショックが主

財政同盟の深化　　　　　　　　　　財政同盟の深化

X　　　　　　　　　　　　　　　　X

OCA ライン　　　　　　　　　　　OCA ライン

労働市場の柔軟性　　　　　　　　　労働市場の柔軟性

（出所）De Grauwe, P (2020), *Economics of Monetary Union*, 13th Edition, Oxford University Press. より作成。

（以下，図表12－2参照）。

　しかし，経済ショックには，原材料価格上昇や各国間の生産性格差拡大のような**供給ショック（永続的ショック）**と景気循環の不一致から生じる**需要ショック（一時的ショック）**がある。一般的に，非対称な供給ショックに対しては労働市場の柔軟性が要求されるのに対して，非対称な需要ショックは財政移転によって解決するのが最適と考えられる。供給ショックとしてA国とB国の間で生産性格差が拡大するケースを考えると，生産性が上昇したA国に対して，遅れをとったB国で賃金が硬直的であれば生産性格差は残存してしまう。しかし，B国において賃金が十分に下落するならば，生産性を原因とする両国の価格競争力の差は縮小する。また，賃金切下げではなく労働者の解雇でB国が調整を図ったとしても，A国に労働力が移動すればB国の失業もA国の賃金上昇圧力も同時に解消できる。一方，このような供給ショックに対して，財政政策が働きかける余地はそれほど大きくない。財政政策の主たる意義は，非対称的な需要ショックに伴う好況国から不況国への所得トランスファーと考えられるからである。

　したがって，どちらのショックが主となるかに応じて，この代替関係も影響を受けるはずである。供給ショックが主となる場合，代替関係は垂直に近くなる。たとえば，現状の通貨圏がX点のような位置にあり，最適通貨圏の条件を満たしていないとすると，財政同盟を進めるよりも労働市場の柔軟性を高める方がより速やかに最適通貨圏の条件を達成できることになる。逆に需要ショックが主となる場合には，代替関係は水平に近くなり，労働市場の柔軟性を高めるよりも財政同盟を進めるようがより速やかに最適通貨圏の条件を達成しやすくなる。

　それゆえ，どちらのショックも起こり得る状況では，2つの条件両方が満たされることが望ましい。また，どちらの条件の方がより達成しやすいかを考えた場合，財政同盟は超国家的な問題であるのに対し労働市場の柔軟性は国家レベルの問題であるから，むしろ後者の方が達成しやすいというロジックも成り立つ。しかし，労働市場の柔軟性を高めることは，具体的には賃金カットに応じるか，移住を強いられるということを意味しており，苦痛が大きく一般的に受け入れがたい政策であるともいえる。

　肝心のどちらのショックがより重大であるかを考えると，需要ショックは一時的であるがゆえに，供給ショックの方が永続的でより深刻な問題となりえるかもしれない。供給ショックに対して財政政策で対処できることは限られているので，財政上のトランスファーによってすべてが解決できるという訳ではなく，やはり各国の労働市場の柔軟性向上が大きな課題とならざるをえない。

4.　最適通貨圏の内生性

　最適通貨圏の理論はしばしば静態的で，時間の経過とともに属性も変化するという側面を考慮していないと批判される。もちろん，経済ショックの対称性，貿易の相互依存度，生産する財の種別という3つの条件の間には，次のような時間を経て変化する因果関係が考えられる。第1は，通貨圏の形成によって域内の相互貿易の活発化するとしても，どのような財が取引されるようになるのか，つまり貿易構造がどのように変化するのかという問題であり，第2は変化した貿易構造の背後にある各国の生産構造が各国間の経済ショックを対称的にするのか，つまり通貨圏形成にとって望ましい方向へと変化するのかという問題である。この問題は**最適通貨圏の内生性**と呼ばれ，通貨圏形成が生産・貿易構造に与える動態的影響に関わる議論である。

(1)　最適通貨圏の内生性を重視する考え方

　内生性を重視する議論は，ユーロ導入時に非常に支持された。欧州委員会寄りの主流派経済学者であるフランケル（J. Frankel）は，最適通貨圏の条件のうち，通貨圏の所属する諸国間の相互貿易の程度で測られる経済の開放度の高さと，同諸国の所得の共分散という2つの代替関係を，図表12-3のように示した。この代替関係は，図中の OCA ラインによって示される。つまり，相互貿易の盛んな各国間では，所得の共分散はそれ程高くなくてもよいが，相互貿易がそれほど盛んでなければ，所得の共分散が高くなければ最適通貨圏の条件は満たされないということになる。したがって，OCA ラインの右側に位置するような地域は通貨圏形成の条件を満たしているが，左側に位置するような地域は条件を満たしていない。ユーロ導入等の状況として，彼は，図表12-3に

図表12-3　OCAラインと諸地域の位置づけ

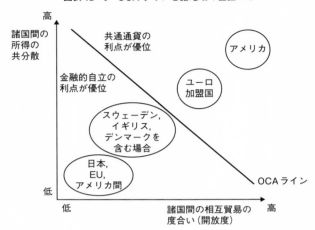

（出所）Mongelli, F（2002）, "New Views on the Optimum Currency Area Theory : What is EMU Telling Us?", *European Central Bank Working Paper Series*, no. 138, April, Frankfurt : European Central Bank. より作成。

示されるように，アメリカの各州間と当時のユーロ圏はOCAラインの右に位置し，通貨圏の形成から利点を享受することができるものの，アメリカ，日本，EUが通貨圏を形成する場合，あるいはスウェーデン，イギリス，デンマークがユーロ圏に加わる場合には，OCAラインの左側に位置することになり，利点を享受することができないと主張した。

　フランケルは，上のような意味で最適通貨圏の条件を満たすかどうかが動態的に変化することも指摘した。通常，共通通貨と共通金融政策を採用する諸国の間では，為替相場の不確実性がなくなり，為替取引費用も減少することから，相互貿易も拡大すると考えられる。EU加盟国の場合，実物取引と資本取引に関するすべての障害が撤廃され，単一市場が成立したことから，域内の相互貿易は着実に拡大すると予想された。ただし，この予想は格差が大きく，域内貿易フローの拡大規模は少ないもので5％から20％，もっとも楽観的な計測では200％も拡大するとされていた。

　内生性のロジックは，図表12-4(a)のような図解で説明することができる。

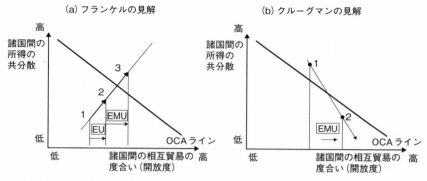

図表 12 - 4 OCA の内生性

(a) フランケルの見解　　　　　　(b) クルーグマンの見解

（出所）Mongelli（2002），前掲書より作成。

たとえば，初期には OCA ラインの左側の点1に位置する1群の諸国を想定したとしても，これらの諸国が関税同盟や共同市場を形成すれば，貿易フローの拡大とともに所得変動の同調性も高まり，点2のような位置へと移動することになる。さらに，これらの諸国が経済通貨同盟（EMU）のような通貨圏を発足させれば，貿易の緊密度と所得の相関はさらに高まり，OCA ラインの右側（点3）に位置することも不可能ではなくなる。つまり，最適通貨圏の諸条件が内生的なものであれば，通貨圏に所属しようとする国の適性は動態的に見直されなくてはならなくなる。EMU に加盟しようとする国は，動機がどうであれ，たとえ事前的にはそうでなくても事後的に最適通貨圏の条件を満たすようになるということになる。前述のフローチャートも同じ考えに基づいて描かれている。

(2) クルーグマンの反論と内生性論者の再反論

しかし，相互貿易の規模の拡大が各国間の所得の共分散（景気循環の同調性）をどのように変化させるかについて，クルーグマン（P. Krugman）は，今世紀におけるアメリカの経験から，相互貿易の拡大は各国（地域）間の所得の共分散を却って低下させると論じた。彼の仮説は，**規模に関する収穫逓増**の議論に基づくものである。通貨圏形成によって各種の障壁が撤廃され，規模の

経済性が作用しやすくなることにより，各国は比較優位のある財やサービスの生産へと特化しやすくなる。その結果，通貨圏の加盟国は開放度の高まりに伴って生産物の多様性を喪失し，個別の需要・供給ショックにさらされやすくなる。結果として，各国間の所得の共分散は低下するということになる。図表12-4(b) はこのような経過を表している。統合の深化にともなって各国間の相互貿易は増加するものの所得の共分散は小さくなり，たとえば点1から点2へ移動して，OCA ラインの左側へと変化していく。クルーグマンの指摘は，通貨圏の形成後に各国の産業構造が変化するため，相互貿易が増加するといってもむしろ内容こそが重要であると指摘した点で画期的なものであった。

　このように統合の深化が特化を促進し，各国の生産物の多様性を喪失させることで通貨圏のメンバーとしての適性を悪化させるというプロセスに対して，内生性論者は次のように反論した。生産物の多様性が決定的な問題であれば，通貨圏が拡大することによって問題が解決されることもありえる。なぜなら，拡大した通貨圏では生産物もより多様化しているはずだからである。逆にもし各国が十分に生産物の多様性を備えていない場合に，より小さな通貨圏へと細分化され通貨圏間で互いに変動相場制を採った方がよいということであれば，最終的に世界全体が個々の完全特化地域に分割され，それぞれが別の通貨を保有するまで，細分化の過程が継続しなければならないことになる。このような体系は不安定で，現実にも観察できない現象であることから，クルーグマンの見解をパラドキシカル（逆説的）であるとして退けた。

　また，デ・グラウウエ（P. De Grauwe）は，仮にクルーグマンの指摘するような産業集積が起きるとしても，これが一国内に留まる必然性はなく，複数国を横断して産業集積が起きるであろうと指摘している。たとえば，ドイツ南部とイタリア北部に跨って自動車産業の生産ネットワークが形成されれば，両国の産業構造の類似化に貢献するというロジックである。

　経済統合の高まりが所得の共分散を高めるであろうとするもう1つの論拠は，サービス業の重要性の高まりにも求められた。サービス業では規模の経済性は作用しにくいため，産業の集積は発生しにくい。現在，多くの欧州諸国においてGDP の70％以上がサービス業によって占められているため，たとえ経済統合の進展によって，製造業の集積化が進展するとしても，経済活動の地域

的集中のトレンドはどこかで止まるはずであると考えられた。

5.　最適通貨圏の理論の意義と限界

　内生性仮説に至ったことで，通貨圏形成が各国の実体経済の構造をどのような方向へと変化させるかという視点に至ったことは重要である。絶対的条件はないにしても，各国の貿易構造，産業構造，労働市場の構造が収斂方向に向かいつつあるのか，発散方向に向かいつつあるかを吟味することは，通貨圏として適正であるかどうかを判断するうえで，重要な材料を与えるものと思われる。ただし，経済統合の諸段階の中で，通貨同盟という段階がどの程度，産業・貿易構造に影響を与えるのかという問題は残されている。たとえば，域内におけるサプライチェーンや産業ネットワーク形成に関してより大きな影響を与えるのは域内関税の撤廃や共同市場形成であって，通貨統合自体はこれらほど大きなインパクトを持たないかも知れない。欧州の文脈でいえば，EU 加盟は各国の実体経済の構造に大きな影響を与えるとしても，ユーロ導入はそれほどのインパクトを持たないのではないかという問題である。通貨圏形成が実体経済に与える影響については，未知な部分も残されている。

　ところで，ユーロ危機を経て最適通貨圏の理論に対しては，その有用性に対して厳しい批判が寄せられている。危機時の分析手法としてまったく役に立たないことからこの理論に失格宣言を与えたのは，本書の諸章にもしばしば登場するアイケングリーン（B. Eichengreen）である。最適通貨圏の理論の限界は，そもそもいったいどの程度条件を満たしていれば適格なのかが明確でないことにある。また，金融面についての考察がほとんどないことから，なぜ各国がユーロ圏に参入しようとするのか，通貨圏形成によって各国間のマネーフローがどのように変化するのか，その結果生じる好不況の振幅を制御可能なのか，資産価格崩壊後の不況に対処するために発生する各国の政府債務の格差は何らかの問題を引き起こさないのかといった危機で明らかになった通貨圏の諸課題の解決にはやや不向きであった。最適通貨圏の理論は所得水準の似通った諸国間の通貨圏形成を前提としており，高所得国と中所得国の混在する通貨圏形成による金融的混乱はそもそも想定外であったと思われる。いずれにせよ，

現実のユーロの経過を通じて初めて，共通通貨を維持することがいかなる困難を伴うのかが明確になるのである。

第3節　欧州での通貨統合：ユーロの導入

1.　ユーロ導入前の欧州での通貨政策

　第2節では通貨の最適な流通地域を判断するための最適通貨圏の理論を説明した。最適通貨圏の理論が教えることは，各国間で為替相場の調整が必要のない経済状況とはどのようなものか，そして同じ通貨を使うのならば，そのような経済状況が必要とされるというものである。この節では欧州での共通通貨ユーロ導入が，最適通貨圏の理論から判断して適切なものだったのかどうか，検討する。その前に，ユーロを導入した背景を説明しよう。

　戦後欧州は，域内での経済統合を進めるために**欧州石炭鉄鋼共同体（ECSC），欧州経済共同体（EEC），欧州共同体（EC）**といった欧州域内の経済同盟を構築し，**欧州連合（EU）**へと発展させてきた。それにより，域内の貿易拡大と経済成長を実現してきたといえる。また，その歩みの中で，域内の為替相場を安定させるための仕組みも構築している。ただし，第9章で説明したようにブレトンウッズ体制が機能しているときには，欧州域内通貨間の為替相場も安定していた。しかし，その体制が崩壊した後，域内での貿易が停滞することが懸念され，いわゆる**スネーク制度**が創設された。この制度では，**パリティグリッド方式**が採用された。すなわち，参加国は2国間で互いに，中心相場から ±2.25％の変動幅の中で，中心相場 ±1.125％の上限・下限を設定していた。為替相場が上限・下限を超えようとすると関係する中央銀行が自国通貨で為替介入し変動幅内に為替相場を維持する。これにより，為替相場間での変動幅が設定されるが，これをパリティグリッド方式とよぶ。

　さらに，変動幅を維持するための為替介入を行う資金を支援するため1972年9月に中央銀行間の融資制度として超短期金融支援を創設した。その後，**欧州通貨協力基金（EMCF）**が創設された。加盟国中央銀行の外貨準備の一部を

同基金で運用し，加盟国通貨が変動幅を超えて減価した場合には同基金を利用して外国為替市場で当該通貨を購入し，逆に増価している場合には売却することで為替相場を変動幅内に抑えることができる。

　しかし，その制度から英仏伊が脱退し，通貨安定は限定されたものとなった。その後，より広域的な EC（当時）加盟国間での為替相場安定を望む声が高まり，**EMS** が 1979 年 3 月に誕生した。

　EMS は **ECU**，**ERM**，欧州通貨協力基金（EMCF）から構成された。ECU は参加国通貨の加重平均をとった通貨バスケット単位であり，計算単位として創出され各通貨間の為替相場の相互指標としての役割を担った。

　ERM は加盟国間の為替相場をある一定幅内に安定させるための為替相場制度である。ただし，**2 国間為替相場グリッド**と **ECU に対する為替相場安定**という 2 つの面がある。

　加盟国通貨に対して ECU に対する中心相場を設定する。それより，2 国間相場に関するパリティグリッドを設定し，相互の為替相場の変動を ±2.25% 以内になるように求めた。さらに，変動幅の臨界に達する前に加盟国が為替相場を安定させるための対策を促すための仕組みとして**乖離指標**を導入した。さらに EMS では先の EMCF をより拡充した。すなわち，加盟国は金準備の 20% を EMCF に預け，ECU 建ての等しい金額と引き換えて為替介入に使われた。

　この EMS は 1979 年から 85 年までの初期には，中心相場を 8 回変更し，不安定さを見せていた。国際競争力を失い通貨安を望むフランスなどは中心相場の変更を選択した。しかし，80 年代後半になってインフレ抑制が成長にも必要と考えたフランス政府は，それまでの政策を転換させ，強いフラン政策へと舵を切ったことにより，中心相場の変更を選択せず，それ以降，EMS では為替相場が安定することとなった。実際，86 年以降は 3 回の中心相場変更と少ない。また，EMS にはスペインは 1989 年に，イギリスは 1990 年に参加している。

　また，**EMS での為替相場制度である ERM** での為替介入はパリティグリッド方式で相場が上限と下限にさしかかった 2 国に変動を抑制するための為替介入が対称的に義務づけられていた。しかし，実際には，為替相場が下限に向かった通貨当局に為替介入の負担が大きかった。下限に達するということは為

替相場が減価することを意味するが，そのような弱い通貨国は自国通貨買い・相手国通貨売り介入を行うものの相手国通貨を売るには外貨準備とEMCFからの資金供与を用いるが，それらには制約はあり，金融引き締めを行って為替相場を安定する必要がある。一方，強い通貨であるドイツマルクを持つドイツは，インフレにならないように不胎化介入を行って金融緩和をする必要はない。そのため，EMSは非対称的な負担があるともいわれる。実際，EMSの安定にはドイツのインフレ率や金利にドイツ以外の諸国が追随し，ドイツがインフレを抑制することで安定が図られたといえる。

　このEMSの安定はEUに次のステップを踏ませることとなった。1987年には欧州単一議定書が成立し，資本，労働，商品，サービスの移動が完全に自由化された単一市場を形成することが定められた。単一市場を形成するため，各国間にあった様々な障壁の除去や，法制度の調整を行った。さらに1988年には経済通貨同盟検討委員会（通称，**ドロール委員会**）が創設され，統合された単一市場と共通通貨を含む**経済通貨同盟（EMU）**設立への準備が進んだ。

　一方で，安定期にはEMSがEMS加盟国のインフレ安定に貢献したと考えられる。EMSの中心国であるドイツは低インフレ政策を維持している。EMS内で為替相場を維持することを宣言していることでドイツ以外のEMS加盟国でのインフレ予想も低くなり，実際のインフレも低く抑制することができた。このドイツに準じたインフレ抑制がユーロ導入への準備を進めることを可能にしたともいえる。

　しかし，1992年9月には欧州通貨危機が発生し，イギリスポンドとイタリアリラ（当時）がEMSから脱退し，スペイン，ポルトガル，アイルランドの通貨が切り下げられた。第7章で説明されたように，この原因は東西ドイツの統一によって，ドイツでの財政支出が拡大し，それに伴ってインフレ懸念が高まり，それを抑制するためドイツが金利を高めに維持したことをきっかけに，伊リラ（当時）と英ポンドが売られ，通貨危機へとつながった。その後，ドイツマルクとオランダギルダー（当時）を除いて，変動幅は15％となり，かえって通貨危機は収束し，EMSは持ちこたえることができた。

　また皮肉にもこの通貨危機の経験が共通通貨導入を促したともいえる。すなわち，EMSであっても為替相場が存在する限り，通貨危機を免れず，域内で

の共通通貨を導入することで通貨危機を防ぐことができると考えられた。

　共通通貨ユーロの導入に関しては，EU によるマーストリヒト条約によって定められた収斂（れん）基準が満たされる必要があった。マーストリヒト条約は，正式には欧州連合条約とよばれるが，それまでの EC を EU に発展させるための条約である。これにより，域内の経済統合を進めることとなったが，共通通貨ユーロを導入することも決定された。なおユーロという名称は 1995 年 12 月に決定された。

　この収斂基準には，1）直近 1 年間におけるインフレ率を低位 3 カ国の平均値から ＋1.5％以内にすること，2）直近 1 年間における長期国債金利が低位 3 カ国の平均値から ＋2％以内にすること，3）財政赤字を対 GDP 比 3％以内にすること，4）政府債務残高対名目 GDP 比を 60％以内にすること，5）直近 2 年間で ERM にとどまり切り下げを行わないことなどが含まれている。

　これら収斂基準を維持することと，最適通貨圏の諸基準との間には直接的な関連は薄い。ただし，これらの条件が意図したことは，共通通貨導入の候補国間の為替相場がなくなる状況を想定して，為替相場が存在する導入前の状況でも為替相場を変更する必要のない，経済状況を作り出すことにあった。すなわち，大幅な資本移動によって欧州通貨危機のようなことが起きないこと，候補国間でのインフレを類似したものにして，長期的な通貨価値を各国で同等にすること，そして財政状況も各国でほぼ等しくすることであった。特に財政状況を等しくする理由は，財政赤字を過剰に出す国は，マクロ的に総需要が高まり過ぎ，その国のインフレ率を高め共通通貨を利用する通貨圏全体のインフレ率を押し上げる。それとともに，財政赤字が国債発行で行われるためにその国の長期金利を引き上げてしまい，通貨圏全体の金利を引き上げ，民間の設備投資を圧迫するという副作用を生み出しかねない。そのため財政赤字とその累積である政府債務残高を制限することが必要であると判断された。1998 年 3 月までにこれら条件を達成されれば，ユーロ導入が認められることとなった。当時の収斂基準の達成状況は概ね達成できていたものの，ベルギーの政府債務比率は基準よりも高く，またギリシャも達成されていなかった。しかし，ベルギーは 1999 年から，ギリシャは 2001 年に参加することが承認され，実際，2002 年に 12 カ国でユーロ紙幣・硬貨が流通することとなった。なお，スロベニア

(2007年)，キプロス，マルタ（2008年），スロバキア（2009年），エストニア（2011年），ラトビア（2014年），リトアニア（2015年）がそれぞれ収斂基準を達成してユーロを導入している。

　収斂基準が満たされると，貨幣表示される各国の名目的なマクロ経済関係はほぼ等しくなる。しかし，最適通貨圏が示すのは，為替調整が必要のない各国間の実質的な経済状況である。したがって，収斂基準では本来は不十分であるといえる。実際，最適通貨圏の条件が満たされるのかをみていこう。

　まず労働移動に関して，図表12-5で労働移動の直接的なデータではなく各国の平均時給を表す。賃金の違いにより労働移動が起きるため，労働移動によってどれだけ賃金格差が縮小しているのかを示している。これより，労働移動があり，ユーロ圏各国の賃金格差が縮小していることがわかる。ただし，ユーロ導入当初は賃金格差は大きく，導入当初，最適通貨圏の条件が満たされてはいなかった。

　次に開放度に関して，図表12-6ユーロ圏各国の開放度の推移を示している。これより各国はユーロ導入後の1999年以来，各国とも開放度を高めている。これはEUの経済統合が進展していることを示しているが，一方でユーロ

図表 12 - 5　各国の平均時給

国名／年	2002	2006	2010	2014
オーストリア	13.35	15.41	17.57	20.02
ベルギー	15.74	19.3	22.66	24.93
フィンランド	13.83	16.28	20.16	21.45
フランス	16	17.35	19.07	21.62
ドイツ	16.86	19.12	21.09	23.17
ギリシャ	10.85	13.74	15.22	N.A.
アイルランド	18.86	21.28	26.22	29.68
イタリア	12.6	16.4	18.76	20.98
オランダ	16.57	17.39	20.24	22.3
スペイン	11.59	13.65	15.85	22.63
変動係数	0.176056	0.143665	0.164545	0.125266

（注1）単位は購買力平価で調整したドル建て
（注2）変動係数は標準偏差を平均で割った値で，各数値のばらつきを表す。値が小さくなればばらつきが少ないことを表す。
（出所）ILOSTAT より作成。

図表 12 - 6　EU 各国の開放度の推移

国名／年	1999	2005	2010	2015	2016	2017
オーストリア	78.26	94.03	99.02	102.43	101.00	104.38
ベルギー	124.00	143.38	151.10	160.17	164.12	170.40
ドイツ	53.37	70.42	79.30	85.71	83.96	86.53
フランス	49.76	53.98	54.87	61.75	61.13	62.87
ギリシャ	47.38	50.90	52.83	63.06	60.84	67.00
アイルランド	160.14	148.28	189.43	215.44	224.76	209.39
イタリア	44.73	49.41	52.35	56.93	56.05	59.36
オランダ	114.40	122.81	131.52	157.82	148.86	155.17
ポルトガル	63.29	62.57	67.30	80.22	78.03	79.96
スペイン	54.74	54.34	52.34	63.54	63.08	65.71
変動係数	0.51	0.46	0.52	0.52	0.54	0.50

（注）変動係数については図表 12 - 5 の注を参照。
（出所）Penn World Tables 9.1 (2019) より作成。

導入当初より，各国の開放度の違いは縮まっていない。なお小国であるほど，開放度が高いことがわかるため，今後もこの開放度の違いは続くものといえる。

　また，財政移転の仕組みがあるかどうかも最適通貨圏の条件の1つであった。現在のユーロ圏は加盟国間での財政移転の仕組みをもっておらず，またEU の取り決め（EU 機能条約）でも加盟国政府への財政支援を行うことは禁じられている。これは財政赤字を出し，安易に他国の財政支援を頼ることを禁じるためであるが，それにより各国間での貯蓄投資バランスが不均衡になっても是正する政策は持たないままとなっている。特にユーロ圏と非ユーロ圏を含む EU 各国は，1997 年に導入された**安定成長協定**によって，原則，財政赤字と政府債務残高をそれぞれ対 GDP 比 3％以内と 60％以内にすることが厳しく求められている。これは各国の財政運営が放漫となり，ユーロの価値を減価させることを防ぐ狙いもある。しかし，最適通貨圏の条件は揃っていない。

　以上より，EU が導入したユーロを流通させるユーロ圏は最適通貨圏の条件を当初から達成していたわけではなかった。ただし，最適通貨圏の内生性理論が示すように，ユーロが導入された後，条件が満たされるものもあるが，開放度の違い，財政移転の仕組みがないことなど，いまだに最適通貨圏の条件が満たされないものも残っている。

2.　ユーロ導入後から危機まで

　1999年，最適通貨圏の条件が揃わない一方で，マーストリヒト条件がある程度達成された候補国間で，共通通貨ユーロが導入された。ユーロの発行・管理である金融政策を行うのは，**欧州中央銀行（ECB）**である。ECBは，EU内にあるものの**EUからは独立**が保証され，**物価安定を一義的な目標**として金融政策を運営している。ここで物価安定とは，ユーロ圏の平均物価上昇率を2%としており，各国の個別経済状況ではなくユーロ圏の平均的な経済状況に対応しているといえる。

　では，ユーロ導入直後，どのような経済状況がもたらされたのだろうか。まず，ユーロ導入後，各国の貿易は拡大していることは，導入の正の効果である。また，マーストリヒト条件で定められたインフレ率も収れんしていったが，その収れんのバラツキもあった。図表12-7は各国インフレ率の変動係数を示している。これを見ると，2005年までは低位に収れんしており，これはドイツを中心とした北部欧州のインフレ率に他のユーロ加盟国のインフレ率が収束していったからである。ただし，ユーロ導入当初から数年，ギリシャ，イ

図表12-7　ユーロ圏インフレ率の変動係数の推移

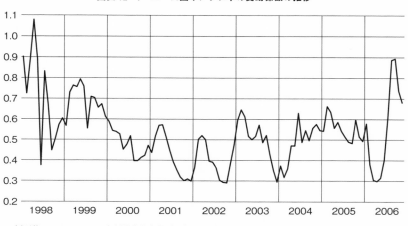

（出所）EUROSTAT（欧州委員会統計局）より作成。

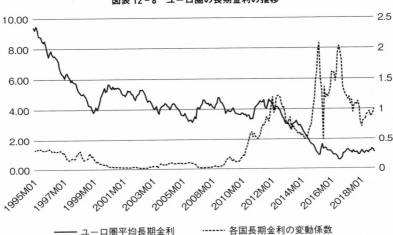

図表 12－8　ユーロ圏の長期金利の推移

──── ユーロ圏平均長期金利　　┄┄┄┄ 各国長期金利の変動係数

（注）ユーロ圏平均長期金利は左軸を用い，左軸の単位は％。各国長期金利の変動係数は右
　　軸を用い，単位は無名数。
（出所）EUROSTAT（欧州委員会統計局）より作成。

タリア，ポルトガル，スペインなど南欧とよばれる諸国では3～5％の物価上
昇が見られた。これは共通通貨導入後，これらの諸国から北部欧州への輸出需
要が高まり，またこれら地域の将来成長を見込んだ投資需要も高まったため物
価が上昇する時期もあった。財政支出に関しては安定成長協定があるため対
GDP比3％の財政赤字を出さないようにしているが，ドイツ，フランスでは
安定成長協定を違反する財政赤字を出してまでも景気の下支えをしなければな
らないほどの景気後退を経験した。ユーロ導入により，成長途上の南欧諸国の
景気は高まったものの，成長力が強いドイツなどでは景気後退を経験すること
となった。ただし，その推移は通貨統合を実現した結果ともいえる。
　また，ユーロ加盟国の長期金利（収斂基準のもととなる10年物国債利回り）
の推移を示したのが，図表12-8である。これより，収れん基準を満たすよう
に，各国金利の変動係数が小さくなり，金利のばらつきが2008年までほとん
どないことを示す。またユーロ圏平均長期金利は低くなり，これらよりユーロ
圏各国の金利がユーロ導入前から低く推移していることがわかる。ただし，あ

図表 12-9　地域別一人当たり GDP の推移

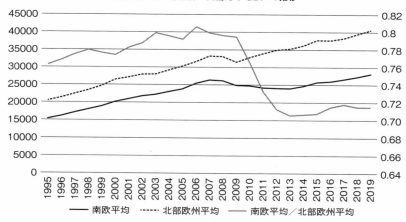

（注）南欧平均とはギリシャ，イタリア，ポルトガル，スペインの一人当たり GDP の平均
　　　である。北部欧州平均とは，オーストリア，ベルギー，フランス，ドイツ，オランダ
　　　の一人当たり GDP の平均を表す。いずれも購買力平価で調整したユーロ表示。またこ
　　　れらのグラフは左軸を使用している。南欧平均と北部欧州平均の比率は右軸を利用し，
　　　無名数である。
（出所）Datastream より作成。

　とで説明する欧州債務危機をきっかけに変動係数が高くなっており，各国間で
の金利のばらつきが現れていることを示す。金利のばらつきはその国の経済状
況の違い，特に政府債務残高の違いにより，同じユーロ圏であってもその違い
が金融市場で反映されて金利が決定している。2010 年まで金融市場はその違
いをほとんど認識しておらず，ユーロ圏加盟国であれば同一の経済状況にある
と誤認していたものともいえる。また金利の差を締めた要因は北部欧州から南
欧へと流れた資本移動である。通貨統合前からの金利差がユーロ導入をきっか
けに北から南への資本移動が起き，その差をいっきに縮めた。
　ただし，このばらつきの少ない低い金利は南欧諸国にとっては資金を借り入
れるのには有利に働いた。低い金利水準は返済負担が少なく，民間の設備投資
を促す要因ともなった。同様に，政府が借入をする場合にも金利負担が少なく
なるので，国債発行が容易となった。しかし，EU には安定成長協定があるた
め過剰に国債発行は許されないはずであったが，のちに判明するのだがギリ

シャ政府は返済能力以上の国債発行を行う要因ともなった。

　この低くなった長期金利によって南欧諸国での借入が進むことで需要が拡大し，それによって景気が拡大した。一方，欧州で先進国と見なされていたドイツ，フランスは景気の後退を経験し，それを補うため財政支出を拡大したことにより，先の安定成長協定に違反する事態にもなった。このことはEUでの通貨統合にともなって，北部欧州と南欧とで異なる経済構造を平準化する動きだともいえる。導入前には先進的な地域の経済が停滞し，発展途上地域の経済が浮揚することはユーロ導入の効果である。しかし南欧経済の浮揚が急であり，しかも政府の安易な借入も加わった，いわゆるバブル経済ともいえるような過熱状況であった。そのことが後に過大な巻き戻しともいえるユーロ危機をもたらす原因といえる。

　しかしユーロ導入の実質的な影響も見ておかなければならない。図表12-9は一人当たりGDP（支出面）を地域別に描いたものである。これによれば，国民一人当たりの経済的豊かさを表す一人当たりGDPはユーロ導入以降，両地域ともに上昇しているものの2007年を契機に両地域での格差が拡大している。図表12-10には，2つの地域のGDPの比率も示しているが，2007年に

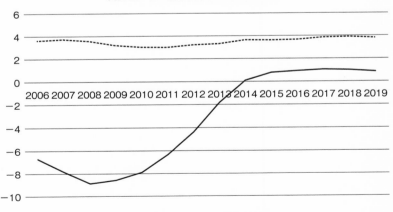

図表 12 - 10　経常収支 GDP 比率の推移

（注）欧州委員会が参照する3カ年平均の推移。単位は％。
（出所）EUROSTAT（欧州委員会統計局）より作成。

比率が低下しており，これは両地域の格差が拡大していることを表す。2007年までは格差が縮小するように両地域は成長してきたものの，その年以降に南欧と北部欧州との差が拡大した。これは後で説明する**ユーロ危機**を契機に両地域の経済状態の差が常態化したことによる。

　したがって，2007年までのユーロ圏の経済状況は拡大を続けつつ格差も縮小させるものであったが，2007年以降に南欧の経済は停滞し，北部欧州は順調に拡大していったといえる。そこで，2007年以降のユーロ危機とはどのようなものであったのかを次節ではふりかえろう。

第4節　ユーロ危機と通貨統合

1. ユーロ危機の推移

(1) 北から南への資本移動

　2007年夏，フランス大手金融機関パリバの子会社の投資会社の経営危機が伝えられ，それを契機に欧州の金融機関の経営不安に火がついた。実際にその後，ドイツ，イギリスの金融機関の経営破綻がおきユーロ圏金融市場への不安は拡がった。

　さらに，2008年9月に米国大手証券会社の倒産をきっかけにした世界金融危機，いわゆる**リーマンショック**が発生した。この危機の影響は欧州の金融市場を混乱させ，欧州金融機関の経営不安とともに，金融機関の貸出が抑制されたことも加わり，欧州での経済が後退することも経験した。特に，当時，アイルランドの金融機関の経営不安も広がった。それまでユーロ導入によって資金が流入していたアイルランドの住宅市場は，金融危機により住宅価格が下落し，住宅貸付を行っていたアイルランドの金融機関は資金回収ができない，いわゆる不良債権を多額に保有することとなった。これにともない，それら金融機関の経営不安が浮上した。

　これらの主な背景には，次のようなことがあげられる。ユーロ導入にともない長期金利が低位に統一されたことを先に述べたが，これによりドイツ，フラ

ンスなどをはじめ欧州金融機関は利子収入が減少した。そのため，より収益は高いもののリスクの高いユーロ圏外の投資をすすめていた。しかし，アメリカでのリーマンショックによる証券価格の下落の影響が欧州金融機関に負の連鎖として広がった。また，ユーロ導入によって為替リスクがなくなったことにより，域内の海外投資が促され，ギリシャなど当時は安全であると考えられたユーロ圏内の国債にも投資をすすめていた。

(2) ギリシャの債務危機から始まる欧州債務危機

　2009年10月にギリシャ政府が過大な債務を抱えていることが判明した。ギリシャの政権交代によって前政権が過剰債務を隠蔽していたことがわかった。このことは，EUの執行機関である欧州委員会も把握しておらず，唐突な発表であった。これを受けてギリシャ政府債務危機（ギリシャ危機）がユーロ圏での金融危機を拡大した。政府債務危機とは，国債発行を通じて内外の投資家から資金を借り入れて財政赤字を出した政府が返済不能に陥るリスクの高まる状況をさす。ギリシャ政府はユーロ導入後の金利低下によって，返済負担が減じられ借入が容易になった。またギリシャ特有の要因として，社会保障費や公務員給与などの歳出を減じることはできず，一方で徴税能力の低さによる歳入不足も災いした。それによりギリシャは隠蔽したままで過剰な財政赤字を出し，返済能力への懸念が高まった。

　さらに，リーマンショックやギリシャ危機によって，それまで域外の資本流入によって支えられていたスペインの住宅市場への資金流入が止まり，その結果，住宅価格の下落，そしてそれによる消費や投資の落ち込みを経験した。

　またポルトガルにも債務危機が訪れた。ポルトガルはギリシャとは異なり，危機の発端は民間債務といえる。ポルトガルではユーロ導入前から低くなった金利でもって多額の債務を抱えて家計は消費を拡大し，企業も投資を拡大させた。しかしユーロ導入後，思うように経済成長を実現できず，債務返済に苦しむようになり，そのため景気も低迷した。そのため財政面では税収は低迷し，一方，歳出削減はできなかったために財政赤字を拡大させていった。そのような中で，ギリシャ危機によって欧州金融市場のリスクが高いものと認識された結果，ポルトガルの金利が上昇し，ポルトガル政府の返済能力にも懸念が高

まった。

　さらに，イタリアにも同様の政府債務の返済能力を金融市場から不安視され債務危機を経験した。2010年当初，イタリア政府債務への危機感はあまりなく，財政赤字も安定成長協定に定められた範囲に抑えられていた。しかし，イタリアの金融機関が南欧諸国の国債を保有していたこと，ギリシャ，スペインの債務危機によるユーロ圏全体の景気後退によってイタリアからの輸出減退と景気後退を経験した。それにより税収への不安や歳出増の懸念からイタリア政府の返済能力への懸念も高まり，イタリアも政府債務危機のリスクが高まった。

　このようにユーロ圏では金融危機とそれにともなう経済危機，さらには政府債務危機を連続して経験した。これが通貨統合によるものなのかどうか，欧州特有なものなのか議論が行われた。ここでは通貨統合による要因を取りあげると，長期金利の収束があげられる。ユーロ圏の場合にはドイツが中心的な経済大国であり，そのドイツ金利が低かったため金利裁定取引を通じてその水準に収束していった。そのため南欧諸国で借入需要の高まりと貸出の増加，そして住宅価格の急上昇や景気の過熱などが見られた。通貨統合を行うと必ずこのようなバブルを生み出すのかは，その通貨圏がおかれた状況に依存するといえるが，統合によって資本移動が起きたり，貿易が拡大することによって通貨統合に参加した国家間での経済格差を埋めようとするメカニズムは働く。その働き方がどのようなものになるのかには，注意が必要である。

2.　共通通貨導入とユーロ危機の根本的原因

　前項で説明したように，ユーロ危機の直接的な原因は通貨統合にともなう長期金利の低位収れんによって，金融危機や政府債務危機が生じたといえる。しかし，原因はそれだけでなく急速に生じた資本移動ではうめきれない経済構造の相違があるといえる。それは長期的な経常収支の不均衡となってあらわれ，**リージョナル・インバランス問題**ともよばれる。

　一般的に通貨統合によって，通貨圏内での格差を埋めるようなメカニズムが働く。しかし，それが適切に働かなければ長期的な経済不均衡が持続することになる。通貨統合は各国間の経済不均衡を為替相場による調整を行えなくする

仕組みであり，不均衡を為替相場の変動以外の要素で調整しなければならない。最適通貨圏の理論が述べるように，要素移動や財政移転による調整が必要となる。ただ，それらはある意味で経済調整の量的な調整であるが，質的な調整も必要であると考えられる。すなわち，同じ生産設備をもつ国家間で，同じ能力を持つ労働が移動するのであれば，調整は容易であろう。しかし，現実には保有する生産設備には差がある。その指標としてまず**労働生産性**がある。労働生産性は，労働者一人当たりの生産高を示したものであり，労働生産性が高ければその国の生産高も労働者人口に比して大きくなり，安価に生産ができる。したがって，貿易面での国際競争力も高くなる。そのユーロ圏平均値と各国のばらつきを示した変動係数を示したのが，図表 12 - 11 のユーロ圏での労働生産性の推移である。平均値をみると，ユーロ圏全体ではほとんど改善されていないことがわかる。また，各国間での生産性の違いを示す変動係数も改善されず生産性の違いが長年残っていることを示している。

　その違いが何に原因しているのだろうか。たとえば，労働生産性を高めるには労働者が機械を利用して効率よく生産することが望ましい。その労働者一人当たりの機械の設置率を表すのが，**資本装備率**である。図表 12 - 12 の資本装備率の成長率を示しているが，その成長率は低下し，しかも各国間でのばらつ

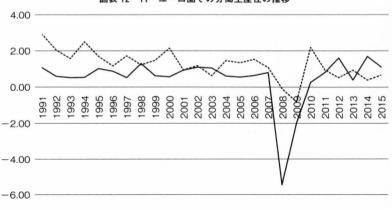

図表 12 - 11　ユーロ圏での労働生産性の推移

（出所）EUROSTAT（欧州委員会統計局）より作成。

図表12-12　資本装備率の成長率の推移

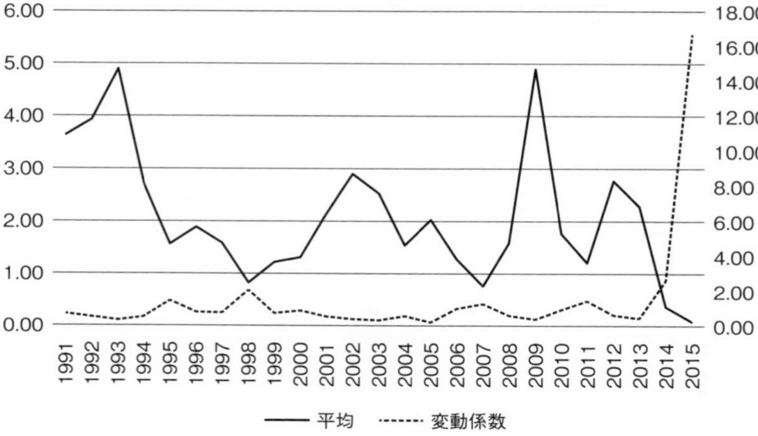

（注）平均は左軸を用い，単位は％，変動係数は右軸を用い，単位は無名数。
（出所）EUROSTAT（欧州委員会統計局）より作成。

きも高くなっていることがわかる。したがって，資本装備が高まる諸国，特に北部欧州諸国と，南欧諸国との間で資本装備の格差があることが示される。すなわち，ユーロ導入による通貨統合が行われたとしても，民間による労働生産性や，各国間でのばらつきが改善されたりするわけではない。各国の成長見通しが等しく上昇しなければ南欧を含めた各国民間の機械設備の設置は進まない。そのため，この差が長期的な格差として残る。また南欧諸国などで競争力の高い産業への構造転換も進まないため，資本装備率の相違も残ったままとなる。

3. 危機回避のEUの取り組みと共通通貨導入の教訓

　前項で説明したように，ユーロ導入後，欧州諸国はいくつかの危機を経験した。その危機に対応するため，EUとECBは対応に迫られてきた。まずリーマンショック直後に，ECBは金融市場への資金供給を行い，さらに金融機関の資金調達を容易にするため，それへの貸付を増加させてきた。さらに，欧州債務危機が発生してからは2010年5月に金融市場から債券買入を開始したことを皮切りに，2011年12月に金融機関への**超長期貸出（LTRO）**や，2012年

9月には，財政・構造改革を進めるという条件は付くものの，債務危機にある政府の短期国債を無制限に買い切るプログラム（**OMT**）の実施が決定された。実際には，この OMT は実施されなかったものの，債務危機に対する ECB の支援姿勢が明確になったことで，金融市場の混乱も一段落し債務国の長期金利の急上昇を防いだといえる。

　また，EU は IMF とともに債務危機に陥った国への支援を，財政収支の改善策実行を条件に行ってきた。債務危機に陥った諸国も公務員の削減や年金制度の改革なども行い財政健全化を進めてきた。さらに，欧州全体では 2010 年に経済困難に直面したユーロ圏諸国を救済するため**欧州金融安定ファシリティ（EFSF）**が設立され，ユーロ圏政府保証による融資を行うようにした。また EU 加盟国を対象とする**欧州金融安定化メカニズム（EFSM）**も同時に設立された。ただこれらは時限的なものであったため，恒久的な支援制度として**欧州安定メカニズム（ESM）**が 2012 年 10 月に予定を早めて設立され，7000 億ユーロまで経済困難な EU 加盟国に融資可能となった。これらの制度が設立されるまで，具体的に各国を支援する枠組みを EU は保有しておらず，危機を十分に想定して来なかったという批判が出た。ESM が設立され，金融危機，債務危機が発生したときには融資という形式ではあるが支援体制が整備された。

　以上の諸策は危機後の対応策であるが，EU は将来の金融危機・債務危機を予防するための施策も実施している。EU では市場統合によって，加盟国のどこかで金融機関が免許を取得すれば，どの加盟国でも支店を開設できる。そのため，加盟国のどこかで金融危機が起きれば，瞬時にその危機が拡大することがユーロ危機からの教訓である。この危機の連鎖を**システミック・リスク**とよぶが，このリスクを予防することが重要となった。特に欧州金融危機が発生したときの欧州金融機関の特徴は貸付などの資産規模が巨大であることに加え，預貸業務である商業銀行業務と証券の売買や証券化商品を取り扱う投資銀行業務も行う複雑さを持ち合わせていた。さらに，欧州金融市場では金融機関の監督・規制業務は，その金融機関の本店が所在する国の監督機関が行うこととなっていた。そのため監督権限が曖昧になったり，必要な情報共有ができなかったりという監督・規制の不十分さによって，加盟国のどこかで金融危機が起きれば，瞬時にその危機が拡大することがユーロ危機からの教訓である。

　そのため金融システムに重大な影響を与えると認定された金融機関の**欧州金融監督制度（ESFS）**が立ち上がり，そのもとに，欧州システミック・リスク理事会（ESRB），欧州銀行監督局（EBA），欧州証券市場監督局（ESMA），欧州保険・企業年金監督局（EIOPA）が設立された。このうち ESRB はシステミック・リスクへの警戒を行い，発生すれば早期警告を出す組織となっており，従来の金融機関への監督政策であるミクロ・プルーデンシャル政策を補完するマクロ・プルーデンシャル政策を担う。また，その他の3つの組織は，欧州全域の各領域の金融機関監督を行うが，主に各国監督機関を監督・統括し指示も行える権限を持つ。

　さらに，EU は 2012 年「真の経済通貨同盟」と題した提案を行い，その中で金融制度の統合，財政の統合，経済政策枠組みの統合，そして民主的正統性と説明責任の強化を基礎とすることを決定した。このうち，銀行同盟に関してはその一部が動き出している。**銀行同盟**とは，EU 全加盟国にわたって銀行への単一の監督・規制を求めるもので，**単一監督メカニズム**，**単一破綻処理メカニズム**，そして**共通の預金保険制度**から構成される。ただし，共通の預金保険制度はまだ構築されていない。また，銀行同盟設立にともなって，ECB の関与も強くなった。単一監督メカニズムは ECB がユーロ圏内の銀行に対する単一の監督権を持つという仕組みで，EU 内の銀行のうち，金融市場に対して影響力の大きい銀行で，銀行同盟に加わる約 6,000 の銀行中，主にユーロ圏にある約 130 行を ECB が直接監督する。その他の銀行に対しては，各国の監督当局が監督し，ECB はそれらを通じて間接的に監督することになる。ただし ECB はこれらについても，直接監督できる権限を持つ。

　単一破綻処理メカニズムは，銀行の破綻処理決定を迅速にするため，EU で一元的に決定し，破綻処理のための資金を単一破綻処理基金（約 550 億ユーロ）から拠出することになっている。預金保険制度は，銀行が破綻した際，預金者に対して預金を保護する仕組みであり，EU ではそれを共通したルールにしようとしている。まだ構築されていないものの，想定されているのは，EU 各国共通で預金者一人当たり 10 万ユーロまで保護し，加盟各国が運営する預金保険基金を相互に融通し合うことも想定している。ただ，その相互融通に関して，各国の合意が得られず未だ発足はしていない。このように銀行同盟は未

完成ではあるものの，銀行監督に関しては進捗し，金融危機に備えているといえる。

　さらに最適通貨圏の理論が示すように，通貨統合を成功させる手段として財政移転も必要だとされる。労働移動による経済調整が不十分で，経済格差が長期にわたる場合には財政移転によって経済格差を是正し，通貨統合を維持することが必要といえる。しかし，財政統合に関して進展はない。EUの場合には加盟国財政を他国が支援することを条約で禁じてきたため財政収支を均衡にすることを目標にして，財政は運営されてきた。オランダ，ドイツなどの北部欧州は自国の財政負担が増すことを警戒し，このような財政移転の枠組みにはこれまで反対してきた。ただし，コロナ感染対策としてEUでは復興基金が設立された。これは感染による経済後退が著しい国に対してEUが融資と，返済の必要のない補助金の2つの仕組みで支援するものである。この基金は時限的なものであるが，補助金の仕組みがEUでは初めて設置された。これがEUでの財政移転を含む財政統合の一歩となるのかどうかは現段階では不明であるが，今後，財政統合の議論が進むかもしれない。

　ユーロ圏ではいくつかの危機を経て，より安定した通貨圏を構築しようとしており，その道は導入後20年が経ってもまだ途上といえる。それほど通貨統合というのは困難な事業だともいえる。もしEU以外で通貨統合を行おうとするならば，ユーロでの経験を評価し慎重に検討する必要があろう。

練習問題

1. 日本国内において，東京とたとえば和歌山が同じ通貨（円）を共有できるのはなぜでしょうか。

2. ユーロが導入されたことによって生じた問題点を本文にしたがって説明してください。

3. 世界で計画，提唱されている通貨統合（通貨同盟）は，ユーロ以外にも存在します（たとえば，アジア共通通貨，湾岸共通通貨構想など）。これらの現状を調べ，うまくいっていないとすれば何が問題なのかを考察してみてください。

推薦図書

駐日欧州連合代表部「EU　MAG」各号（https://eumag.jp/）。
　駐日欧州連合代表部の公式ウェブマガジンであり，EU の情報を得ることができます。
本田雅子・山本いづみ編著（2019）『EU 経済入門』，文眞堂。
　EU 経済を知るためのテキストであり，EU 経済の様々なトピックスと制度を取り上げています。
田中素香（2016）『ユーロ危機とギリシャ反乱』，岩波書店。
　ユーロ危機の原因と実態を解説した新書です。
De Grauwe, Paul (2020), *Economics of Monetary Union*, 13rd Edition, Oxford University Press.
　欧文だが，通貨統合の理論と欧州通貨統合の展開，問題点を網羅した代表的テキストです。

参考図書

岩田健司編著（2003）『ユーロと EU の金融システム』，日本経済評論社。
田中素香（1996）『EMS・欧州通貨制度』，有斐閣。
高屋定美（2011）『欧州危機の真実』，東洋経済新報社。
高屋定美（2015）『検証　欧州債務危機』，中央経済社。

練習問題の解答

第1章

1. 可能。$Y=100$, $C=75$, $I=25$, $G=10$ を $Y=C+I+G+NX$ に代入すると $NX=-10$。したがって，純輸出が -10 となることで可能になる。
2. (a) プラス。 (b) 国内貯蓄＜国内投資。
3. 誤り。この場合，「経常収支＝金融収支」が必ず成立する。もし金融収支が赤字であるならば，経常収支は必ず赤字でなければならない。

第2章

1. 図表2-2, 2-3-1を用いて解答すること。国内手形を利用する時との違いは，1）手形上，表示される通貨が外貨であること，2）決済する際に中央銀行勘定を通じるのではなく，コルレス口座を用いて解答すること。
2. コルレス契約とは国際的な銀行間の業務提携契約であるので，コルレス口座という当座預金を開設し，その口座間での国際的な預金振替ができることを指摘すること。
3. コルレス契約を世界中の銀行との間で締結し，それぞれの口座を維持管理するのは大変手間がかかる。そのため，コルレス契約を世界中で集中し，そのコルレス口座を中心にして国際決済を行う方が効率的といえる。その集中された先の国の通貨が，基軸通貨になりえる。

第3章

1. 先物ドルがディスカウントであるということは，日本の金利の方が低いことを意味する。3カ月先物であることに注意すると，$1\% \times (12/3)$カ月$=4\%$なので，日本の金利よりアメリカの金利の方が4％高いことになる。
2. この例の介入では110億円が日銀当座預金に振り込まれるため，マネタリーベースは110億円増加する。また，マネーストックは金融部門から経済全体に供給されている通貨の総量を指す。マネタリーベースを元にして民間銀行が貸出し（信用創造）を行う結果，原理的にはマネタリーベースに貨幣乗数を掛けた分だけマネーストックは増加する。したがって，マネーストックは550億円増加する。ただし，貨幣乗数の考え方は理論的な可能性であって，現実には必ずしも限界まで信用創造が行われるわけではない点は注意すべきである。
3. 省略。

第4章

1. 化粧品（理由：人の移動を伴う理髪サービスと比べて，輸送費用が小さいため）
2. 日本の金融緩和政策の実施（マネーサプライの増大），日本のデフレの進行（物価の低下）。
3. 相対マネーサプライ（M_s/M_s^*）が低下するため，円高が進む。

第5章

1. 政府支出の拡大は，それが直接国内需要を増やす効果（直接効果）と，直接効果によって所得の増えた家計が次々と消費を増やす乗数効果を通して，実質GDPを拡大させる。だが，政府支出を拡大するには政府が国債を発行して資金を調達する必要がある。政府が国債を発行すると金融市場では借り手が増えて金利が上昇する。金利の上昇は，企業の設備投資や家計の住宅投資を減らすとともに，自国通貨を増価させて輸入の増加と輸出の減少を招く。この投資の減少と純輸出の減少によって直接効果および乗数効果による需要増大効果が相殺されるため，政府支出拡大の実質GDP拡大効果は限定的となる。

2. 金融引締め政策とは中央銀行がマネタリーベースを吸収して，金利を引き上げる政策である。資本移動が自由なもとで固定相場制を採用すると，自国の金利は為替相場の固定相手国（外国）の金利に一致する。マネタリーベースを吸収して自国の金利を引き上げると，自国の金利が外国の金利より高くなるため外国為替市場で自国通貨買いが増え，為替相場が公定平価より自国通貨高の水準に動く。通貨当局（中央銀行）は公定平価を維持するために自国通貨売り・外国通貨買いの為替介入を余儀なくされ，マネタリーベースを供給することになる。自国の金利が外国の金利を上回るかぎり中央銀行は自国通貨売り介入を実施せざるをえないため，マネタリーベースを吸収して金利を引き上げること，すなわち，金融引締め政策を実行できない。

3. クローリング・ペッグ制は実質為替相場を一定に保つように公定平価を調整していく固定相場制である。Y年の公定平価を1ドル＝S_Yルピーとおくと，

　　　　Y年の実質為替相場＝X年の実質為替相場

すなわち

$$\frac{S_Y \times 110}{300} = \frac{40 \times 100}{200} = 20$$

が成り立つようにS_Yが選択される。よって，

$$S_Y = 20 \times \frac{300}{110} = 54.54\cdots \cong 54.5$$

より，X年に1ドル＝40ルピーであった公定平価はY年には1ドル＝54.5ルピーまで切り下げられる。

同様にZ年の公定平価を1ドル＝S_Zルピーとおくと，

$$\frac{S_Z \times 132}{330} = 20$$

が成り立つように S_Z が選択される。よって

$$S_Z = 20 \times \frac{330}{132} = 50$$

より，Z 年の公定平価は，Y 年の 1 ドル＝54.5 ルピーから 1 ドル＝50 ルピーに切り上げられる。

第 6 章

1. （1）式に次の数値を当てはめる。i_t^{JP} に 3% の 0.03，i_t^{US} に 5% の 0.05，S_t に 1 ドル＝100 円の 100 をそれぞれ代入して，S_{t+1}^e について解く。小数点 4 位以下を四捨五入すると解答は 98.095 となる。

2. （1）式に次の数値を当てはめる。i_t^{JP} に 1% の 0.01，i_t^{US} に 3% の 0.03，S_{t+1}^e に 120 をそれぞれ代入して，S_t について解く。小数点 4 位以下を四捨五入すると解答は 122.376 となる。

3. たとえば，1 円を投資する場合を考える。日本で投資すると 1 年後には 1.01 円になる。一方で，アメリカで投資する場合は，$\frac{S_{t+1}^e}{S_t} \times (1 + i_t^{US})$ より，小数点 4 位以下を四捨五入すると 1 年後には 0.875 円となる。よって，日本で投資する方が収益は高い。

第 7 章

1. 第 1 世代モデルは基本的に自国ファンダメンタルズの悪化を原因とし，その根本的な原因を改善することなく，無理な金融政策を続ける結果，市場との整合性が取れなくなった時に生じる。第 2 世代モデルでは，自国ファンダメンタルズに原因がなくとも，投資家の有する予想や思惑から，投資家が自ら投機を仕掛けることで自己実現的に通貨危機が生じる。

2. 本章第 6 節では，「経済ファンダメンタルズを良好に保つ」，「外貨準備残高の増加」，「現地通貨建て投資資金の確保」，「金融機関の健全性の確保」などが指摘されている。これらの課題に取り組み，整備することが通貨危機防止につながる。

3. 省略。

第 8 章

1. 増加する。

2. 分散投資を行うことで標準偏差が小さくなり，リスクが小さくなる。

3. 資本移動のメリットは資源配分の効率化である。資本移動のデメリットは変動が激しい点である。

第9章

1. 1980年代以降，域内レベルでドイツマルク，円がそれぞれ国際通貨として機能し始め，国際通貨の多様化が生じていた。しかし，外国為替市場の銀行間取引ではドルが依然として為替媒介通貨の機能を独占していた。
2. 省略。
3. 省略。

第10章

省略。

第11章

1. 1997年の東アジア通貨危機の経験から，東アジア域内での決済通貨の利用を進めることが必要となった。
2. 省略。
3. 省略。

第12章

1. 多くの企業は東京だけでなく和歌山にも支店や工場を展開しており，その意味では東京と和歌山の間の産業構造の差はそれほど大きくない。しかし，主要産業が異なることから，非対称ショックは起こりうると予想される。ただ，両地域の間では労働市場はかなりの程度統合されており，移動性も高く制度的差異も比較的小さい。また，地方交付税交付金等による所得トランスファーのメカニズムも確保されている点が重要である。さらに，連帯感という点を考えると，ユーロ圏諸国間とは比較にならないほど高いといえる。
2. 省略。
3. 省略。

おわりに

　「金融が注目される時代はあまり良い時代ではない」と我々執筆者の共通の師である神戸大学大学院研究科，藤田誠一教授はどこかで仰っていたと思います。バブルや通貨危機だけではなく，近年では暗号通貨やMMT（現代貨幣理論）などが出現し，これまでとは異なった意味でも金融に注目が集まっています。「貨幣」という概念にすら揺らぎが生じている現在，再度，体系的な確認が必要とされているかも知れません。

　国際金融論という分野もまた，変動相場制への移行，国際政策協調，頻発する通貨・金融危機，共通通貨ユーロの出現，とどめの世界金融危機の発生など，重大事件の度に理論的に進化してきた感があります。金融論は，平時よりも変事において飛躍する研究領域ともいえます。それゆえ，なかなかテキストを作成しにくい分野であることは確かです。まずは現状把握，あるいは複雑な実務の解説こそ重要，というアプローチもある一方，いや歴史は経験の宝庫であり，歴史に学ばねば，というアプローチにも興味深いものがあります。では本書の「ウリ」はどこにあるかというと，執筆者の多くは理論・実証分析を生業とする経済学の研究者ですので，各章においては，包括的な知識のカバーよりも，むしろ経済理論のもつ論理展開の面白さが重視されています。すなわち，いかなる現実的な要求があって理論が構築され，それらが変事に対応してどのように発展してきたか，さらに今後，どのような方向性を持ちうるのかを，なるべく平易に示すというのが，主として「基礎編」のスタンスであり特徴といえます。

　もう1つ配慮したのは，国際金融論において営々と展開されてきた基軸通貨論をいかにして体系に取り込むかという点でした。永らく続いたドル体制も，おそらく長期的には衰退していくでしょう。しかし，基軸通貨の交代という事態の解明には，詰まるところ，制度・歴史・技術革新を含めた現状に関する深い理解が必要となります。また，基軸通貨とはそもそもどのような機能を果た

す通貨なのか，基軸通貨制度はなぜ不安定化するのか，交代が生じるとすれば
どこから瓦解するのかといったダイナミックな問題に対して，経済理論として
の国際金融論のみでは十分に対処できないと思います。この点の解説にチャレ
ンジしたのが，主として「応用編」といえます。2つの試みが十分に融合して
いるかどうかは読者のご判断にお任せしますが，ある程度成功しているとすれ
ば，本書は国際金融論のテキストとしてユニークな立ち位置にあるといえるか
もしれません。

　本書の執筆陣には，最年少から最年長まで実に20歳近くの年齢差があります
が，同じ研究室の出身ということもあり，忌憚なく意見交換を行うことがで
きました。一方で，各人の個性の豊かさに驚くとともに，それぞれの方向性の
相違にすべて対応された藤田教授の学識とご手腕に頭の下がる思いです。長年
にわたる藤田教授のご指導に感謝し，今後も変わらぬご活躍を祈念致します。
また，本書執筆の機会を頂戴した株式会社文眞堂編集部の方々に深く感謝申し
上げる次第です。

　2021年3月

明治大学　高浜光信

索　引

執筆者紹介 （執筆順，＊は編者）

千田　隆 （第1章担当）
1964年生まれ，広島大学大学院人間社会科学研究科教授
主要業績：
　　『金融論入門』中央経済社，2002年（第7章担当）
　　『現代経済学のコア　金融』勁草書房，2002年（第8章担当）

高屋定美＊ （第2章，第11章，第12章3,4節担当）
1963年生まれ，関西大学商学部教授
主要業績：
　　『検証：欧州債務危機』中央経済社，2015年（単著）
　　「EU経済ガバナンスの課題と挑戦」『日本EU学会年報』第40号，34-55ページ，2020年
　　5月（単著）

高浜光信＊ （第3章，第10章，第12章1,2節担当）
1961年生まれ，明治大学商学部教授
主要業績：
　　『現代国際金融論（第4版）』有斐閣，2012年（第2章，第10章担当）
　　「ユーロ圏における最適通貨圏の内生性：展開と現状」『信用理論研究』信用理論研究学
　　会，第38号，53-68ページ，2020年5月（単著）

稲垣一之 （第4章担当）
1979年生まれ，南山大学経済学部准教授
主要業績：
　　"China's Demographic Impact on the Bilateral US Current Account Balance," *Empirical
　　Economics Letters*, Vol.19, No.10, pp.1155-1162, 2020. （単著）
　　"How are the International Capital Flows of Rapidly Aging Countries Affected by the
　　Elderly Working Longer?" *Economic Modelling*, forthcoming. （単著）

五百旗頭真吾 （第5章担当）
1975年生まれ，同志社大学商学部准教授
主要業績：
　　「Two Patterns of Current Account Reversal：Shift-type and V-shaped」『社会科学』同志
　　社大学人文科学研究所，第43巻第2号，47-78ページ，2013年8月（単著）
　　「パススルーの低下は為替レートの経常収支調整機能を弱めるのか」『金融経済研究』日本
　　金融学会，第25号，34-54ページ，2007年10月（単著）

山本周吾（第 6 章担当）
1980 年生まれ，立教大学経済学部准教授
主要業績：
　"Structural Change in the External Balances Response to Macroeconomic Policies : Persepective from a Two-Sector New Open Economy Macroeconomic Model," *Review of International Economics*, Vol.21, No5, pp.1021-1031, 2013.（単著）
　"Banking Network Multiplier Effects on Cross-Border Bank Inflows," *International Review of Economics and Finance*, Vol.70, pp.493-507, 2020.（単著）

青木圭介（第 7 章担当）
1965 年生まれ，名古屋学院大学商学部教授
主要業績：
　"Challenges of the EU Financial System and Vulnerabilities of Central and Eastern European Economies," *Asia-Pacific Journal of EU Studies*, Vol.7 No.1/2, 2009.（単著）
　「グローバル金融危機後の欧州経済の現状と課題」『国民経済雑誌』神戸大学経済経営研究会，第 203 巻第 1 号，17-33 ページ，2011 年 1 月（単著）

星河武志（第 8 章担当）
1978 年生まれ，近畿大学経済学部教授
主要業績：
　"The Effect of Intervention Frequency on the Foreign Exchange Market : The Japanese experience," *Journal of International Money & Finance*, Volume 27, Issue 4, pp.547-559, June, 2008.（単著）
　"Exchange Rate Rebounds after Foreign Exchange Market Interventions," *Physica A : Statistical Mechanics and its Applications*, Volume 469, pp.102-110, March, 2017.（単著）

前田直哉（第 9 章担当）
1975 年生まれ，神戸松蔭女子学院大学人間科学部准教授
主要業績：
　「英国による金本位制復帰の選択に関する政策過程の実証分析」『關西大學商學論集』第 64 巻第 2 号，19-35 ページ，2019 年 9 月（共著）
　「ポンド・ネットワークの盛衰―国際通貨のネットワーク効果，協働効果，履歴効果の観点から―」『信用理論研究』信用理論研究学会，第 37 号，63-82 ページ，2019 年 5 月（共著）

国際金融論のエッセンス

2021 年 4 月 10 日　第 1 版第 1 刷発行　　　　　　　検印省略
2022 年 10 月 20 日　第 1 版第 2 刷発行

編著者　　高　浜　光　信
　　　　　　高　屋　定　美
発行者　　前　野　　　隆
発行所　株式会社　文　眞　堂
　　　　東京都新宿区早稲田鶴巻町 533
　　　　電　話 03 (3 2 0 2) 8 4 8 0
　　　　F A X 03 (3 2 0 3) 2 6 3 8
　　　　http://www.bunshin-do.co.jp/
　　　　〒162-0041 振替 00120-2-96437

印刷・製本／真興社
© 2021